21世纪高等院校公共课精品教材

大学生心理健康

万志全 杨秀英 吕倜然 主编

MENTAL HEALTH FOR COLLEGE STUDENTS

东北财经大学出版社 大连
Dongbei University of Finance & Economics Press

图书在版编目（CIP）数据

大学生心理健康 / 万志全，杨秀英，吕偶然主编. —大连：东北财经大学出版社，2016.8

（21世纪高等院校公共课精品教材）

ISBN 978-7-5654-2488-5

Ⅰ. 大… Ⅱ. ①万… ②杨… ③吕… Ⅲ. 大学生-心理健康-健康教育-高等学校-教材 Ⅳ. G444

中国版本图书馆CIP数据核字（2016）第221264号

东北财经大学出版社出版

(大连市黑石礁尖山街217号 邮政编码 116025)

网　址：http：//www.dufep.cn

读者信箱：dufep@dufe.edu.cn

大连美跃彩色印刷有限公司印刷　　东北财经大学出版社发行

幅面尺寸：185mm×260mm　　字数：241千字　　印张：12.25

2016年8月第1版　　2016年8月第1次印刷

责任编辑：孙　平　张爱华　周　欢　时　博　王芃南

责任校对：张爱华　吴　茜　魏　巍　郭海雷

封面设计：冀贵收　　版式设计：钟福建

定价：28.00元

教学支持　售后服务　联系电话：（0411）84710309

如有印装质量问题，请联系营销部：（0411）84710711

作者简介

万志全 男，1953年3月生，教授，硕士生导师。1986年毕业于大连理工大学第二学位，中国人民大学社会心理学方向高级访问学者。从事高校大学生心理健康教育近30年，在高校大学生中享有较高的声誉，是青年大学生的良师益友，深受青年朋友们的欢迎。撰写出版的著作有《论人与人生》《心理健康教育》《有“礼”走天下——领导礼仪八堂课》《大学生就业与创业指导》等。现任海南省委组织部宣讲团成员，兼任海南省心理干预研究会副会长；全国优秀教师。

杨秀英 女，1963年6月生，江西人，教授。从事教育工作20多年，出版的专著有《大学生心理素质教育与训练》《企业文化》《公关与礼仪》《回答学生99问》《大学生职业生涯规划》等30多部。曾获国家级“全国五一巾帼标兵”“全国三八红旗手”“中国十大杰出民办教育家”等荣誉称号，现任南昌航天科技集团总裁、海南科技职业学院理事长等职。杨秀英教授热衷于大学生心理健康教育，是我国民办教育领域的著名专家、学者。

吕倜然 女，1980年12月生，硕士，讲师。从事高校教育工作和大学生心理健康教育教学近10年，曾获海南省教育厅青年教师大赛一等奖。现任海南医学院教师。

竭　婧 女，1982年5月生，在读心理学博士研究生，研究方向为积极情绪培养、主观幸福感的提升及健全人格塑造。主持多项省级、教育厅课题，并参与了教育部人文社科基金等多项科研项目研究，已在CPCI-SSH（即ISSHP）索引期刊、中文核心期刊等发表学术论文10余篇。

张成山 男，1965年3月生，吉林大学哲学社会学院博士，大连民族大学副教授，全国优秀心理学工作者，兼任辽宁省大学生心理健康教育与心理咨询协会副主任委员。出版的著作有《当代中国大学生政治社会化》《新编大学生心理健康教育》等；发表论文10余篇。主要从事大学生心理健康教育教学和研究工作。

前 言

《教育部关于加强普通高等学校大学生心理健康教育工作的意见》（教社政〔2001〕1号）、《教育部 卫生部 共青团中央关于进一步加强和改进大学生心理健康教育的意见》（教社政〔2005〕1号）和《教育部办公厅关于印发〈普通高等学校学生心理健康教育工作基本建设标准（试行）〉的通知》（教思政厅〔2011〕1号）、《教育部办公厅关于印发〈普通高等学校学生心理健康教育课程教学基本要求〉的通知》（教思政厅〔2011〕5号）等文件精神，对在高校开展大学生心理健康教育提出了明确的要求。为了更好地适应高校大学生心理健康教育教学的需要，指导学生在观念、知识、能力、心理素质等方面尽快适应新的要求，具备良好的个性心理品质和自尊、自爱、自律、自强的优良品格，具有较强的心理调适能力，本书除安排了大学生心理健康教育的一般内容外，特别加入了人格美、心理压力及环境应激和网络心理等内容。通过课程教学，学生能够在知识、技能和自我认知三个层面受到教育和自我教育，提升自身的认知水平和价值目标。

参加本书编写的作者是长期在高校从事教育工作的专家和积极参与大学生心理咨询工作的学者。本书由杨秀英教授和万志全教授拟定编写大纲，特别得到了杨秀英教授的大力支持和教材内容上的创新性指导。本书主要编写者有海南大学心理咨询中心竭婧老师、海南医学院吕倜然老师、大连民族大学张成山副教授。其中，竭婧老师撰写了第一章并参加了其他部分章节的修改和校对工作，张成山副教授撰写了第八章并参加了其他部分章节的修改和校对工作，其他章节由万志全教授和吕倜然老师负责撰写、修改。初稿形成之后，由万志全教授统筹定稿。

衷心希望本教材能够帮助广大青少年学生，包括本科、高职高专学生以及中学生处理好环境适应、自我管理、学习成才、人际交往、交友恋爱、求职择业、人格发展和情绪调节等方面的困惑，提高健康水平，促进德、智、体、美等全面发展，实现有意义的人生价值。

本书在编写过程中查阅和参考了大量的文献资料，借鉴了很多学者编著的教材和研究成果，在此向各位作者表示由衷的感谢，同时对东北财经大学出版社的大力支持一并表示感谢。限于水平与经验，书中的缺点与不足在所难免，敬请专家、学者和广大读者给予批评指正。

编　者

2016年8月

目　录

心理学家珍妮特认为："人的一生是一系列的适应阶段，而每一个阶段都会对个人的长期生活产生影响。"大学是人生的一个重要阶段，如何走好第一步对大学生如何度过大学几年的学习生活都有相当大的影响。因此，大学生应认真学习心理健康知识，认识和思考人的生存和发展的目标，以积极的心态面对人生过程中的大学阶段，追逐自己的梦想、实现人生的价值。

第一章

大学生活从“心”开始

随着信息和网络时代的发展，大学生在面对大学新环境、新生活和人际交往、情感等一系列现实问题时，必须要从“心”开始认识自我、发展自己。大学生要具有良好健康的心理品质，以更好地适应现实复杂的社会生活，发挥好个人潜能，提升自己的创造力。

第一节　心理与心理健康

一、心理

人们常常提起“心理”一词，那么什么是心理呢？心理是大脑对客观物质世界的主观反映。心理是高度有组织的物质脑的特性，就是主体人对客观事物或客体在大脑中的反映。它是通过感觉、知觉、表象、记忆、想象、思维、感情和意志等多种多样的形式表现出来的。

（一）心理与大脑的关系

作为人体生理结构一部分的大脑是心理的器官。人的精神、情感等都是由大脑活动产生的。生理心理学就是通过分析神经组织和身体上出现的生理变化，来推断人的心理活动。有的人在撒谎的时候，表面上镇定自若，但是经过测谎，就会发现他内心其实很紧张，他的心跳加快了、呼吸急促了、血压也上升了。大脑不同部分影响着我们不同的感知觉。没有大脑，我们就无从知晓周围的世界，也不会有思想。无脑的或患有脑缺陷的婴儿不能发展或不能健全发展心理。大脑的损伤或病变会导致心理活动的紊乱以至丧失。下面是一个关于大脑受到损伤的真实案例：

1848年9月13日，在一次意外中，一根1.1米长的铁杆刺穿了铁路监工盖吉（Gaga）的颅骨。尽管颅骨的左前部几乎完全被损坏了（如图1-1所示），但盖吉的意识还清醒。人们用卡车把他送回旅馆，他还自己走上楼。随后的2周内，他濒于死亡。在一位外科医生的精心治疗下，当年10月中旬盖吉开始恢复，并于10周后出院了。盖吉的幸存是一个奇迹，严重的脑损伤仅使他左眼失明、左脸麻痹，但他仍然可以说话、走路和工作。但不久之后，人们发现盖吉的脾气与以前大不相同了。他本是一个非常有能力、有效率的领班，思维机敏、灵活，对人和气、彬彬有礼，但这次事故后，他变得粗俗无礼，对事情缺乏耐心，既顽固、任性，又反复无常、优柔寡断。他似乎总是无法计划和安排自己将要做的事情。他的朋友和熟人都说：“他不再是以前的盖吉了。”[①]

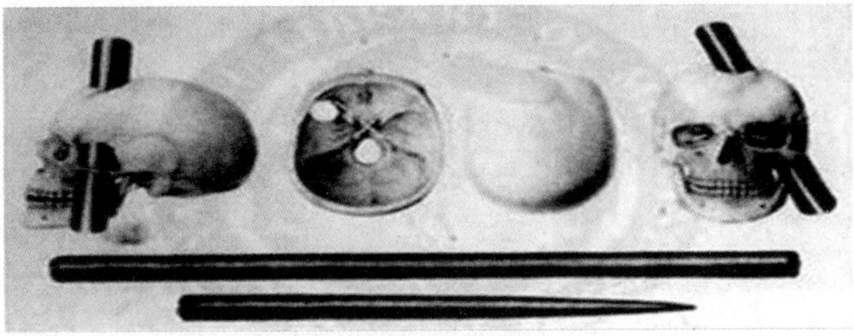

图1-1 盖吉的大脑受损伤情况

图片来源 佚名. 独孤求死！世界十大怎么作都死不了的人［EB/OL］.（2015-10-06）［2016-08-30］. http：//mt.sohu.com/20151006/n422637728.shtml?qq-pf-to=pcqq.c2c.

这个案例证明了大脑是心理的基础。现在盖吉的头骨保存在哈佛大学医学院的沃伦解剖学博物馆。

（二）心理是脑的机能

心理是脑的机能，心理障碍会影响身体的健康。俗话说：“笑一笑，十年少；愁一愁，白了头。”这句谚语形象地说明了情绪会影响身体的健康。有这样一个案例：一个孩子讨厌学数学，每当上数学课时他就头痛或者肚子痛，没办法他只好请假回家休息，可到了家，他头痛和肚子痛的症状就会完全消失。这个孩子并没有撒谎，只是因为上数学课使孩子产生了心理压力，在这种压力下出现了暂时性的头痛和肚子痛的症状。

长期以来医学界认为诱发心脏病的原因是高血压、高血清胆固醇、吸烟等，但用这些因素来预测心脏病的准确性不到半数。后来心理学家提出易患心脏病的人有一种共同的行为模式，即A型行为模式。在临床上用是否为A型行为模式预测心脏病具有很高的准确性。A型行为模式或称A型性格的提出是心理学对于身心疾病研究的一大贡献。

心理测试：你是A型性格还是B型性格（见附录）。

A型性格的特点是：性格急躁，没有耐心；争强好胜，求胜心切，追求成就，有很强的事业心；动作敏捷；时间观念强；情绪容易波动；对人有戒心；缺少运动。

① 格里格，津巴. 心理学与生活［M］. 王垒，王甦，等，译. 北京：人民邮电出版社，2003.

B型性格的特点是：性情随和，不喜欢与人争斗；生活方式悠闲自在，不争名利，对成败得失看得较淡，不太在意成就的大小，对工作生活较容易满足；工作生活从容不迫，有条不紊；时间观念不是特别强。

二、心理健康

（一）什么是心理健康

心理健康是一个相对的概念，它不像人的躯体健康与不健康有明显的生理指标，比如脉搏指标、体温指标，所以要区别心理是否健康并不那么容易。心理健康的参照系是：相对的心理健康的理想状态是以无心理疾病为基准的；而“正常”这一概念是有阶段性的，因为一个人随时都可能产生不良心境，所以个体的心理健康也不是一条直线。这里的“正常”是用于评价某一阶段行为的，不是用来描述某一阶段行为的。要区分心理正常与异常，尚无一个适用于任何人的任何情境的心理健康标准，因为人的心理世界是复杂多样的，即使一个健康的人，也可以有突发性、暂时性的心理异常。因此，每个人随时随地都可能产生心理问题，心理问题犹如感冒、发烧一样不足为奇。

关于心理健康的定义，不同时代、不同国度以及不同学者从自己的学术研究领域出发，提出了不同的定义，尚无一致的解释。

心理学家英格里希（H.B.English）指出：“心理健康是指一种持续的心理状态，当事者在这种状态下，能良好地适应，具有生命的活力，而且能充分发挥其身心的潜能。这乃是一种积极的状态，不仅是免于心理疾病而已。”

精神病学家梅尼格尔（K.Menniger）认为，心理健康是指人们对于环境及相互间具有最高效率及快乐的适应情况。心理健康者应能保持稳定的情绪、敏锐的观察力和愉快的心态。

社会工作者波孟（W.Bochm）指出：“心理健康是合乎一定水准的社会行为：一方面能为社会所接受，另一方面能为本身带来快乐。”

1946年第三届国际心理卫生大会曾经把心理健康的标准拟定为：“所谓心理健康，是指在身体、智能以及情感上与他人的心理健康不相矛盾的范围内，将个人心境发展成最佳状态。”其具体标志为：“①身体、智力、情绪十分协调；②适应环境，在人际关系中，彼此谦让；③有幸福感；④在工作和生活中，能充分发挥自己的能力，过有效率的生活。”

美国著名的心理学家马斯洛和麦特曼在20世纪50年代初提出了心理健康的10条标准：①有充分的自我安全感；②能充分了解自己，并能恰当估量自己的能力；③生活理想切合实际；④不脱离周围现实环境；⑤能保持人格的完整、和谐；⑥善于从经验中学习；⑦能保持良好的人际关系；⑧能适度地宣泄情绪和控制情绪；⑨在符合团体要求的前提下能让个性得到有限度发挥；⑩在不违背社会规范的前提下，能适当地满足个人的基本要求。

美国心理学家奥尔波特提出了心理健康的6大标准：①力争自我的成长；②能客观地看待自己；③人生观的统一；④有与他人建立和睦关系的能力；⑤人生所需的能力、知识和技能的获得；⑥具有同情心，对生命充满爱。

由我国学者马建青主编的《心理卫生学》认为心理健康的标准是：①智力正常；②善于协调和控制情绪，心境良好；③具有较强的意志品质；④人际关系和睦；⑤能主动地适应和改造现实环境；⑥保持人格的完整与健康；⑦心理行为符合年龄的特点。

贾霍达综合了弗洛姆、马斯洛和罗杰斯的观点，归纳了6项心理健康的标准：①对自我的态度。这种态度包括：能客观地了解自己，了解自己的经验、感情、能力和意见的程度（自我认识）；能整体地接纳自己的优缺点的程度（自我悦纳）；能统整自己的各种属性，明确地加以认识，并区别自己和别人，与承担角色责任的程度（角色认同）等要素。一个心理健康的人在这些要素上能够表现出较优异的水准。②成长、发展与自我实现。一个心理健康的人能够坚定不移地向自我的目标迈进，尽全力采取积极的行动以完成自我的实现。在生活中对工作、对别人关心之至，愿意为工作与他人而献身，并能与他人产生共鸣。③整合的人格。人格是由3个层面整合而成的：第一层面是“心力的平衡”，即本我、自我与超我3者处于平衡状态的人格结构；第二层面是“对于人生的统一性态度”，即理想自我与现实自我之间的一致性；第三层面是“对压迫的抗衡”，即对挫折的忍受程度或自我强度。④自律性。自律性是指个人是否独立于其所处环境以及能否自我决定。倘若欠缺自律性，则个人只能对环境的刺激作出被动的反应，个人犹如墙头草，随风而飘；反之，个人若能在对自己的行为负责的状态下展开行动，那么他便是一个心理健康的人。⑤对外界的环境知觉的精确程度。它是指个体对周围的外在世界了解到何种程度，或能否使自己认知的误差缩小到最低限度。一个人对其所处的世界没有准确的认知，便无法采取适当的对应行为，容易陷入不适应的状态，因为潜存于个人内心的欲望、愿望、焦虑、不安等情绪因素，会扭曲人所知觉到的事实。因此一个人假使能了解这一点，并能将自己所认知的内容与现实环境作一番对比，以修正自己的认知，或能采纳别人的意见，即使他面对压力，也能依据较正确的认知而采取更适当的反应行为。这正是建立良好的人际关系的基本条件。⑥支配环境。这是指人不仅需要适应环境，还要主动地向其所处的环境挑战，改变自己的生存环境。

舒尔兹的5项心理健康标准：①能控制自己的生活。人无法永远保持理性，但起码应能有意识地引导自我的行动，并能接纳自己的命运。这与贾霍达综合的第一项和第四项类似。②能认识自己是怎样的一个人。能充分了解自己的强项和弱项、长处和短处，要宽待与悦纳属于自己的一切，让自己保持本来的面貌，绝对不加以伪装。这和贾霍达综合的第一项相近。③能正视现实。人虽然或多或少要受到幼儿时期经验的影响，但一个心理健康的人，也并非像弗洛伊德所说的那样“对于过去，人是一个物理的附庸者”。人固然应放眼未来的目标，或怀抱远大的志向，但是目光的焦点尤其必须关注正在进行的事务。④能向新目标或向新经验挑战，即对于挑战新目标或新经验的刺激性人生的渴望基于对寂静而安定的人生的期待。⑤独特的人格特质。

《简明不列颠百科全书》中指出："心理健康是指个体心理在本身和环境条件许可范围内所能达到的最佳功能状态，不是指绝对的十全十美的状态。"

著名心理学家张春兴说："心理健康是一种生活适应的良好状态。"

虽然关于心理健康的含义，国内外学者的理解各有不同、众说纷纭，但都比较倾向地认为，心理健康是指生活在一定的社会环境中的个体，在高级神经机能正常工作的情况下，智力正常、情绪稳定、行为适度，具有协调关系和适应环境的能力和特征。心理健康是一种相对持续、稳定的，心理和行为上的良好状态。心理健康的人对自己、他人和环境的要求相对适中，不求全责备、不过分放松，能体验到生活的和谐性、幸福感，能挖掘自己的潜力。生活总是让我们遍体鳞伤，但到后来，那些受伤的地方一定会变成我们最强壮的地方。悲观者在每个机会中都看到困难，乐观者在每个困难中都看到机会。我们在讨论大学生心理健康时，一定要认识到大学生心理健康并不是一种固定的状态，而是一种不断发展的过程；同时心理健康也不是指对任何事物都能愉快地接受，而只是在对待环境和问题冲突的反应上，能更多地表现出积极的、适应的倾向。

【案例1-1】有个女孩子生在农村，由于农村重男轻女现象比较严重，她父母就又要了个孩子，结果生下来还是个女孩，但是这个妹妹比她长得好看，所以从她小时候起，父母就很偏心，偏向妹妹，但是她很好地调节了自己的心情，不但不嫉妒自己的妹妹，反而对妹妹很好，同时利用自己的优势——因为她学习比妹妹好，她就努力学习。念大学时，她发现宿舍里只有她一个人是来自农村的，别人都是来自城市的，她又一次很好地调节了自己的心情，对宿舍同学也很好，被大家推选为寝室长。她一直有个理想，就是出国读书，可是命运又一次考验了她。她考托福的成绩不够理想，美国的高校她没有申请到，但是她并没有气馁，最终申请到日本著名大学攻读博士。她不屈服于命运，同时又能适时调整自己，接受不能改变的，改变能改变的，最终取得了一定成绩。

【案例1-2】1996年5月18日上午，为了迎接即将到来的高考，某高中高三·一班正在进行紧张的英语模拟考试。由于教室不够用，在教室外面的走廊上也放了两排考桌。约9时许，在走廊里参加考试的男生衣磊走进了教室，他走到女生解东鑫的背后，迅速掏出早已准备好的刀子，朝解的后背猛刺两刀。紧接着，衣磊快速返回走廊，朝男生马龙刺了6刀。此次事件造成一死一伤。这两名受害者都是全班成绩数一数二的好学生，而行凶者的学习成绩忽高忽低不稳定，在竞争中的失败，加上争风吃醋等心理问题，导致衣磊走上犯罪行凶之路。这就是衣磊没有很好地调节自己的心理状态而导致的结果。[①]

（二）大学生心理健康的标准

结合我国大学生的状况，心理学家莫雷等提出了心理健康的8个标准：

1.智力正常

智力正常是人正常生活的最基本的心理健康条件，良好的智力水平是一切社会人学业成功、事业有成的心理基础。智力水平用IQ值来表示。IQ值大于等于90为正常，上不封顶，小于70为落后。《阿甘正传》这部电影中的主人公阿甘，他的IQ值是75，比正常人智力偏低一点，他在很多方面都表现出与常人有所不同。但是IQ值不能说明一个人的成就，也不能保证这个人心理一定健康。比如1991年一名来自中国北京大学物理系的高才生卢刚在美国爱荷华大学，用10分钟的时间枪杀了包括自己的博士生导师在内的6个人。卢刚是通过李政道博士的出国考试、由中国政府公派来美的留学生。在爱荷华大学物理系博士资格考试时，他以第一名的高分成绩打破了历届的高分纪录。卢刚IQ值很高，但是他却在巨大的压力面前，没能很好地调节自己，从而导致悲剧的发生。

2.能协调与控制情绪，心境良好

心理健康的人愉快、乐观、开朗、满意等积极情绪状态总是占据优势的。心理健康的人遇到挫折时，也会伤心失意，但心理健康的人能适当地表达和控制自己的情绪，喜不狂、忧不绝、胜不骄、败不馁、谦逊不卑、自尊自重，在社会交往中既不妄自菲薄也不畏缩恐惧，对于无法得到的东西不过于贪求，争取在社会规范允许的范围内满足自己的各种需求，对于自己能得到的一切感到满意，心情总是开朗的、乐观的。

3.意志坚强

健康的意志应该具有：①目的性，即自觉地确定行为的目的。在控制和执行计划时，既不轻信于人，又能集思广益；需要作出决定时，既能毫不犹豫、当机立断，又能深思熟虑、灵活机动。②坚韧性，既具有持之以恒、一干到底的精神，不朝三暮四、不见异思迁，同时又通情达理而不顽固执拗。③自制性，即能够为了达到目的而有意识地控制感情冲突，约束自己的言行。

4.心理行为模式符合年龄段特征

在人的生命发展的不同年龄段，都有相对应的不同的心理行为表现，从而形成不同年龄段独特的心理行为模式。心理健康的人应具有与同年龄段大多数人相符合的心理行为模式。如果一个人的心理行为模式经常严重偏离自己的年龄段特征，一般都是心理不健康的表现。一个小孩蹦蹦跳跳地过马路，大家觉得很正常；如果一个七八十岁的老人还蹦蹦跳跳地过马路，估计大家就会觉得这个人不正常了。所以心理行为模式要符合年龄段特征。

---

① 孙云晓．捍卫童年［M］．南京：江苏教育出版社，2009：36．

5.人际关系和谐

乐于和善于与人交往，能和大多数人建立良好的人际关系，重视友谊也不拒绝别人的关心与帮助；与人相处时积极态度（如热情、坦诚、尊重、信任、宽容、融洽等）多于消极态度（如忌妒、冷漠、怀疑、计较等）；在新环境中能很快地适应，与他人打成一片。

6.适应社会生活

心理健康的人能够面对现实、接受现实，并能够主动地适应现实，进一步改造现实，而不是逃避现实；对周围事物和环境能作出客观的认识和评价，并能与现实环境保持良好的接触，既有高于现实的理想，又不会沉湎于不切实际的幻想与奢望；对自己的能力有充分的信心，对生活、学习、工作中的各种困难和挑战都能妥善处理。心理不健康的人往往以幻想代替现实，不敢面对现实，没有足够的勇气去接受现实的挑战，总是抱怨自己“生不逢时”，或者责备社会环境对自己不公而怨天尤人，因而无法适应现实环境。

7.热爱生活

大学生的心理健康是在各种活动中形成和发展的，也只有通过具体的活动才能表现出来。心理健康的人珍惜和热爱生活，积极投身于生活，并在生活中享受人生的乐趣；而且能够不断地学习和接受新鲜事物，并能取得一定的成就。这些成就又将为他们带来喜悦和满足，转而又增加他们对学习和工作的兴趣。但是，有的大学生不是这样的，他们盲目地认为自己太笨或没有考上一个好大学、好专业，或抱怨自己没有学好是老师教得不好，怨天尤人、苦闷失望，继续发展就会影响学习和工作，这就是心理不健康的征兆。真正懂得生活、对生活充满爱的人深知生活在世上，有快乐就有悲伤、有成功就有失败、有苦涩就有甘甜。他们对生活没有过多奢求而认认真真生活，把生活本身当作幸福。

8.有完整和谐的人格特征

心理学上所讲的人格，是指一个人在他一生发展的漫长经历中所逐渐形成的，表现为稳定的和持续的心理特点以及行为方式的总体。健康的人格特征是有机统一的、稳定的，即他所想的、说的、做的是统一的。如果知道一个人具有某些特征，一般就可以预见他在某种情况下，将会怎样行动。如果一个人的行为表现不是一贯的、统一的，则说明他的心理已经不健康了。这种行为表现互相矛盾的现象在某些大学生身上也可以看得到。判断一个人的人格健康状况，还有一条标准，那就是个人自我接受的情况，即在自知长处和短处的基础上，避免无谓的自卑或虚荣，永远保持轻松、积极、健康的心理状态。

第二节 大学生面临的心理挑战

从当前的情况看，多数大学生的心理是健康的，这种健康表现为：他们有较高的智力水平，有强烈的求知欲，对学习有浓厚的兴趣，学习效率较高；有较稳定的情绪，乐观自信，有年轻人的朝气和活力，对于未来满怀憧憬；有比较健全的意志，不怕困难，果断顽强，有自制力；他们的人格完整统一，敢于竞争，努力向上，积极进取；有比较完善的自我意识，能较好地认识和接纳自己；有良好的人际关系，交往广泛，有知心朋友；对于社会现状有比较客观的认识，善于进行内我调节，适应良好。

近几年来，据有关大学的校内调查表明，大学生中约有20%的学生存在不同程度的心理问题和心理障碍。

一、大学生常见的心理问题

心理问题是指那些近期发生的问题内容比较局限，心理活动反应不甚强烈，且未影响思维逻辑的暂时性的心理紊乱。大学生常见的心理问题主要表现在环境应激问题、人际交往障碍、自我认知失调以及与性有关的适应不良等。

（一）环境应激问题

环境应激问题主要在新生中表现得比较突出。

（1）学校环境的变化。进了大学后，新生多数远离家门，离开了父母、亲人和朋友及熟悉的环境。由于环境的变化，所以许多问题要自己独立处理。一些大学生对新的集体、新的生活方式、新的学习特点等还不习惯，出现适应困难、失眠、食欲不振，甚至神经衰落。

（2）学习条件和学习方法的变化。这种变化主要表现在两个方面：首先，许多大学生入学前在原高中是学习上的佼佼者，自我感觉良好，老师和家长对其宠爱有加，但在集中了各地学习优等生的新群体中，他们有可能不再是校园中的宠儿，学习上可能也不是优等生。假如对上述现实没有思想准备，不能正确接受和对待，就会造成心理问题，表现为自信心降低、产生自卑感。其次，由于学习方法不当而造成学习困难。比如对新的大学课程仍沿用已不适用的高中学习方法，结果造成学习成绩不理想，自己又忽视学习方法的探讨和改进，因而在学习问题上疲于被动应付，心理承受的压力很大，出现焦虑、紧张等情绪反应，同时反过来又会严重影响其自信心，带来苦恼及自我否认等心理问题。

（3）生活习惯的变化。我国南方、北方等地学生的异地就学，带来饮食、生活习惯和气候等方面的不适应，这些会影响他们正常的学习、生活和睡眠等活动，使他们产生心理问题。个别不常说普通话的地区的大学生到大学就读，常会出现一定程度上的语言隔阂应激现象，从而造成学习困难和交往障碍等，这些也会对其心理健康产生不良影响。

（二）人际交往障碍

与人际关系有关的心理问题，表现为沟通不良、交往恐惧、人际关系失调、人际冲突、孤独无援、缺乏社交的基本态度与技能、代沟等。如有的学生在交往方面，因自负而不屑交往、因孤僻而不愿交往、因恐惧而不能交往、因自卑而不敢交往等，从而陷入孤独、封闭的境地；也有的学生虽然主动去交往，但由于对人的认识上常有偏见、误解或过分要求，对他人情感上缺乏同情、理解和尊重，对他人的行为挑剔、反应被动或矜持，以及太过固执、任性、偏激甚至喜怒无常等，所以造成人际关系不协调，难以被他人接受。良好的交友愿望和人际关系不协调的矛盾常导致一些大学生内心的冲突，出现心理失调。

（三）自我认知失调

自我认知失调主要表现在：

（1）"理想自我"与现实矛盾的认知失调。大学生的年龄和阅历决定了不少人对任何事物都过于理想化。他们往往对一切事物都寄予美好的希望，常常使自己置身于幻境之中，以为理想中的好即是现实中的好，在很大程度上脱离了现实条件。当自己的理想在现实中被否决时，思索理想虚幻成分的不多，而埋怨现实因素的不少。不少大学生常常自视过高，常给自己打"满分"。当现实中的自己与理想状态下的"我"发生错位时，情绪就容易不稳定，表现出不安和痛苦。

（2）还有些大学生，他们在发展自我的过程中放大了自我劣势，忽略了自我优势。由于害怕暴露自己的弱点而采取某种防御和压抑性的心态，他们很少与周围同学、师长交流，多独处，情感不稳，多疑而不信任他人，以致产生烦恼和恐惧不安等。

（四）与性有关的适应不良

（1）性意识的困扰。大学生的性生理已经发育成熟，与其相伴随的性心理也基本成熟。不少大学生会受到自我性意识的困扰，如有被异性吸引体验、性幻想，常想到性问题、性梦，遇到异性同学会脸红，以及与之对抗的对性的压抑等。这种困扰通常只会带来一般程度的不安和躁动，但当其达到严重程度时，便会产生心理问题，从而影响到学习、生活和休息等各个方面。

（2）性行为异常。在某种特定因素的影响下，在部分大学生中出现了变态性行为，这些变态性行为包括露阴癖、恋物癖、窥阴癖等。

（3）性行为的心理问题。伴随性意识的性行为，在未婚大学生中，这种性行为多半保留在自慰性行为水平上，如手淫、触摸等。然而有部分学生因获知不正确的性知识，或对性有不正确的认识和理解，从而造成诸多心理压力，严重的心理压力即可形成心理问题。

（4）失恋造成的不适应。大学生失恋现象比较普遍，部分大学生把失恋看成极其严重的生活事件，会使他们的情绪、自我评估、人际交往、学习、生活等受到不同程度的影响，从而造成诸多的心理问题。

（5）对自己身体意象的不适应。身体意象是指个体对自己身体的认知，比如身体过于肥胖就会在其大脑中产生肥胖的意象。当其不能接受这种特定身体意象时，就会产生强烈的自我否定、与周围的对抗态度和情感反应，甚至会引起攻击性、逃避性和病理性的行为，从而构成心理问题。这种特定意象通常包括肥胖、身体矮小、相貌怪异以及有某种残疾等。

（五）其他方面

（1）对重大丧失的不适应。在大学阶段，大学生有面对意外事件的可能性，当这些事件对于个体意义特别重大并未能被妥当应对时，就会对其他各方面产生严重的不良影响，从而出现心理问题。这些重大丧失有严重的外伤或疾病、亲人亡故或重病、家乡遭受重大灾害、经济状况陷入严重困难及丧失重要的机遇等。

（2）早年伤害性体验带来的不适应。部分大学生在幼年、童年，甚至青少年时期的生活环境中，曾经历过不幸的事件、境遇，并造成伤害性体验，以至于对他们的行为模式、生活态度乃至个性发展产生了恶劣影响。进入大学后，他们有可能会以仇恨、多疑、逃避、攻击、不合作等行为模式对待新环境、对待周围的一切，从而造成他们对社会的不适应，并影响到自身发展等。这类造成伤害性体验的不幸事件、境遇有父母离异或家庭严重不和睦、父母等有较重的不良人格特质、教养态度严重偏离、被遗弃或收养、家庭或本人长期处于被严重压抑的环境、长期被伤害或迫害而缺乏被爱和同情，以及家庭经济状况长期严重困难等。大学生中还有因出国留学、余暇生活、个性发展、人生态度等方面出现的困惑和苦恼等心理不适应。

二、大学生常见的心理障碍

心理障碍是指影响个体正常行为和活动效能的心理因素或心理状态，一般是指不良刺激引起的心理异常现象，是心理活动中的轻度创伤，它初始反应就比较强烈，且持续时间相对比较长。心理障碍由于相对较长时间的精神负担和精神折磨，个体常伴有情绪的焦虑或抑郁、紧张或恐惧以及生理功能的改变。心理障碍往往只是暂时性的，在一定情景下偶然发生的，是正常心理活动中的局部异常状态。每一个正常人在特定情景下都可能产生不同程度的心理障碍，但由于其社会功能完好无损，所以往往不需经过治疗，只要不良生活事件消除，适当应用心理防御措施就会自然消失。但是，严重而持久的心理障碍不仅会对人格发展产生影响，也会诱发一些精神疾病。

大学生作为一个特殊群体，他们的心理障碍一般也具有特殊性，主要的心理障碍包括五个方面。

（一）人格障碍

人格障碍也叫病态人格，是一种人格发展的内在不协调，是在没有认知过程障碍或没有智力障碍的情况下出现的情绪反应、动机和行为活动的异常。所谓内在不协调，是指一种或几种人格特征的强度远远超过了正常的范围，并引起了情绪反应、动机和行为活动异常。病态人格的表现十分复杂，目前尚无一致的分类方法，根据《国际疾病与分类》第9版中“精神障碍的分类”，可大致分为以下几类：

（1）偏执型人格，主要表现为：固执、多疑、情感不稳、心胸狭隘、好嫉妒；

自我评价过高，对受挫折和羞辱过分敏感；易于将别人中性的行为看作蔑视和敌视的行为，在工作和生活中经常和别人、领导发生摩擦。

（2）分裂型人格，主要表现为：退缩、孤僻、胆怯、沉默和怪癖；不爱社交，常白日做梦，沉溺于幻想之中；缺乏进取心，不介入人们之间的关系，尤其回避竞争性环境，保持漠不关心的态度。

（3）情绪高涨或低落型人格，主要表现为：某种突出的情绪状态在患者一生中占据优势，可以是持续的情绪低落、抑郁，或者是持续的情绪高涨，也可以是两者交替出现；其情绪变化与外界环境没有关系。

（4）冲动型人格，主要表现为：情绪不稳定，常因微小的精神刺激而突然爆发非常强烈的愤怒情绪和冲动行为，自己完全不能控制；在间歇期是正常的，对发作时的所作所为感到懊悔，但不能防止再次发生。

（5）强迫型人格，主要表现为：对某些事物在乎时常有不安全感和不完善感，过分自我克制和关注；责任感过强，又过分墨守成规，没有随机应变能力；常常因顾虑小事而忽略大事，并机械地要求别人按自己的意见办事，以致妨碍别人的自由；怕犯错误，过分拘谨和小心翼翼，优柔寡断，难以作出决定。

（6）癔病型人格，主要表现为：过分做作、夸张，高度以自我为中心，通过戏剧性行为而引人注意；暗示性、依赖性强，高度幻想；情感易变化、易激动，而对人情感肤浅；在应激状态下易于发生癔病症状；性心理发育不成熟，表现为性冷淡或过分敏感。

（7）衰弱型人格，主要表现为：缺乏信心和主动精神，被动地服从别人的愿望；精力不足，易感疲劳，常为小事伤感，缺乏生活的乐趣；易于发生神经衰弱和焦虑性神经症。

在上述人格障碍的几种类型中，大学生常见的主要有第（1）、（4）、（5）类。

（二）认知障碍

认知障碍主要表现为个体认知活动的不协调和低能。常见的认知障碍主要有：

（1）感知障碍，主要表现为感觉过敏、感觉倒错、感觉矛盾、内感不适、感觉剥夺、幻觉和感知综合障碍等。

（2）记忆障碍，主要表现为记忆亢进或缺损、记忆力严重衰退、遗忘症、不识症、记忆错误中的错构症和虚构症等。

（3）思维障碍，主要表现为：抽象过程障碍，如抽象概括水平下降、抽象概括过程歪曲、脱离事实夸大等；联想障碍，如思维迟缓、思维中断、思维贫乏、思维不连贯等；思维内容障碍，主要是各种错误而荒谬的、十分固执的妄想，如易人妄想、非血亲妄想、被害妄想、嫉妒妄想、关系妄想、罪恶妄想、疑病妄想和钟情妄想等。

（三）情感障碍

个人长期处于消极情绪或激烈的情绪状态下，就会造成情感障碍，主要表现为情绪极不稳定，机体的反应与刺激强度、性质不相称，自我调节和控制能力低下，行为反常。常见的情感障碍有：

（1）情感引发与反应障碍，主要指人受到现实刺激后，情感引发反应失调，如易激动、情感不稳、愤怒异常等。

（2）病理性情感异常，如情感高涨、情感欣快，以及焦虑、恐惧等。

（3）情感协调性障碍，如情感倒错、情感矛盾、表情倒错等。

（4）情感发育障碍与退化，如情感幼稚，也叫情感还童和情感衰退等；还有的表现为性敏感，对异性拒绝接触，热衷于性引诱、想入非非、不能摆脱。

（四）意志障碍

意志障碍主要表现为行为受直观感知、简单动机或情感冲动所支配，缺乏行为的目的性和一致性。常见的意志障碍主要包括：

（1）意志衰竭，如意志减弱、意志缺乏、意志增强（在无意义、无价值的目标上表现出顽强和固执等）等。

（2）意志倒错，如意志矛盾，还有强迫行为、固执行为、运动障碍等。

（五）意识障碍

意识障碍主要表现为对外界的意识清晰度或意识范围以及自我意识的障碍。常见的意识障碍主要包括：

（1）对外界的意识障碍，即对环境中的复杂事物及环境与自己的关系缺乏认识，不能与周围环境保持协调，如轻度意识障碍、显著意识障碍、昏睡与昏迷、梦游症、意识狭窄等。

（2）自我意识障碍，是指对自身当前的主观不能正确认识，包括不能感知自身的存在，不能意识到自己是独立的单一的个体，不能把当前的“我”和过去的“我”联系起来，失去自我支配感等，如自知力丧失、人格解体、双重人格、自我界限障碍等。

第三节　大学生心理健康问题的影响因素

大学生的心理问题和心理障碍近年来愈来愈受到人们关注，并在积极探求其原因，寻找其解决方法。目前的研究认为，心理问题和心理障碍都有着其生物学、心理学、社会学因素。同样受到精神刺激，有的人能平稳渡过危机，而有的人却会采取极端的行为方式。这里有生物学因素的影响，也有心理学、社会学因素的影响，且它们之间相互影响。

一、大学生心理问题和心理障碍的生物学因素

一个人出现了心理问题和心理障碍，或多或少都有其生物学因素。心理问题和心理障碍越严重，其生物学因素所起的作用可能就越大。人们通常把一些人出现的

心理问题和心理障碍完全归因于心理学、社会学因素，比如说某个学生自杀身亡是因为没有考上研究生；某个学生持刀杀死室友是因为他们以前有过节。其实不然，遗传及其他生物学因素也对人的行为方式及其强度、频度、方向产生影响，是造成心理问题和心理障碍的基本原因之一。

（一）遗传因素

人类的相貌、身材、性格、智力以及行为等都与遗传有关。我们常说某人的火暴脾气像爸爸，某人温顺的性格像妈妈，这里讲的就是行为遗传学。随着分子遗传学的深入发展，已经认识到基因影响行为。行为的物质基础主要是中枢神经系统，其生理生化性能受遗传物质——基因的调控。虽然基因本身不直接产生行为，但基因在神经系统分化发育过程中的表达，可间接地影响行为。

遗传因素对个体的重要作用体现在父母遗传给个体的一些生理、心理素质（气质）。气质是人的心理活动的动力方面的特点，即表现在心理活动的强度、速度、稳定性、灵活性和指向性等方面的特点，是个体稳定的心理特征。气质在发生上是由遗传和早期神经发育决定的，以神经活动类型为基础，如有的孩子好动、有的孩子安静；有的孩子情绪愉悦，有的孩子则经常爱发脾气、爱哭。巴甫洛夫认为气质是高级神经活动类型在心理活动的动力方面特点的表现，特别是情绪动力方面特点的表现。气质与个体行为发展及个性有关。个性是指先天因素和后天习得综合形成的个体心理活动模式。例如，如果父母做事情过于追求完美，总有一种不完美感、不安全感、不确定感，那么他们的孩子也可能会具有这种强迫型性格；如果父母看事情总是比较悲观，做事谨小慎微、自我否定、敏感、怀疑，那么他们的孩子也可能会具有这种抑郁型性格。具有这些遗传因素的个体在某些诱发因素的作用下可能更容易产生某种心理问题或心理障碍。大学生能正确认识自己的性格特征，主动积极地克服性格中的不良倾向，是保持心理健康的重要因素。

许多精神病学家、神经病学家、遗传学家在努力寻找抑郁障碍、自伤自杀、酗酒、攻击行为等心理问题和心理障碍的遗传基因。近年来，通过家系研究、双生子研究、寄养子研究、高风险概率分析等群体遗传学分析方法，基因分析法及分子遗传学方法来研究心理问题和心理障碍的遗传基因，取得了大量的研究成果。例如，在对人类冲动攻击性行为的研究中发现，该类个体体内5-羟色胺代谢异常，单胺氧化酶结构基因存在缺陷。通过动物实验发现，敲除小鼠单胺氧化酶结构基因，则引起小鼠明显的攻击性行为。大量研究发现一些精神障碍，例如情感性障碍、精神分裂症、酒精依赖、反社会人格等存在家族集聚性。对情感性障碍（抑郁或躁狂状态）的家系进行RFLP分析，把基因定位在染色体11pl5.5，也有人报告与X染色体上的遗传标记连锁，但目前尚缺乏一致性报告。总的来说，某些心理问题、心理障碍具有遗传性，是基因将疾病的易感性从亲代传给子代，具有遗传基因的家系中子代患病的概率增加，而且起病比较早，病情更加严重。

因此部分大学生所患的心理问题和心理障碍可能与遗传基因有关，正视这个问题是很有必要的。大学生如果发现自己情绪、行为异常，家里又有遗传史，可以向专业人员咨询，提早治疗或预防。需指出的是，遗传因素虽然对某一些心理问题和心理障碍的发生有一定重要性，但更应认识到良好环境对心理应激的调控可减少和避免发生心理问题和心理障碍。这对于提高个体的心理健康水平和生活质量是有现实意义的。

（二）理化生物因素

中枢神经系统的感染、肿瘤、外伤、出血、中毒、变性、营养代谢障碍和精神活性物质等因素，均可直接或间接损害人脑的正常结构和功能，引起人的各种心理问题和心理障碍。躯体疾病如内脏器官、内分泌、代谢、血液、结缔组织等，由于影响了脑功能也可引起人的各种心理问题和心理障碍。

这些心理问题和心理障碍可以表现为：

（1）身心问题和障碍，是指因身躯疾病而产生的心理反应，即患了某种躯体疾病后人在心理方面出现的焦虑、抑郁、易激动、多疑、孤独感等。例如，支气管哮喘病人在哮喘发作和发作间隙都可能出现抑郁、焦虑、恐惧等不良情绪反应。

（2）躯体疾病产生的生物因素直接造成人的心理问题和心理障碍。例如，能量供应不足（脑供血不足或脑缺氧等）、毒素作用、应激反应、神经递质改变，以及水、电解质紊乱等，可引起人的意识障碍、精神病样表现、神经病样表现等。甲状腺功能亢进的病人经常出现失眠、性情急躁、自制力差、易激动、情绪不稳、注意力不集中、敏感、易疲劳、适应能力差等症状。而甲状腺功能低下的病人则表现出精神活动抑制、冷淡、情感反应迟钝、对周围不关心等症状。部分女大学生在月经期可能会出现经期综合征，表现为抑郁、紧张、焦虑、苦闷、冲动、攻击、毁物、好争斗等。

对于这些情况，以积极治疗原发病为主，针对患者对疾病担心所致的焦虑、抑郁等情绪，也要给予心理支持。

二、大学生心理问题和心理障碍的心理学、社会学因素

探讨大学生的心理问题和心理障碍的心理学、社会学因素需要从大学生的心理承受能力与日常生活事件两方面来考虑。

（一）心理承受能力

两个人遭遇具有同样性质和意义的负性生活事件，一个人出现了心理问题或心理障碍，而另一个人却不出现心理问题或心理障碍，这表明两个人在心理承受能力方面存在差异性。

心理承受能力与个体的先天素质以及经历、经验有关。和心理承受能力有关系的先天素质主要有个性、能力、个体的生理状态等。

关于个性，一般来说，外向的人比内向的人具有更好的心理承受能力。外向的人其注意力多朝向自身以外的世界，具有相对广泛的人际资源，当遭遇生活事件

时，习惯性和本能性地向他人求助；另外，其先天性的喜欢表达的倾向也使其心理在感受到压抑的时候，自身压力会得到有效释放。内向的人其注意力多朝向自身，不善交际，不喜欢或不能有效地寻找社会支持，人际资源相对有限；当遭受挫折和压力时，多喜欢内省和“自力更生”，自己寻找解决问题的办法。但毕竟在应对生活事件，特别是重大的生活事件时，个体的应对能力和群体相比是有限的。内向的人和外向的人相比较，因其先天素质原因而使两者在获得社会资源方面存在差异。

另外，外向个体高级神经兴奋程度低，对刺激的感受能力没有内向个体敏感，同样一个刺激在内向个体的大脑中会反复“回响”“震荡”“留下深刻的痕迹”“久久不能忘怀”，而对于外向个体而言，刺激不过是“划过天空的一道彩虹”“很快就能忘怀”“不久就酣然入睡了”。两者对刺激的接受、反应程度、保持都存在差异性。

情绪稳定者比情绪不稳者有着更好的心理承受能力。情绪稳定者在面临应激时比情绪不稳者情绪反应轻。情绪反应强烈会波及神经、内分泌、免疫等系统，长期应激所引起的不良情绪反应会引发相关的身心疾病，从而影响个体的身心健康。另外，情绪不稳者在面临重大抉择时容易受到强烈情绪反应的影响，作出错误抉择的可能性更大。这不仅给个体带来后继的心理压力，而且不利于个体的社会适应。

能力也会影响个体的心理承受力。能力强的个体在面临应激事件时，有更多的应对技能，能更好地作出抉择，伴有的不良情绪反应也轻；而能力不强的个体特别是社会能力不强的个体，在面临应激事件时往往不知所措，抉择时间延长，不良情绪多。

个体的生理状态影响应激反应。生理状态差的个体在面临应激时，身心反应更持久而强烈，应激过程中能量储备的消耗更大。这种生理状态不利于积极、有效、长期性地应对慢性应激事件。因此，增强体质、经常性地锻炼身体，有利于提高个体的心理承受能力。

（二）日常生活事件

任何个体都不可避免地会遇到各种生活事件，这些生活事件常导致个体产生应激反应。生活事件可分为正性生活事件和负性生活事件：正性生活事件指个体遇到的好事情，如高考成绩好得出乎自己的预料，被自己所向往的大学录取等。负性生活事件是指不好的、给个体带来不良情绪的事情，如考试失败、失恋等。生活事件的正性与负性还受到个体评价的影响，同样一件事情，认为它是好事，就是正性生活事件，认为它是坏事，就是负性生活事件。生活事件有大有小，大的生活事件如天灾人祸、家破人亡等，小的生活事件如同学关系紧张、考试前压力大等，大多数人遇到的都是较小的生活事件。按照来源不同分类，生活事件可分为家庭的、学校与职业场所的、社会环境与自然环境的。

1.家庭

家庭生活事件对个体特别是年幼个体的影响很大，在早期它可能影响个体人格的发展和成年后的应对方式。不良的家庭生活事件，如家庭暴力、父母慢性争吵、离婚、丧偶、父母酗酒、家人犯罪入狱等，无不影响个体的心理健康。这些家庭生活事件给子女心灵造成了创伤，而且这种创伤性体验在成年后也很难抹去，经常浮现于眼前，压抑、退缩或攻击可能长期存在。

父母的养育方式也很重要。父母养育方式分为情感温暖型、拒绝否认型、过度保护型、个体偏爱型。其中情感温暖型养育方式是健康的养育方式，其他三种养育方式均是不健康的养育方式。过度保护型养育方式下的子女自立能力差，以自我为中心，适应社会存在较严重的问题。而子女在家庭内被“拒绝否认”，则会造成孩子自卑，不敢发表自己的主见，喜欢附属于别人，习惯听从别人的指挥，竞争性不强，并在遭遇应激生活事件时往往犹豫不决，不知所措。

2.学校与职业场所

大学生面临的学校与职业场所应激生活事件，主要可见于以下几方面：

（1）家庭经济方面的原因。我国大学生在经济上不独立，几乎完全依赖于家庭和国家“供养”，易于产生各种各样的心理冲突。首先，青年大学生具有较强的独立意识，有自立的强烈欲望。但社会的独立是以经济独立为基础的，故广大学生都或多或少地有经济上想独立但又想依赖家庭并不得不依赖的内心冲突。其次，许多大学生是家庭中的“重点保护对象”，养成了大手大脚的生活习惯，加上受社会上攀比风、吃喝风的影响，大学生高消费现象日益严重。有限的经济来源和高消费欲望会形成尖锐的矛盾冲突，成为大学生经济方面出现心理问题的诱发因子。最后，某些大学生虽然家庭经济条件并不好，但为了“面子”，又不得不“大大方方”地花父母的血汗钱，由此产生良心、道德感和社会自我之间的冲突。面对这些心理冲突，有的学生为摆脱经济上的困扰而不断地给家长施压，以致酿成严重的亲子关系危机；有的学生为了过上体面的生活而弃学经商，以致荒废学业，陷入更加糟糕的境地；有的学生为满足自己的欲望而四处伸手、八方求援，甚至债台高筑，不得不在应付、逃避债务的惶恐中打发日子；还有的学生铤而走险，甚至不惜丧失人格、国格。

（2）专业定向方面的原因。大学的学习是一种专业性较强的学习，在一定程度上决定了一个人的前途和命运，因此大学生对自己的专业定向是极为关注的。出于种种原因，很少有人真正满意自己所学的专业，因此在大学生当中，尤其是低年级学生中存在较多的专业定向心理冲突，特别是那些社会地位不突出、被认定为就业价值低和前景暗淡的专业的学生，其心理冲突更为激烈。

大学课程设置面窄、结构单一，也是引起大学生专业定向方面心理冲突的一个原因。在我国高校中，规定的课程较多，必修课多于选修课，学生没有很多的时间拓宽知识面。要学好本专业课程，就必须放弃“额外”的兴趣；否则，就会影响本专业的学习成绩，并会被认为不务正业，从而给自己的前途带来不利影响。

在专业定向方面有心理冲突的大学生，往往对所学专业不感兴趣，认为自己选错了专业，“投错了胎”，甚至有些名牌大学的学生，也判定自己“大门走对了，二门走错了”，因此纷纷要求换专业，闹“专业思想”不稳定的情绪。有的还编造种种理由以支持自己的要求，争取学校和老师们的同情。当他们的要求遭到拒绝之后，多数大学生都会陷入较长时间的心理冲突状态。有的学生可能会慢慢适应所学专业的课程设置；有的学生则舍弃本专业而独自选学感兴趣的东西。这两种情况都会导致共同的厌学行为：学习不努力、不专心、敷衍了事；对学习成绩期望低，以求及格为满足。

（3）职业选择方面的原因。职业选择方面的心理冲突往往出现在高年级大学生之中。这种冲突主要取决于两方面的因素：一是选择职业的自由度；二是职业评估的价值标准。大学生职业评估的价值标准比较复杂，会随着社会的变化而不断变化。他们不仅要从实现个人理想、成就一番事业出发去考虑自己的职业，而且还把收入多少、社会声望高低、工作条件优劣、发展前景大小以及是否安全、安定等因素作为选定职业的参考。

（4）情感方面的原因。大学生恋爱实际上已为社会、学校、家庭所接受。因此恋爱的大学生人数日益增多，并且越来越早期化。恋爱问题成为当代大学生心理冲突的一个主要方面。虽然来自外界直接干预大学生恋爱的压力减少，但是恋爱对学业的冲击，异性选择过程中的疏远与亲密、关系的决裂与恢复、拒绝与接受，相爱双方感情发展历程中的变幻起伏、阴晴风雨，以及同性间的竞争与挑战等，都会给恋爱的大学生带来一系列的心理冲突。同时，大学校园里越来越多的恋爱信息对未曾恋爱的学生（尤其是同寝室同学）造成巨大压力。此外，大学里的失恋者、未恋爱者中除多数埋头学习的人外，也不乏精神空虚、惹是生非的人。这些人可能比恋爱者体验到更多、更强烈的心理冲突。

3.社会环境和自然环境

（1）社会环境因素。

我国正处在社会变革时期，经济体制、政治体制在进行积极的改革，当然这其中必然有阵痛、有一些副作用。在经济繁荣的同时，社会意识流中出现的糟粕会影响大学生心理健康，价值观、人生观的确立，自尊水平的波动，从而影响其行为方式、行为抉择。

商业化——社会主义市场经济体制的改革使某些经济领域的商品化和商业化成为必然趋势。这种趋势也在影响着人们的价值定向，大学生也不例外。目前很多大学生认为在求学期间为的就是一张文凭，凭着这张文凭以后去找工作，这就是上大学的过程与目的。我们不能否定这一过程与目的，但如果把这一过程与目的和获取知识结合起来也许会更有利于自身以后的发展。有的大学生在商品化的思潮中出现了自我价值危机。原来价值定向的唯一标准是学习成绩，在高中阶段，学习成绩好，会得到同伴的尊敬，从而找到价值感；进入大学后，价值定向标准开始多样化，经济地位、社会关系甚至外貌等都可能影响个体的自我价值感。自尊水平高的个体可能受这些因素的影响小些，自尊水平低的个体容易受到外界评价的影响，自我价值感也随之波动。

信息化——信息化给个体提供了一个信息交流渠道，使个体通过一定途径快捷地了解周围世界及专业领域的动态变化。对于大学生而言，主要通过网络途径融入信息化浪潮中。信息化是社会发展的趋势和标志，网络给个体提供了一个虚拟的空间，个体也是以隐蔽、保密的方式进入这一空间的。正是因为这一特点，许多大学生觉得在现实生活中需要戴上的“面具”消失了，开始表现出“原始化”“本能化”，网络也为了迎合个体的需要而设置各种色情、暴力、奇闻、自我实现等情景或游戏。个体在现实生活中可能会面临各种矛盾、竞争、冲突，按各种“社会标准”被分成“上”“中”“下”各种“社会阶层”；而在虚拟空间里，个体突然感觉自己“君临天下”，可以“专横跋扈”“为所欲为”。个体在现实生活中因道德、社会规范而不能说或不能做的事情，在虚拟空间中可以得到完全释放，猎奇、攻击等不良行为得到保密和庇护。网络的这些特点使个体往往沉溺其中而不能自拔，同时借此来逃避现实压力，形成习惯性的逃避的应对机制。因此信息化可能给大学生带来的副作用有网络成瘾和歪曲社会行为标准、价值定向、道德规范等。但大学生如能取其精华、去其糟粕，是能够把网络作为一个认识世界的有效和高效的工具的。

专业化——专业化是社会对个体职业能力和范围提出的要求，是社会分工和高度发展的结果。专业化对大学生成才提出了挑战，不仅要求他们掌握专业知识，更要求他们形成学习专业知识的能力；不仅要求他们掌握专业方面的理论知识，而且要求他们具有应用专业知识的能力和创新能力。

大学生一毕业，用人单位就希望他们能独当一面，否则用人单位宁愿聘用那些年龄大、有工作经验的。但目前我国的高等教育往往达不到这一要求，许多学生抱怨大学课程学习完成后，自己一面临实际问题就感到紧张，不知道如何解决。为此，社会对大学生的要求也成为部分学生的应激源，诱发其心理问题和心理障碍。

竞争加剧——现代社会的竞争越来越激烈，这种竞争不再局限于同学、邻里、亲朋，还通过各种传媒及其他途径扩展到更大的社会范围，甚至整个社会。社会竞争来自于社会对比意识，社会对比会产生巨大的无形压力。比如，我们两个人同样是24岁，他已成为某集团老总，拥有资产数百万元，而我不过是一个学生。这样一对比，就产生一种自我失落、否定、怀疑、自卑等情绪反应。社会的信息化使社会对比范围迅速扩大，个体会和许多不认识的同辈群体对比，引起各种情绪反应。

家庭规模缩小与家庭的情感资源变化——在我国，由于实行计划生育政策，所以家庭规模较以前缩小。目前上大学的一代是实行计划生育以后出生的。有研究表明，较多同胞的个体和独生子女面临着不同的心理压力，接受着不同的情感资源。独生子女是家庭的关注焦点，接受着父母甚至爷爷、奶奶、外婆、外公等的呵护，但同时也成为家庭期望的焦点，家庭成员期望他们上名牌大学、成绩优秀、道德品质良好等。这些期望如果过高，则会形成压力，使他们出现厌学、不愿回家、压抑、否定等情绪反应。同时，如果家庭出现矛盾，子女也往往成为矛盾的中心或心理垃圾倾倒的对象，独生子女则和一个人独享家庭资源一样，一个人承担着家庭压力。

总之，个体生活在社会上就要面临各种社会环境的压力和影响，大学生也不例外。如何调整自己的心理状态，积极应对和适应，学会生存，也是摆在大学生面前的一个课题。

（2）自然环境因素。

自然环境是人类生存环境不可缺少的环境因素。自然环境是环绕生物周围的各种自然因素的总和，如大气、水、其他物种、土壤、岩石矿物、太阳辐射等。这些是生物赖以生存的物质基础。通常把这些因素划分为大气圈、水圈、生物圈、土壤圈、岩石圈等五个自然圈。生物是自然的产物，而生物的活动又影响着自然环境。在地表上各个区域的自然环境要素及其结构形式是不同的，因此各处的自然环境也就不同。低纬度地区每年接受的太阳能比高纬度地区多，形成热带环境；高纬度地区形成寒带环境。雨量丰沛的地区形成湿润的森林环境；雨量稀少的地区形成干旱的草原或荒漠环境。高温多雨地区，土壤终年在淋溶作用下形成酸性；半干旱草原地带，土壤常呈中性或碱性。不同的土壤特征又会影响植被和作物。在广阔的大平原上，表现出明显的纬度地带性；在起伏较大的山地，则形成垂直的景观带。

人类改造原生环境，使之适应于人类的需要，促进了人类的经济文化的发展。如在黄河下游修建大堤，控制河水泛滥，进行垦殖，使华北平原的次生环境优于原始状况。但是如果在生产过程中不重视环境中的物质、能量的平衡，就会使次生环境的质量变劣，给人类带来危害。自然灾害是指给人类生存带来危害或损害人类生活环境的自然现象，包括干旱、洪涝、台风、冰雹、暴雪、沙尘暴等气象灾害，火山、地震、山体崩塌、滑坡、泥石流等地质灾害，风暴潮、海啸等海洋灾害，森林草原火灾和重大生物灾害等。生活中所遇见的这些灾害会给个体带来或大或小的影响，影响个体的认知、情绪和行为。大的丧失性的灾害，特别是那些突发的、个体没有心理准备的、来不及应对的事件，甚至亲人在事件中突然死亡，会给个体带来巨大的丧失性体验，甚至造成精神失常。突发性事件因对个体造成不可挽回的损失和强烈的丧失性体验，往往致使一些个体出现创伤后应激障碍（PTSD）——一种反应性的精神障碍，有的个体因为不能承受，还可能会出现焦虑、抑郁，甚至自杀、自伤。这在大学生中应该予以重视。遇到这些重大的、突发性的、丧失性的生活事件，应该对个体加强监护，进行心理疏导，给予充分的情感支持、必要时应求助于专业人员以得到专业性的帮助。

此外，环境污染、噪声、社会秩序差也构成应激源。人们都喜欢自然的宁静、青山绿水、自然的声音在耳边回响，这样的环境让人心旷神怡，而汽车噪声、污水横流、灰尘漫天使人产生烦躁、厌恶的感觉。

第二章

大学生自我意识与发展

第一节 大学生自我意识的发展与特点

一、自我意识概述

自我意识一般是指个体在社会化过程中逐步形成和发展起来的，关于自我及其与周围环境关系的多方面、多层次的认知与评价，是个体对自己多方面觉知的总和。自我意识是由一系列态度和信念及价值标准所组成的有组织的认知结构，这个认知结构把个人的各种特殊习惯、能力、观念、情感、思想组织起来，贯穿于其经验与行为的各个方面。

自我意识是多维度的，是有层次和组织的，也是相对稳定而又不断发展的。沙维逊（Shavelson et al.，1976）等人曾经提出一个有影响的自我意识组织的层次模型。最上层的是一般的自我意识，次一级别的是较具体的自我意识，包括学科自我意识、社会自我意识、情绪自我意识和生理自我意识。每种次级的自我意识还包括更具体的下层自我意识，如社会自我意识包括伙伴、重要他人的自我意识；生理自我意识包括生理能力和外表的自我意识等。还有人把自我意识分为现实自我（actual self）、理想自我（ideal self）和镜中自我（looking-glass self）。现实自我是个体对现实生活中真实存在的自我的认识。理想自我是个体对想象中的理想化的自我的认识，如有的人会想象自己成为一个成功人士或著名影星，可以随心所欲做自己喜欢的事情，这就是对理想自我的情感体验。有的人会将理想自我与现实自我混淆起来，表现为过于自负、自以为是等。如果个体的现实自我与理想自我差别太大，而个体又无法改变这种矛盾，就可能出现心理障碍。所谓镜中自我，是指从别人眼中反照出来的自我形象，即在个体眼中别人是怎样看自己的。镜中自我也可能与前两种自我产生不一致甚至矛盾，个体必须想办法将这三者协调才能顺利、健康地发展。

自我意识也可以从知、情、意三方面理解，分别包括自我认识、自我体验和自我调控。

所谓自我认识，是指一个人对生理自我、社会自我和心理自我的认识，包括个人的自我感觉、自我观察、自我分析和自我评价等。人的自我评价尽管是发展变化的，但毕竟是个体在一定时刻对自身作自我感觉、自我观察和自我分析的结果，集中体现着自我认知的一般状况和发展水平。自我评价是自我意识的核心部分，也是自我体验和自我调控的基础。自我认识是自我意识的认知部分。自我体验是个体对自己的情绪状态的体验，是个体对自身的认知同其主观需要之间关系的反映。自我体验可以表现为自尊、自信、自卑、自豪感、自我效能感、成就体验等，自我体验的好坏直接与个体的自我评价状况相关，自我体验又影响个体自我调控的方向和力度。自我调控是自我意识的意志成分，包括自我监督、自我激励、自我控制、自我暗示等。自我调控的实现受自我认识、自我体验的制约，自我调控直接影响个体行为的趋势，是一个人自我教育、自我发展的重要机制。自我调控充分展现了个体的主观能动性程度。

一个人自我意识的充分协调发展对其社会实践生活起到重要的调控作用，面对外部生存环境的种种自然与社会因素，个体除了受到这些客观因素的影响之外，还会通过自我意识的发展对这些外部客观影响进行主观选择。如同样是观看一部电影，有的人注意学习主人公的坚强意志品质，有的人只知道羡慕主人公的良好际遇。可见自我意识的发展对每个人来说存在很大不同。此外，个体自我意识越强，越有可能更多地进行自我反省与自我监督，从而更好地发挥自己的某些优势并矫正自己所存在的人格弱点，更好地达到理想自我的实现。

二、大学生自我意识

自我意识从童年期就开始产生并逐步发展，青少年时期是自我意识发展最快的时期。大学生是青少年中的一个特殊群体，社会要求高、家长期望高、个人成才欲望强烈。但由于心理发展处于尚未成熟阶段，缺乏社会经验，进入大学后，大学校园这种特殊的环境与以往中学的管理模式有很大差别，是十分强调独立、注重自我确立的地方，许多大学生在较大的程度上按照自己的方式安排自己的生活，有一种宽松自由的氛围；同时，大学生处于独特的社会层次并具有较高的文化素质，其思想和观点与社会上的一般人有许多差异。但大学生的实际生活阅历有限，社会实践能力不强，缺乏独立能力与情绪调节训练，心理比较脆弱，适应能力差，情绪不稳定，心理失衡常常发生。所有这些因素使得大学生的自我意识的发展存在着其自己的特点与规律。

（一）大学生的自我认识

1. 自我认识的自主性

自主性是行为主体按自己意愿行事的动机、能力或特性，是一个哲学、政治学、伦理学、法学等多个学科领域都涉及的论题，不同的领域赋予了这一论题不尽相同的内涵。“行为主体”包括生物个体、群体、组织等；“按自己意愿行事”包括自由表达意志，独立作出决定，自行推进行动的进程等。

自主性是自我评价的一个重要指标。事实上，“自我”的产生就意味着主体对客观环境与他人的分离和独立。个体自我评价的发展大致经历了两个阶段：第一阶段，自我评价开始摆脱对成人、权威的依赖，表现出反叛与对抗倾向。在评价标准上，由儿童期的成人评价标准取向变为同龄团体评价标准取向，成为一种相对独立的自我评价与认识。第二阶段，自我评价既摆脱了对成人的依赖，又逐渐克服了同龄团体的强烈影响，形成个体独特而鲜明的自我评价。大学生的自我认识随着年龄与环境的变化，由以往依赖于成人和同龄群体逐渐发展为根据自己的价值标准取向进行自我评价及调整，表现出真正独立的倾向。

2. 自我认识的全面性

大学生生活在宽松自由的大学校园里，随着年龄的增长，身体各方面的发展趋于成熟，使得他们对自身生理、心理和社会各方面的认识更加全面。郑涌、黄希庭（1998）的《大学生自我意识问卷》调查，通过因素分析发现，大学生对自己的认识涉及面相当广泛，包括交际、友善、信义、容貌、学业、志向、家庭、成熟等各种维度。韩进之（1987）对大学生自我评价内容的调查发现，1 200名大学生对自己的认识包括了容貌体形、性别差异、大学生活、自己的优点与缺点、性格气质、道德水平、才华能力、同学关系、理想与社会地位、世界观等方面，内容很全面。

3. 自我认识的矛盾性

青年期自我意识的确立，是在自我明显分化的基础上完成的，在这一阶段出现了两个“我”，一个是作为被观察者的“我”（me），另一个则是作为观察者的“我”（I）。“主体我”与“客体我”的这种分化意味着青年期自我矛盾冲突的加剧，对自我的肯定和否定导致“客体我”与“主体我”的矛盾斗争。这种矛盾一旦激化，将使青年难以确立自我形象，也就无法形成自我意识，从而引起情感急剧波动，导致青年一时难以自我接纳。青年期许多心理上的不适应由此而来。对于青年期的大学生而言，如果在“主体我”与“客体我”分化的基础上，能够形成在新的认知水平上的协调统一的自我，那么就能建立良好的自我意识，反之则可能出现自我意识的混乱。大学生自我意识的混乱通常表现为两种类型：一种是过高的自我评价，另一种则是过低的自我评价。过高或过低的自我评价往往导致个体自我意识确立过程中的过分自负或过分自卑这两大心理缺陷。

（二）大学生的自我体验

1. 自我体验

自我体验（self experience）是伴随自我认识而产生的内心体验，是自我意识在情感上的表现，即主我对客我所持有的一种态度。它反映了主我的需要与客我的现实之间的关系。客我满足了主我的要求，就会产生积极肯定的自我体验，即自我满足；反之，客我没有满足主我的要求，则会产生消极否定的自我体验，即自我责备。

客我能否满足主我的要求，往往与个体的自我认知、自我评价和个体对社会规范、价值标准的认识有关。自我体验的内容十分丰富，比如自尊心与自信心、成功感与失败感、自豪感与羞耻感等。

自尊心是一种内驱力，激励着个体尽可能地努力获得别人的尊重，尽可能地维护自己的荣誉和社会地位。自信心是对自己智能与精力的坚信，使个体遇难而进，走向成功。但是，如果自尊心和自信心把握不当，就会产生脱离集体、追求虚荣的个人英雄主义，稍有点成绩就趾高气扬，瞧不起他人，而一旦遇到点挫折，则会自卑、自贬，一蹶不振。

成功感和失败感是根据个体的自我认知与自我期望的水平而确定的，由个体的内部标准决定。例如，当个体在完成某项工作时，他人认为他未获成功，而个体可以认为自己取得了成功，或者是他人认为他已取得成功了，而个体却认为自己是失败的。由于个体的自我期望水平要受社会的期望标准的影响，因而决定个体成功与失败的情绪体验的内部标准在一定程度上要与社会的共同标准相适应。当个体体验到成功感时，就会产生积极的自我肯定，向更高的目标进取；反之，当个体体验到失败感时，则常会产生消极的自我否定，闷闷不乐，甚至放弃努力。可见，如何恰当地处理自我体验，对个体的身心发展具有重大的意义。

2.具体表现自我价值感

自我价值感是个体在关于自己价值的判断、评价基础上，形成的对自己的态度与情感，即自尊、自卑等自我情绪体验。即：

（1）成功体验与失败体验。成功体验（success experience）与失败体验（experience of failure）一般与工作是否取得成功有关，但它们还取决于自己的期望水平，这就是说，客观的我所取得的成绩虽然已达到了社会的水准之上，但能否产生成功体验，还要看主观的我对客观的我的要求，即期望水平。

（2）自豪感与羞愧感。一般来说，自豪感的体验是在个体意识到自己的行为与理想自我形象相符合时产生的。羞愧感的体验是个体意识到自己的行为未能达到自己的理想自我形象的要求而产生的。

（3）内疚。内疚与羞愧不同，羞愧是感到自己比不上他人，偏重于个体的智慧，认为自己努力不够，对社会贡献少于他人；而内疚是由于自己的行为违反社会道德准则，侵犯了他人利益而受到良心上的责备，个体意识到自己的行为与社会要求背道而驰，感到“对不起”父母、师长和领导。

（三）大学生的自我调控

1.自我调控的主动性

自我调控有个发展过程，中小学学生已经具备了一定的自我调控能力，但这种自我调控主要来自权威人物，依赖的是外部暗示甚至命令，具有明显的被动性。进入青年期后，个体主动自我调控能力明显增强，这是个体自我意识增强所带来的结果，尤其对于进入大学校园的大学生来说，由于父母不在身边，生活自由度大大提高，自由的同时随之而来的是自我约束、自我计划、自我规范能力被迫增强。独立面对社会竞争，独立生活能力的形成都是大学生主动进行自我调控的结果。

2. 自我教育能力的发展

自我教育是自我调控的最高阶段。自我教育强调的是“主体我”对“客体我”不断进行教育，促使个体充分发挥主观能动性和自觉自主精神，最大限度实现自我目标，发挥自己的潜能。随着大学生活的来临，以往父母与老师的教导远离耳边，能够跟随自己、长伴身边的只有自己。大学生逐渐懂得了自己监督、促进自我的重要性，越来越意识到自己作为独立个体在社会生存、竞争的艰难，危机感也不断加强，在这种情况下，自我教育能力可以帮助个体坚定意志，勇于面对困难，最终实现自我不断成长。从这个角度来说，自我教育能力是个体良好个性品质的重要指标。随着现代社会变化发展周期的缩短，大学生自我教育能力的高低在一定程度上意味着个体进入社会后可持续发展水平的高低。

第二节　大学生自我意识的矛盾

自我认识、自我体验与自我调控的相互作用和协调发展才会促进自我的形成。自我的最终形成要经过整个青少年期的分化、整合之后才得以最后完成。个体在青年期的生理、认识、情感等各方面的深刻变化，如性的成熟、思维与想象能力的发展、感受力的提高，使个体开始把关注的重点转向自身内部，开始去发现、体现自己的内心世界，并迫切要求形成自己独特的个性与独特的理解方式。大学生刚刚离开家门走入一个宽松自由的新环境，在这里一切都要重新开始，一切都是陌生而充满新意的，它要求个体必须具备较强的社会适应能力与自我管理能力，这对于以往只是过着刻苦的学习生活、父母包办一切的很多青少年来说是一个很大的挑战。大学时代正处于青年中期，或者说处于大学时代的青年正处于“延缓偿付期”，在初中、高中阶段，个体常常被紧张的学习、考试所追逐，没有什么时间考虑自己的人生，只有进入大学，才能真正专心地考虑自我、探索自我和确立自我这一课题。而这正是一个人成长必经的阶段，也是一个人真正形成独立自我的关键时期。1998年，陈琦等研究“年轻大学生忧虑问题、应对和寻求帮助行为”，发现大学生最关心的两大问题之一就是对“自我同一感”的关注。1999年，陈卫旗研究大学生自我意识、生活事件与心理健康，得出结论，认为通过大学生总体自我意识和特定自我意识可以预测大学生心理健康水平。

一、主观的我和社会的我之间的矛盾

主观的我是个体对自己的认识与评价。社会的我是别人对自己的认识与评价。

英语中的I与me能很好地区分这一含义，前者是主观我，用来表示我是什么、我做什么；后者作宾语使用，表示怎样看待我、给我什么。对处于心理飞速发展成熟的大学生来说，两者经常会产生矛盾，例如，能够做到自我肯定的个体对自己较有自信，能够接纳自己身体外表的优缺点，并整合别人对自己的看法与自己对自己的看法。但有些青年对自己的外表及能力具有不实的看法，或者产生自我怀疑，变得缺乏自信；或者过于自我欣赏，走向自负或过分自恋的极端，与别人眼中的真实自我差距太大，这些都不利于个体适应未来的社会人际交往与工作生活，严重的甚至会产生人格障碍。

大学生应当学会正确对待这种矛盾，努力尝试自我分析、自我反省。《论语》有云“吾日三省吾身”，要想客观、真实地了解自己就必须时刻注意反省自我，既不夸大自己的优点，做不切实际的幻想，又不盲目自我贬低。可以尝试假想自己是另外一个人，默默在空中观察自己，力图客观地进行自我剖析，形成一个恰当真实的自我意识，建立自己的人生哲学与价值观，不卑不亢，既接受别人的良好建议，又坚定走自己认为正确的路，最终形成一个成熟发展的独立个体。

二、理想的我和现实的我之间的矛盾

理想的我是“向往中的我”的反映，体现主体的愿望，体现社会的要求；而现实的我是“现实生活中的我”的反映，是一个实在的处于各种社会关系中的我；大学生自我意识的矛盾冲突，意味着理想的自我意识和现实的自我意识之间的差距与矛盾冲突加剧。合理的差距能够使人不断进步、奋发有为。但是，如果差距过大，则有可能引起自我的分裂，导致一系列心理问题。由于两个“我”不能统一，自我形象就无法确立，自我意识不能形成，就会出现明显的内心冲突，甚至有一定的内心痛苦和激烈的不安感。在这种矛盾冲突中，如果可以真实表现自己的真正能力、性格、欲望，既不用掩饰自己的努力，又不怕暴露自己的缺点，个体就能够基本保持两个“我”之间的大致平衡，这种平衡可以激励个体努力改善现实自我的状况，并成为向理想自我的目标迈进的动力，使个体能够正常地成长。若这种矛盾处理不好，就会出现理想自我意识与现实自我意识之间的不平衡，甚至可能导致个体放弃对理想自我的追求。当“理想我”与“现实我”发生冲突时，积极的自我调适便非常必要，大学生要重新调整和评估自己的理想，直到通过努力可以达到为止。

大学生应当有意识地确定自己的理想自我的正确性与可行性，并与现实自我相对照，找到矛盾所在，采取适当措施将两者协调起来。如果理想自我是错误的，与社会规范要求不符合，或者虽然理想自我是积极正确的，但自己的主客观条件还不具备，就应当根据现实条件和自身情况加以分析调整。既可以避免产生不必要的挫折感和失败感，又可以找到更适合自己走的路，提高顺利、成功发展的可能性。

三、自尊与他人认同之间的矛盾

自尊是一种自我体验，是个体对自己有价值感、有重要感的体验，是个体对自我意识进行评价的结果。自尊感包括两种成分：一是个体自己尊重自己的情感体验，即自尊心；二是与个体要求他人尊重自己的需要相联系的情感体验，即尊重感和他人认同感。这两种情感是紧密联系的。大学阶段是青少年发展的高级阶段，处于这一阶段的大学生既具有青少年自尊体验强烈敏感的特点，又具备了一定的社会经验，对事物逐渐有了自己的观点，价值观与生活信念日益确立，同时大学生又处于即将进入正式社会生活的前一阶段，对于社会与他人对自己的看法非常重视。还有许多大学生在中学时代是引人注目的“高才生”，上大学之后就成了默默无闻的“普通生”，角色的转变使他们开始重新审视自我，其自我意识中自尊与他人认同的矛盾日益激烈。

自尊感建立在良好的自我认识的基础上，对自己的认识即对自己的反思，但其信息来源于客观现实。个体在与外界活动和交往中获得各方面有关自己的信息，并将这些信息与自己的所有互相比较，得出关于自己的一些结论，从而产生自尊感。有的人总将自己的优点与他人的缺点相比较，得出的结果可能是过于自负，得不到他人的认同；也有人时刻拿自身缺点与他人的优点相比较，常常徘徊在自卑与失落的边缘，产生心理失衡。例如，很多大学生认为自己应该比别人好，而合理的自我认知应该是自己可以比别人好，别人也可以比自己好；自己应该有出色表现、与众不同，合理的自我认知应当是尽努力之后能出类拔萃当然好，但也要乐意做一个平凡人；认为同学之间应该坦诚相待，而合理的认知是同学之间不可能人人坦诚相待、时时坦诚相待；认为自己付出的努力比别人多，而得到的回报比别人少，这是不公平的，而合理的认知是多付出不一定得到多的回报，况且你认为自己付出多、回报少他人不一定认同，事实也不一定就是这样；认为他人看不起自己，会笑话自己，而合理的认知是因为自己看不起自己，所以害怕他人笑话，如果自己看得起自己，即使他人笑话又怎样呢？认为自己不如别人，一无是处，而合理的认知是，即使自己不如别人，也不是一无是处，只要自己有优点就有存在的价值。以上这些都是大学生容易产生的自我认识的偏差，由于这些偏差导致自尊心过强或过于自卑，最终出现自我认识与他人认同之间的矛盾。大学生应当注意在衡量评价自己时尽量平等客观，形成合理的自我意识认知，多与不同年龄、特点和优势的人进行广泛比较，从而避免产生自己的自尊心与他人认同差距过大而导致的矛盾心理。

四、自立和依附他人之间的矛盾

一方面，生理与心理的成熟使他们渴望独立，以独立的个体面对生活、学习与工作中遇到的问题，但由于长期的校园生活使他们应有的社会阅历与经验相对匮乏，当应激事件出现时，却又盼望亲人、老师、同学能够替自己分忧。另一方面，大学生心理上的独立与经济上的不独立也形成了明显的反差。在他们迫切希望摆脱约束、追求自立的同时，却又不可能真正摆脱家长、老师的支持和帮助。特别是对于某些独生子女来说，由于长期受到父母的溺爱，这种独立与依赖的矛盾就表现得非常突出。于是便产生了自立精神与依附心理之间的矛盾。过分的依附使大学生缺乏对客观事情的判断能力与决断能力，显得优柔寡断、缺乏主见；而过分的独立又使部分学生陷入"不需要社会支持"及"凡事都要靠自己"，采取我行我素、孤傲自立的行为方式，但在遭遇挫折时又会出现不知如何寻求帮助的情况。

要想缓解这种矛盾所带来的心理冲突，大学生必须在观念上加以自觉调整。事实上，任何心理成熟的独立的现代人，都不可能完全独立于社会生活，都会需要他人的帮助，尤其在现代快节奏的城市生活与核心家庭占多数的情况下，建立广泛的社会支持系统是个体维护心理健康不可或缺的。独立并非意味着独来独往，独立并非不需要任何人的帮助和指导，并非不需要依赖别人，而在于个人必须对自己的行为负有责任。"一个好汉三个帮"，即使是一个独立性很强的人，也有依靠别人的需要。不同的是，独立的人更多的是依靠自己的力量和努力去克服或解决自我的问题，而不是完全依靠他人的帮助或依赖于别人；独立的人能够权衡利弊、审时度势，能够勇敢作出决定并能够勇于承担自己的行为责任。

第三节 大学生的自我教育

苏联教育家霍姆林斯基曾指出："教育这个概念，在广义上就是对集体的教育和对个人的教育的统一；而对个人的教育中，自我教育是起主导作用的方法之一。"自我教育（self-education）即主体自我按社会要求对客体自我自觉实施的教育过程，是自我调控的最高阶段。一般的自我调控着眼于"克制"，而自我教育则强调在克制自我的基础上设计自我、完善自我，最终达到自我的充分发展。我们一般把自我意识分成现实自我、理想自我和镜中自我，自我教育的实质就是积极努力地把现实自我与理想自我统一起来的过程。自我教育是个体自我意识发展到一定程度后出现的高级自我调控形式，是个体对自身的主动地、积极地调节，自我教育模式一旦形成可以终身跟随个体，时刻对个体进行目标调节、行动控制、自我激励，帮助个体总结并促进自身的终身可持续发展。加强自我教育可以充分发挥人现有的智慧，培养人特有的创造精神，使个体学会与他人和睦相处，更好地生活和享受人生。

自我教育从本质上来说，是人们自我认识、自我改造的过程。在自我教育过程中，人们首先要认识自己，即人们在工作和生活实践中，从观察分析客观环境、认识他人的过程中，逐步发现自己，认识自己与环境、自己与别人的关系，并反诸己，即用新的标准要求自己、教育自己，使自己的认识和行为更符合社会的需要。在实际的自我教育活动中，虽不能也不可能事事通过实践，但是没有对自己和环境的准确认识，就不可能有正确的自我教育。大学阶段的教育应在学生接受教育的同时，重点培养和提高学生的自我教育能力。

一、正确地认识自我

“人，认识你自己。”这句几千年前刻在古希腊奥林匹斯山德尔斐神殿一石碑上的话，已被西方人公认为是现代心理学最早的起源，人们认为心理学就是一门人类认识、了解自己的科学。直到人类社会发展到今天，我们仍然面临着一个最大的也是最永恒的课题就是认识自我。所谓认识自我，就是要客观地评价自己，既不高估自己，也不贬低自己。认识自我，就是要认识自己的生理特点，认识自己的理想、价值观、兴趣爱好、能力、性格等心理特点；认识自我，就是要认识自己的优势、劣势、自己的与众不同和发展潜力。大学生要想形成良好的自我教育能力，首先要做到的就是正确客观地认识自我，做具有较好自我认识能力的人，脑中关于自己要有一个积极的、可行的、有效的行为模式。只有对自身有了准确的认识，才能正确设计自我的发展道路，选择适合自己的美好而又充满希望的职业生涯，寻找与自己契合的人生伴侣，积极采取适当有效的措施改造完善自我，最终走向自我的充分协调发展，发挥自身的最大潜能，达到自我实现的人生最高境界。

大学生一般可以通过以下几个途径来认识自己：

（一）依据他人对自己的态度认识自己

个人对自己的评价往往是以其他人的评价为参照的，人们在相互交往中，不断地深化对自己的认识。大学生一般很在乎别人对自己的看法，尤其是有影响力的评价者。他们对别人的评价往往引起两方面的反应，一方面积极地接受别人的看法，另一方面也许认为别人的评价不符合自己的实际。因此，评价者的特点、评价的性质将会影响到他们对评价的接受程度。开展同学之间的互评，教师给予具体而有个性的评价，都有助于自我意识的提高。当然，大学生应正确对待他人对自己的评价，应注意评价的准确性、全面性、公正性，在听取他人的评价时不能全盘接受或全盘否定，要经过取舍，应注意与自己关系密切的人对自己的评价；应注意人数众多、异口同声的评价；应注意分析评价者所持的态度、观点，然后有选择地接受，形成关于自我的正确概念。从分析他人对自己的评价中进一步认识自我。而不应对别人指出自己的缺点而耿耿于怀，更不应对自己的优点而沾沾自喜。

（二）通过与他人比较来认识自己

一个人如何评价自己的特点，总是在不断地与同龄人或类似于自己的人进行比较中获得的。人们有一种心理倾向，总是不由自主地用别人的形象或某种特点来衡量自己，并据此对自己作出某种评价，或是因自己优于别人而沾沾自喜，或是因自己不如别人而自惭形秽。社会比较理论认为，当个体发现自己对自己的评价与类似于自己条件的他人对自己的评价一致时，就加强了自我评价的信心，大大提高了安全感；相反，如果发现和这些人对自己的评价差距很大时，就会使自己的安全感受到极大的威胁。大学生在与他人进行比较时既要学会欣赏他人，寻找别人身上的优点，又要寻找自己身上的不足，从而看到“我的另一面”，并通过自我控制，对自我作某些调整和改进，使自己不断进步，自我不断完善。

（三）通过评价自己的活动表现和成果来认识自己

个体在与外部世界接触中，会不断表现出自己的体力、智力、情绪、意志和品德等，个体完成任务的效果与成就程度都与个体这些特性有关，通过有意识地观察总结自己的活动表现和成果可以令个体充分了解认识自己的优缺点，对自己形成更深入的认识。当然，个体在对自己进行评价时要尽量以客观评价为依据，避免因为个人认识或个人动机而出现较大误差。例如，有的人成绩一般却自我欣赏，有的人成绩显著却自感不如他人，自信心不足。自我要求过高者或完美主义者往往表现为对自己要求过严过高，一旦遭遇挫折就容易对自己及社会现实产生失望心理。严重者会出现心理障碍，直接影响自身的心理健康。

（四）借助外界的工具来认识自己

除了上述方法外，现代社会发达的信息来源为大学生了解认识自我提供了现代科学化的途径，即通过各种心理测验、量表、仪器来了解自己。通过生理的测量或检查，我们可以了解自己的生理状况，对自己生长发育有个正确认识。许多大学生外表身高本来属于正常甚至良好水平，但由于一些商业媒体对体育、演艺界明星的夸大宣传，使大学生对自己产生了过高要求，许多人对自己外表不满意甚至发展到要整容或产生心理障碍。可见，对自己外表生理状况的认识对于建立客观的自我形象有很重要的意义。心理测量包括纸笔测验、面谈、情景测试等，通过心理测量可以了解自己各方面的心理特征，如智力水平、性格特征、气质类型、心理适应状况等。

二、客观地对待自我

客观地对待自我包括两个方面：积极接纳自我和有效控制自我。积极接纳自我是发展健康的自我体验的关键和核心。积极接纳自我就是要对自己的本来面目抱认可、肯定的态度，正视自己。尽管自己的人性有弱点，与理想有种种距离，仍可以从本质上接受而不感到真正忧虑。“尺有所短，寸有所长”，每个人都有短处和缺陷，其中有的是无法补救的，或只能作有限的改善。在这种情况下，应该正视自己，坦然接受这种缺陷，并不为此羞愧，不在别人面前加以掩饰，不采取其他防御行为，平静而又理智地看待自己的短处和欠缺，冷静地对待自己的得与失。如只注意自身不足的人，容易产生自卑心理，往往片面夸大自身的缺点，对自己持悲观态度，甚至否认自我存在的价值，从而极大地阻碍正确的自我意识的形成。自尊者则对自我充满信心，乐于接受对自我的教育和要求，从而有利于促进正确自我意识的形成。

有效控制自我是健全自我意识、完善自我的根本途径。一般来说，大学生要想有效控制自我，就应该建立合乎自我实际情况的抱负水平，确立合适的理想自我，即面对现实确定自己的具体奋斗目标，把远大的理想分解成一个个远近高低不同的具体目标，由近及远、由低到高，逐步加以实现，避免长期遭受失败感的折磨，产生损害自尊甚至身心健康的结果。有效控制自我还要注意发展坚持性和自制力，增强挫折耐受力，使自己能自觉主动地认清目标，为实现目标而努力排除干扰、克服困难，一个心理健康的大学生能对自己的能力、性格和优缺点作出恰当的、客观的评价，给自己确定的理想目标较为适合实际情况。即使在最困难的条件下，也能理智地对待自我，使自己的心理状态在运动变换中达到平衡。

三、积极地改造自我

大学生不断改造自我的过程事实上是其自我意识走向统一的过程。大学生在面对社会发展需要，即将走入社会接受挑战的情况下，要既注重自我又不固守自我，要根据社会要求不断改造自我，在改造自我之前，应当先确定要改造的内容，主要看自己的缺点，并确定实现改造的程序与方法，找到方向后还需要善始善终。要保证自我改造的经常性，随时随地注意纠正自己的缺点，直到形成良好的习惯或将之内化为自己的价值标准；要注意不良习惯的反复，不良习惯非一朝一夕形成，对其的改变也是一个漫长的过程，大学生必须充分调动自己的意志、情感，坚定不移地贯彻自己的决定才能达到自己想要的效果；大学生改造自我还需要克服外界环境的不良诱惑，大学校园随着社会的进步与物质、信息资源的不断丰富越来越走向开放与多元化，形形色色的价值观充斥其中，要想实现自己心中的理想自我，大学生必须克服许多不同观念的困扰，才能对自己实现正确而有效的改造，否则就会画虎不成反类犬，良好的习惯不但没有形成反而增添了更多不良因素。事实上，小至时下流行的减肥、健身，大至有关前途的专业学习、考研等都是个体自我不断改造、走向完善的过程，都需要个体发挥顽强的意志品质才能真正实现。

四、不断完善自我

自我教育的心理实质是个体在认识自我、认可自我的基础上，自觉规划行为目标，主动调节自身行为，积极改造自己的个性，由现实自我走向理想自我，实现自身的完善发展以适应社会要求的过程。

自我完善的过程包括三个环节：首先，要确立正确的理想自我。对于大学生来说，来自职业选择、人际关系、学业等各方面的困惑是人生的必经历程，个体必须正视这些问题并作出自己的选择，这种选择的过程也是大学生逐渐实现自我同一、走向理想自我的基础。正确的理想自我是在自我认识、自我认可的基础上，按社会需要和个人的特点来确立自我发展的目标。其次，要努力提高现实自我。大学生在确立了基于现实的理想自我的目标后还要为实现理想自我而作出实际的努力，这是一个长期而艰苦的自我改造和磨砺的过程，需要完善自我控制机制，包括制订计划、实施监督、自我协调等环节的具体实行；需要意志的努力、情感的激励和认识上的不断自我反思。最后，要努力实现现实自我和理想自我的和谐统一。在实现二者统一的过程中，要不断反复分析和确认理想自我的正确性和可行性，然后与现实自我相对照，最后有针对性地、有计划地解决二者之间的矛盾，缩小差距，在不断解决矛盾、自我提升的过程中实现自我价值与社会价值的统一，走向完善的自我。

自我教育是提高大学生自我意识发展水平的有效途径和方法。只有自觉地把客观要求与影响内化成自我需要的人，才能达到自我期望的思想境界，这种思想境界一旦与原有思想水平构成思想矛盾，就会成为自我教育的新内容，成为良好自我形成的内驱力。大学生只有将外在社会对人才的需要转变成内在自我要求，转化为自我教育时，才能够真正形成良好、成熟的自我意识机制，使自己成为一个身心健康和谐统一的现代社会人才，才能够逐步自我完善发展，走向人生的美好境界。

第三章

健康人格的塑造

人类社会跨入到21世纪以来，人们越来越认识到人格对心理健康的影响是十分重要的，一个人的人格是否健康会影响其自身的行为和认知。当一个人的人格不健康时，他的行为和认知会出现偏差，这种情况严重的话就会出现错误的行为，这时就不仅影响到其自身的生活，也可能影响到他人的生活。因此，一个健康的人格不仅是自身的一种幸福，也能给周围的人带来欢乐。

健康的人格是当代大学生必备的素质之一。急剧变革的社会和观念多变的社会文化给大学生的人格发展带来了不少困惑和干扰，但同时也给大学生的人格发展提供了更大的空间。

第一节 人格认知理论

一、人格及其特征

人格一词是从英文“personality”翻译过来的。“personality”一词源于拉丁文的“persona”，原意指古希腊、古罗马时代戏剧演员在舞台上扮演角色时所戴的面具，它用来表现剧中人物的身份和性格。心理学中的人格概念沿用其含义，指一个人在人生舞台上表现出的心理和行为特征的总和。科学地讲，人格是指个体在先天生物遗传的基础上，通过与后天社会环境的相互作用而形成的相对稳定和独特的心理行为模式。人格具有以下四个方面的特征：

（一）人格的整体性

人格的整体性是指人格虽然有多种成分和特质，如能力、气质、性格、需要、动机、态度、价值观等，但在一个现实的个体身上，它们并不是孤立存在的，而是错综复杂的；它们相互联系、交互作用组成一个有机的整体。正常人的行动并不是某一特定成分（如性格或能力）运作的结果，而是各个成分密切联系、协调一致所进行的活动。人格的整体性表现在人格的内在统一性上，人格的统一性是人格健康的标准，一个失去了人格内在统一性的人，他的行为就会经常由几种相互抵触的动机支配，这是一种人格分裂的现象，会形成“二重人格”或“多重人格”。

（二）人格的独特性

人格的独特性是指人与人之间的心理和行为是各不相同的。也就是说，人的人格是由某些与别人共同的或相似的特征，以及完全不同的特征错综复杂地交织在一起构成的独特的人格。由于人格结构组成的多样性，使每个人的人格都有自己的特点。人心不同，各如其面。在日常生活中，我们随时随地都可以观察到各种个性的大学生个体，他们各自的能力、气质、性格、动机和价值观等都不尽相同。当然人与人之间在人格上也有共同性，人格是共同性和差异性的统一。

（三）人格的稳定性

人格的稳定性是指个体的人格具有跨时间的持续性和跨情境的一致性。个人的行为中偶然表现出来的心理特征和心理倾向不能表征一个人的人格。如一个内向寡言的大学生平时严肃认真、不苟言笑，但经过精心准备和多次练习，也可以在某次晚会的节目中表现得活泼开朗。在这里，他的人格特征是内向严肃，而活泼开朗则不是他的人格特征。人格的稳定性源于孕育期，经历出生、婴儿期、童年期、青少年期、成人以至老年。随着年龄的增长，儿童时代的人格特征往往变得日益巩固。由于人格具有稳定性，因而我们可以通过人格特征的描述来推论个人整个一生的人格状况。当然，人格具有稳定性并不意味着人格是一成不变的，它随着现实环境的变化也会发生某些变化，在一定程度上，人格也具有可塑性。

（四）人格的社会性

人格的社会性，是指社会化把人变成社会的成员，人格是社会中的人所特有的。社会化是个人在与他人的交往中掌握社会经验和行为规范，从而获得自我的过程。通过社会化，个人获得了从装饰到价值观和自我观念等人格特征。人格既是社会化的对象，也是社会化的结果。如果婴儿的社会接触被剥夺，就不可能形成真正的人。例如：1920年，印度一位牧师辛格在狼窝里发现了两个小女孩。她们从小被狼叼走，在狼群中长大，像狼一样生活。她们被救出来以后，小的约1岁，很快死去了。大的约8岁，经过辛格的悉心照料和教育，她2年学会了站立，4年学会了6个单词，6年学会直立行走，并能讲出40个单词，到17岁临死时，仅仅具有相当于正常儿童4岁时的心理发展水平。

人格的社会性并不排除人格的生物性，人格也受个体的生物性的制约。人格是在个体的遗传和生物性的基础上形成的。人的自然的生物性不能预定人格的发展方向，然而它却构成人格形成的基础，影响着人格发展的方向和方式，影响着某些人格特征形成的难易。

二、人格的结构

气质和性格是人格的重要组成部分，是大学生健康人格塑造的重要内容。

（一）气质

1.气质的概念

气质是指表现在人的心理活动和行为的动力方面的、稳定的个人特点。这些特点一般不受个人活动的目的、动机、内容的影响。气质是个人最一般的特征，它影响到个人的活动的一切方面。平日说一个人的“脾气”“秉性”，就是指气质来说的。

（1）气质是个体心理活动和行为的外部动力特点。气质表现在人的心理活动和行为中，是显露在外的动力特点，如速度与强度的特点、稳定性的特点、指向性的特点等。我们一般将知觉的速度、情绪和动作反应的快慢归结为强度方面的特点；将情绪的强弱、意志的紧张度等归结为强度方面的特点；将注意力持续的长短、情绪的起伏变化等归结为稳定性的特点；将心理活动是倾向于外部事物（外倾）还是自身内部（内倾）归结为指向性的特点。人们由于这些特点的不同，因而表现出各自不同的气质。

（2）气质是个性心理特性中受人体先天生物学因素影响较大的一部分。气质不同于能力与性格，它较多地受到神经系统先天特性的影响，因而具有先天性。婴儿出生时，气质就有明显的差别：有的爱哭、爱闹，四肢的活动较多；有的则比较安静，较少啼哭等。托马斯等人通过测定婴幼儿对刺激物的敏感度和对新事物的反应等，追踪研究了气质的早期表现。结果发现，在儿童生命最初几星期内就在气质上表现出明显的个性特征。这些差异显然不是由于后天生活条件造成的，而是由于神经系统的先天特性造成的。

（3）气质的稳定性和可变性。由于气质是人的神经系统最基本的特性，因此它是人的个性中更加稳定的特性。气质的稳定性首先表现在它不依赖于人的活动的具体目的、动机和内容。在不同性质的活动中，一个人的气质往往表现出相对稳定的特点。例如：一个情绪爱激动的学生，上课时可能爱举手发言，考试前可能显得心神不定，参加体育比赛可能沉不住气等。气质的稳定性还表现为在人生的不同时期内，他的气质特点是相对稳定的。夏埃弗和拜莱的研究证明，儿童在内向和外向方面所表现出来的气质特点，在生命的最初几年内就明显形成了。这些特点在他们后来的生活中也很少改变。但是，气质的稳定性并不意味着它完全不起变化。在生活环境和教育条件的影响下，气质可以被掩蔽，也可以得到相当程度的改造。例如：在集体生活的影响下，有些情绪易于激动的人，可能变得比较能够克制自己；有些动作缓慢的人，可能变得行动迅速起来。

2.气质与能力的关系

气质不是能力，它不直接决定人的活动的效率，因而不是顺利完成某种活动所必备的心理条件。如有两个人，一人热情大方、善交际，他的心理活动和行为倾向于外界的事物；另一人沉着、稳重、好独处，他的心理活动和行为倾向于自身。两个人在工作中都表现了很强的能力，能够顺利地完成他所承担的任务，但他们的气质是明显不同的。

和能力相比，气质是人的更一般的特性，它主要决定于个体神经系统的先天特性；而能力是与认识过程相联系的个性心理特征，它除了先天素质的作用外，主要决定于后天生活环境和教育的作用。但是，气质与能力又有密切的关系。个体心理活动和行为的某些动力特点，如强度、速度、灵活性等，是发展能力的重要前提。某种气质有利于发展某种能力，而另一种气质有利于发展另一种能力，而妨碍别的能力的发展。例如：一个人热情大方、善交际，这对发展新闻采访工作的能力是很有利的。相反，一个人的气质过于内向，将影响这种能力的发展。了解气质与能力的这种复杂关系，对于大学生扬长避短、进行人格的自我塑造具有重要意义。

3. 气质的类型

公元前5世纪，古希腊医师希波克拉底提出人体有四种体液：血液、黄胆汁、黑胆汁和黏液，并根据某种体液在人体内所占的优势而将人的气质分为四种类型，即胆汁质、多血质、黏液质和抑郁质。这种气质类型的划分方法被科学心理学研究所证实，并一直沿用至今。这四种传统的气质类型的心理特征及其典型表现是：

（1）胆汁质。属于这种气质的人，基本特点是具有很高的兴奋性和较弱的抑制性，以及由此在行为上表现出的均衡性。他们直率热情，精力旺盛；脾气急躁，易于冲动；反应迅速，智慧敏捷；情绪明显外露，易冲动，好挑衅，心境变化激烈，但体验不强。胆汁质型的人能以极大的热情投身到学习和工作之中，积极、有生气，但一旦精力消耗殆尽，往往情绪也就跟着低落下来，工作带有明显的周期性。标定词为：有活力、乐观、爱冲动、易变化、易兴奋、敢作敢为、不宁静、爱生气。

（2）多血质。属于这种气质的人，基本特点是神经过程平衡而灵活，容易适应环境，他们活泼好动、敏感、反应迅速；不甘寂寞，善于交际；智慧敏捷，注意力易于转移，兴趣易变；接受新事物容易，但印象不是很深刻；情绪和情感易于产生也易于改变，体验不强。多血质的人朝气蓬勃，在新的环境里不感到拘束，但如遇到工作受挫、事业不顺或需付出艰苦努力时，其热情就会锐减，容易见异思迁。标定词为：善社交、开朗、健谈、敏感、活跃、关心自由、爱牵头。

（3）黏液质。属于这种气质的人，基本特点是安静、均衡。他们稳重，交际适度；反应缓慢，沉默寡言；善于克制自己，情绪不易外露；注意力稳定又难于转移；善于忍耐，沉着坚定；不爱空谈，埋头苦干。标定词为：平静、性情平和、可信赖、有思想、谨慎、多虑、被动。

（4）抑郁质。属于这种气质的人，基本特点是行为孤僻，反应迟缓；多愁善感，体验深刻；具有很高的感受性，不能忍受太大或太小的神经紧张，比较容易受挫折；能与别人很好地相处，胜任别人的委托，能克服困难，具有坚定性；比较孤僻，行动迟缓，在事物面前优柔寡断，面临危险时容易感到紧张、恐惧。标定词为：安静、不善社交、有节制、悲观、善思考、刻板、喜怒无常、多愁善感。

上述四种气质类型仅是一种典型划分，在实际生活中，典型的属于上述四种气质类型的只是少数人，大多数人是接近某种气质，同时又具有其他气质的某些特点。判断自己属于什么气质，可以用很简单的方法进行测量：认真分析上述各类标定词，一个个地比照，看自己具有的哪一种气质的标定词最多，另外还兼有哪些，就可以了解自己属于什么气质。例如："以抑郁质为主，兼有胆汁质成分的混合型气质"，当然，这种测量是大致的，如果想准确了解自己的气质类型，可通过"气质量表"进行心理测量。值得注意的是，成年人的气质往往与性格有机地融为一体，很难区分。一个人的气质在幼儿、少儿时期表现得比较明显。随着年龄的增长，积累的生活经验日益丰富，他的某种气质特点就更多地为后天获得的个性特征所掩盖。在成人身上，气质和性格往往是有机地交织在一起的，性格会在一定程度上掩盖和改造气质，表现为一个人特定的态度体系和行为模式。

（二）性格

1.性格的概念

性格是指由人对现实的态度和他的行为方式所表现出来的个性心理特性。它是一个人的心理面貌本质属性的独特结合，是人与人相互区别的主要方面。

首先，性格表现在人对现实的态度和他的行为方式中。所谓态度，是个体对待社会、别人和自己的一种心理倾向，它包括对事物的评价、好恶和趋避等方面，态度表现在人的行为方式中。例如：在遇到危险时，有人勇敢无畏，一往直前，因而转危为安；有人却怯懦退缩，一筹莫展，导致大难临头。

其次，性格指一个人独特的、稳定的个性特征。在某种情况下，那些一时性的、情境性的、偶然性的表现，不能代表一个人的性格特点。例如：一个人偶尔忘了朋友的委托，不能说他性格粗心大意；一个人偶尔发火，不能说他性格暴躁。只有当一个人的态度以及符合这些态度的行为方式不是偶然发生的，而是比较稳固、比较经常且能从本质上表现一个人的个性时，这种态度和行为方式才具有性格的意义。

最后，性格表现了一个人的品德和世界观，它在个性中具有核心的意义。人的个性主要不是表现为气质、能力的差别，而是表现为性格的差别。性格具有直接的社会意义，不同性格特点的社会价值是不一样的。例如，忠诚、坚定等性格，对社会有积极意义；而虚伪、奸诈等性格，对社会有消极影响。

2.性格的特征

性格有多种多样的特征，它们的组合形成了复杂的结构。性格的特征包括以下四个方面：

(1) 性格的态度特征。它表现在对待和处理各种社会关系方面的态度特征。包括对待社会、集体的态度，对待劳动、工作的态度，对待他人、自己的态度，对待物品的态度等。具体表现为同情或冷漠、正直或虚伪、勤劳或懒惰、认真或马虎、开拓创新或墨守成规等。

（2）性格的意志特征。人的意志表现为对自己行为的调节和控制。与人的意志相应的性格特征叫做性格的意志特征，包括四个方面：一是个体具有明确的行为目标，并使其接受社会规范约束的意志特征；二是个体对行为自我控制水平的意志特征；三是个体在紧急或困难条件下表现出来的意志特征；四是个体对待长期工作的意志特征。具体表现比如目的性或盲目性、独立性或暗示性、自制或放纵、果断或犹豫、坚韧或软弱等。

（3）性格的情绪特征。人的情绪活动具有不同的品质。如情绪的强度、稳定性、持久性等。有些人情绪很强烈，他们容易受情绪的支配；有些人情绪比较微弱，他们的活动受情绪影响较小；有些人情绪稳定，而另一些人的情绪容易起伏波动。人们的这些情绪品质的差异影响着人们的性格特征，使之呈现出差异性。

（4）性格的理智特征。与人的认识活动相联系的性格特征称之为性格的理智特征。例如，在观察事物时，有人注意细节，有人注意整体；在解决问题时，有人倾向冒险，有人倾向保守；有人爱独立思考，有人爱照搬别人的结论；在回忆往事时，有人很准确，有人却总是粗枝大叶等。

3.性格的类型

（1）内向型和外向型。内向型和外向型是按照心理活动是倾向于外面世界还是内心世界来划分的，又称为内倾型和外倾型。内向型性格的人比较好静，善于沉思、幻想，做事小心谨慎、深思熟虑，反应相对较慢，不爱在大庭广众之下抛头露面、高谈阔论。外向型性格的人感情溢于言表，活泼、开朗、善交际、不拘小节，做事风风火火。现实生活中，纯内向或纯外向的人并不是特别多，相当一部分人介于内向与外向之间，属于混合型。

（2）A型性格和B型性格。

A型性格和B型性格是依据人们的时间感等特征的差异性划分的性格类型。A型性格的人整天忙忙碌碌，内心渴望成功，时间感很强，富有紧迫感和危机意识，好争斗，易激怒。而B型性格的人则喜欢慢条斯理地学习，崇尚悠闲自在的生活，有耐心，容忍力强，随遇而安，知足常乐，时间观念不强。有研究表明，A型性格较B型性格的人更易患心脏病。

第二节　不良人格的主要表现

不良人格又称为人格缺陷，是介于正常人格与人格障碍之间的一种人格状态，是人格发展的不良倾向。不良的人格品质会影响大学生的心理健康，严重的还会导致疾病，危害社会，因此，作为大学生应了解并掌握一些常见人格缺陷的特征及矫正方法。

一、自我中心

自我中心是指以自己的意志为主导，将自我作为思考问题的出发点与归宿，过分关注自我，不顾及他人的利益和思想，从而在行动上和观念上表现出自私自利、我行我素的特征和处世态度。以自我为中心的人过多考虑自己的需要，忽视他人的需要和存在，对别人缺少关心和谅解，绝对不允许他人对自己的利益构成伤害和威胁。这种表现在那些有较强自信心、自尊心、优越感、独立感的学生当中尤为明显。

自我中心的人格缺陷在独生子女占绝大多数的大学生中是普遍存在的，原因之一就是从小在家庭教育环境中逐渐养成的利益独占性和排他性。由于当代大学生基本上都是独生子女，从小生活在娇惯的环境中，在呵护中长大，缺少利益分享、相互关心、礼貌谦让、公平兼顾的家庭教育环境，不少学生在自我意识的形成中逐渐养成了“唯我独尊、妄自尊大”的心理和行为习惯。当他们把这种在家庭中习以为常的心理和行为带到大学的集体生活中时，矛盾和冲突不可避免地就会出现，对其健康成长和成才造成危害。克服过分自我中心的途径包括：第一，树立健康的人生观与价值观，将自己和他人、自我与社会、个人利益与集体利益统筹起来考虑，从狭隘的小天地走出来。第二，对这种自我中心的倾向进行有意识地关注和调控。只要大学生能积极地关注以自我为中心的一些心理和行为，从心理上引起高度警觉和重视，一旦出现，马上给予纠正，应该说是可以改变的。第三，真诚地关爱他人。友善、关爱、助人是从给予和奉献中体验一种超然于个人利益之上的崇高的人生感悟，这是持久的和受人尊敬的。大学生应该在集体生活中学会如何体谅他人、关爱他人，获得他人的认同，建立和谐的人际关系，从而获得一种崭新的人生体验。

二、自卑

自卑是指由于一些条件的限制和认识上的偏差，认为自己在某个方面或某几个方面不如别人，从而表现出轻视自己、失去自信的人格特征。自卑有多种表现方式，退缩或过分地争强好胜是其中最明显的两种。

对于大学生来说，无论是适应新的环境还是建立新的人际关系，都面临着重新树立自我形象的问题。大学生面临的自我形象的挑战至少来自三个方面：首先，面临着学习成绩相对下降的问题。原来学校的尖子学生很可能不再是尖子，大多数人都面临着学习成绩相对下降的问题。多数人在学习成绩上的优势将会削弱或者消失，成为一般的学生。其次，文体、艺术才能以及知识面的差异变得更加突出，而这些方面的才能在大学中是非常引人注目的。这对于在这些方面的基础比较差的学生来说是一个非常大的压力，对他们重新树立自我形象必将产生一定的影响。大学生中一方面有着强烈的交际和参与的愿望，但同时又缺乏这方面的经验和技巧，这就会产生少数“活跃分子”和大多数人相对交往狭窄的状况。这些挑战如果处理不好，极容易产生自卑心理。自卑感一旦形成便有很强的感染性和扩散力，会给大学生的学习和生活带来消极的影响。

克服自卑应从认识、情绪、行为三个方面同时入手。首先，从思想上树立“天生我材必有用”的信念。心理学研究表明，成功者与失意者在智力上并没有显著差异，并不是智商高的人就一定能成功，他们之间最主要的差异在于自我评价上。其次，调节自己的情绪。学会积极地自我心理暗示、自我激励，可以用语言对自己说“我能行”“我对未来充满信心”“再试试”。最后，树立自信，马上行动。正确认识自己，善于根据自己各方面的条件、特长发挥自己的优势，在发展中增强自己的自信心；积极参加集体活动，在活动中发现和发展自己的能力，唤起自己的自信心，在积极的心理状态下不断克服自己的自卑心理。

三、懒散

懒散是指一种慵懒、闲散、拖拉、疲沓、松垮的生存状态，是意志活动无力的表现。懒散主要表现为：活力不足，什么也不想做，没有计划，随波逐流；无法将精力集中在学业上，无法从事自己喜欢的事，百无聊赖，心情不爽，情绪不佳，犹豫不决，做事磨蹭。导致大学生懒散的重要原因是目标不明确，意志不坚定，有逃避困难的心理，做事缺乏计划性，缺少“从现在做起”的精神。从主流上看，青年大学生是充满朝气和活力、开拓进取的，但也有少数学生表现出懒散、拖沓的人格发展缺陷。

处于懒散状态的大学生也常以此感到内疚、自责、后悔，但又觉得无力自拔，心有余而力不足，这主要是因为他们往往想得多而做得少，缺乏毅力所致。正如学者所言：“你就像一座容量极大的水库，里面蓄积了从未使用过、却随时随地可以供你使用的天赋与才干，但如果拖拉和胆怯使你永远无法打开那扇智慧的闸门，那么水库也就如同空的一样。”要克服懒散，首先要培养坚强的意志品质。学习是一件需要付出艰苦劳动的事情，也是一件无法回避的事情。因此，这需要大学生凭借坚强的意志力，来不断战胜惰性，催促自己不断向前，用渴望成功的喜悦感来战胜由于懒惰带来的失败感。越是逃避、拖拉，心理压力就越大，失败感就越强。其次，要养成“立即动手”的习惯。惰性虽然使人暂时摆脱了艰苦的学习工作，但却积压了过多的负担和压力，长此以往，必定陷入“惰性拖延→低效能→情绪困扰→失败→自我否定→拖延”的恶性循环中，给大学生的身心健康带来消极的影响。因此，必须从小事做起，一旦计划和任务明确，就要立即动手，不要在心理上给自己的懒惰、拖延找任何借口，否则，就进行自我惩罚。久而久之，便会养成“立即动手”的良好习惯。

四、偏激

偏激的人格特征在大学生当中是非常普遍的，它在认识、情绪和行为上都有所体现。首先，在认识上的表现是看问题绝对化、片面性很大。大学生社会经验少、思想单纯，他们善于思考，具有强烈的参与意识，富有质疑、批判精神，但在认识问题时往往缺乏客观性，容易以偏概全，固执己见，把个别现象当作普遍问题，形成逆反心理，导致认识上的偏见。其次，在情绪上的表现是根据个人的好恶和一时的心血来潮去论人论事，怨天尤人，牢骚满腹，缺乏理性的态度和客观的标准。有的大学生一次考试考好了，就以为自己什么都好，洋洋自得，产生骄傲情绪；而有时一次考试不理想，就消沉到底、一蹶不振，认为自己什么都不行了，这就是偏激的表现。还有，在行为上的表现是莽撞从事，不顾后果。有些大学生由于偏激地认为友谊就是讲义气，当他们的朋友受了别人“欺侮”时，往往二话不说，马上就站出来帮朋友打架，将蛮干、鲁莽当作是英雄行为，导致偏激的行为，偏激在大学低年级当中更为常见。偏激的大学生在处理重大问题时往往主观武断、意气用事、我行我素，给学习和生活带来极大的困扰。要克服偏激心理，首先，要丰富自己的知识。现实中，不少偏激的认识和行为倾向源于知识上的贫乏。由于缺少必要的知识储备，有些大学生在看问题时，往往只从一个角度出发，抓住一点不放，导致偏激的认识和冲动行为。因此，丰富自己的知识储备是全面、客观地看问题，减少偏激倾向的必备条件。正如培根所说：“知识就是力量”“哲理使人深刻，伦理学使人有修养，逻辑学使人善辩，凡有所学，皆成性格”。其次，要增长自己的阅历。大学校园生活是丰富多彩的，除了学习之外，还有各种各样的活动，如体育、音乐、绘画、社团、写作、座谈会等。有益的活动可以使大学生不断获得新知识，丰富生活内容，开阔思路，并在活动中陶冶情操，增强对他人、社会的理解，克服偏激的心理。最后，要培养辩证的思维能力，学会全面、灵活、完整地评价事物，冷静、客观地看待问题。大学生正处于形式逻辑思维向辩证思维发展的过渡阶段，辩证思维发展尚不成熟，不善于一分为二地看问题，往往抓住一点就无限地夸大或缩小，自以为看到了事物的全部，极易出现以偏概全的失真判断，导致错误的结论。因此，发展辩证思维能力，学会全面客观地看问题，才能有效地克服这种“一叶障目，不见泰山”的偏激心理。

五、急躁

急躁是大学生中常见的不良人格品质，表现为碰到不称心的事情马上就会激动不安；做事缺乏充分准备，没准备好就盲目行动，急于达到目的；缺乏耐心、细心、恒心。性情急躁的大学生说话办事快、竞争意识强、容易冲动，情绪常常处于紧张状态，常常什么都想学，而且想短时间内学会，生怕比别人落后，急于求成，但实际效果常常达不到期望的目标，从而泄气、发怒。这样既影响自己的健康和效率，又妨碍良好的人际关系的建立。

怎样克服急躁的缺点呢？①思先于行。首先要加强自我修养，自觉地养成冷静、沉着的习惯。在学习、生活中，对非原则性问题尽量避免与人发生矛盾以致激化，把精力用到积极的思考之中。②改变行为，细心、认真行事。说话控制语速，想好了再说，不随意打断别人的谈话；看书要一字一句细读，边读边想；走路、骑车有意不超过别人；工作中改掉冲锋陷阵式的习惯，不着急、有条不紊地干。③控制发怒。性格急躁的人容易发怒，应将制怒格言“能忍则自安，退一步则海阔天空”铭记在心，时时提醒自己遇事冷静。④采用松弛疗法。坚持静养训练，在学习之余，可以常听轻松、优雅、恬静的音乐，赏花悦心，打太极拳和练练气功闭目养神，使肌肉、神经都处于完全放松状态。

第三节 人格障碍及其类型

人格障碍也称病态人格、变态人格，它是一种人格发展的内在不协调，是在没有认知过程障碍或没有智力障碍的情况下出现的情绪反应、动机和行为活动的异常。一般认为，人格障碍可能是生理、心理和社会文化等因素共同作用下形成的，尤其是儿童早期的环境和家庭教养方式对人格形成和发展起着非常重要的作用。虽然在大学生人群中真正有人格障碍的人并不多，但存在不良人格倾向的人却不少，他们是人格障碍的易感人群，应该引起警惕。

一、人格障碍的主要特征

人格障碍的表现十分复杂，很难对其进行概括和总结。一般说来，人格障碍有如下几个共同特征：

（1）紊乱不定的心理特点和难以相处的人际关系。这是各类人格障碍最主要的行为特点。

（2）怨天尤人。将自己所遇到的任何困难都归咎于命运或别人的错处，因而他们不能感觉到自己有缺点和需要改正。他们经常把社会或外界的一切看作是荒谬的，不应该如此。

（3）自我中心，没有责任感。如对不道德的行为没有罪恶感，伤害别人而不觉得后悔，并对自己所作所为都能做出自以为是的辩护。他们总是把自己的想法放在首位，以自己的利益压倒一切，而不能设身处地地体谅别人。

（4）难以改变的病态观念。他们总是走到哪里便把自己的猜疑、仇视和固有的看法带到哪里。

（5）缺乏自知力。他们的行为后果伤害和致痛别人，使左邻右舍鸡犬不宁，而自己却坦然自若。总是通过别人的告发或埋怨显露他们的怪癖或不良行为，而不是他们自己感到有什么疾痛、心情不安或有想不通的地方去求助他人。

（6）幼年开始，一旦形成就比较稳定且不易改变。

（7）一般来说，意识是清醒的，无智力障碍。

二、常见人格障碍的种类和主要表现

根据人格的特质理论，可将人格障碍分为10种：

（一）自恋型人格障碍

自恋型人格障碍其特征主要如下：

（1）对批评的反应是愤怒、羞愧或感到耻辱（尽管不一定当即表露出来）。

（2）喜欢指使他人，要他人为自己服务。

（3）过分自高自大，对自己的才能夸大其词，希望受到特别关注。

（4）坚信他关注的问题是世上独有的，不能被某些特殊的人物了解。

（5）对无限的成功、权力、荣誉、美丽或理想爱情有非分的幻想。

（6）认为自己应享有他人没有的特权。

（7）渴望持久的关注与赞美。

（8）缺乏同情心。

（9）有很强的嫉妒心。

（二）表演型人格障碍

表演型人格障碍又称癔症型或寻求注意型人格障碍，是一种以过分感情用事或夸张言行以吸引他人注意为主要特点的人格障碍。具有表演型人格障碍的人在行为举止上常带有挑逗性，并且他们十分关注自己的外表。这类人情绪外露，表情丰富，喜怒哀乐皆形于色，矫揉造作，易发脾气，喜欢得到别人同情和怜悯，情绪多变且易受暗示；以自我为中心，好交际和自我表现；对别人要求多，不大考虑别人的利益；思维肤浅，不习惯于逻辑思维，显得天真幼稚。女性发病率约为男性的两倍。

（三）分裂样型人格障碍

有分裂样型人格障碍的人主要表现出缺乏温情，难以与别人建立深切的情感联系，因此，他们的人际关系一般很差。他们似乎超脱凡尘，不能享受人间的种种乐趣，如夫妻间的交融、家人团聚的天伦之乐等，同时也缺乏表达人类细腻情感的能力。故大多数分裂样型人格障碍患者独身，即使结了婚，也多以离婚告终。一般说来，这类人对别人的意见也漠不关心，无论是赞扬还是批评，均无动于衷，过着一种孤独寂寞的生活。其中有些人可以有些业余爱好，但多是阅读、欣赏音乐、思考之类的安静、被动的活动，部分人还可能一生沉醉于某种事业，做出较高的成就。但从总体来说，这类人生活平淡、刻板，缺乏创造性和独立性，难以适应多变的现代社会生活。

（四）攻击型人格障碍

攻击型人格障碍是一种以行为和情绪具有明显冲动性为主要特征的人格障碍，

又称为暴发型或冲动型人格障碍，通常有以下特点：

（1）情绪急躁易怒，存在无法自控的冲动和驱动力。

（2）性格上常表现出向外攻击性、鲁莽性和盲动性。

（3）冲动的动机形成可以是有意识的，亦可以是无意识的。

（4）行动反复无常，可以是有计划的，亦可以是无计划的。行动之前有强烈的紧张感，行动之后体验到愉快、满足或放松感，无真正的悔恨、自责或罪恶感。

（5）心理发育不健全和不成熟，经常导致心理不平衡。

（6）容易产生不良行为和犯罪的倾向。

（五）强迫型人格障碍

有强迫型人格障碍的人，他们过分注意自己的行为是否正常，举止是否恰当，因此表现得特别死板。如走路时有数路旁电线杆的习惯，锁上门后反复查看。他们疑虑过分，自信心不足，总有一种不完善之感，过分谨慎小心，遇事循规蹈矩、墨守成规，很少标新立异或独创。由于他们事事都追求尽善尽美和完整精确，因此，不论做什么事都要反复检查核对，怕出差错。他们还常要求别人根据自己的思维方式和习惯行事，有时妨碍他人的自由。

（六）回避型人格障碍

回避型人格障碍又称逃避型人格障碍，其最大特点是行为退缩、心理自卑，面对挑战多采取回避态度或无力应付。有回避型人格障碍的人被批评指责后，常常感到自尊心受到了伤害而陷于痛苦，且很难从中解脱出来。他们害怕参加社交活动，担心自己的言行不当而被人讥笑讽刺。因而，即使参加集体活动，也多是躲在一旁沉默寡言。在处理某个一般性问题时，他们往往也表现得瞻前顾后、左思右想，常常是等到下定决心时，却又错过了解决问题的时机。在日常生活中，他们多安分守己，从不做那些冒险的事情，除了每日按部就班地工作、生活和学习外，很少去参加社交活动，因为他们觉得自己的精力不足。这些人在单位一般都被领导视为积极肯干、工作认真的好职员，因此，经常得到领导和同事的称赞，可是当领导委以重任时，他们却都想方设法推辞，从不接受过多的社会工作。

（七）偏执型人格障碍

偏执型人格障碍又称妄想型人格障碍，其行为特点常常表现为：极度地感觉过敏，对侮辱和伤害耿耿于怀；思想行为固执死板，敏感多疑、心胸狭隘；爱嫉妒，对别人获得成就或荣誉感到紧张不安，妒火中烧，不是寻衅争吵，就是在背后说风凉话，或公开抱怨和指责别人；自以为是，自命不凡，对自己的能力估计过高，惯于把失败和责任归咎于他人，在工作和学习上往往言过其实；同时又很自卑，总是过多过高地要求别人，但从来不信任别人的动机和愿望，认为别人存心不良；不能正确、客观地分析形势，有问题易从个人感情出发，主观片面性大；如果建立家庭，常怀疑自己的配偶不忠等等。持这种人格的人在家不能和睦相处，在外不能与朋友、同事相处融洽，别人只好对他敬而远之。

（八）依赖型人格障碍

有依赖型人格障碍的人，对亲近与归属有着过分的渴求，这种渴求是强迫性的、盲目性的、非理性的，与真实的感情无关。这种人宁愿放弃自己的个人趣味、人生观，只要他能找到一座靠山，时刻得到别人对他的温情就心满意足了，这使得他越来越懒惰、脆弱，缺乏自主性和创造性。由于处处委曲求全，有依赖型人格障碍的人会产生越来越多的压抑感，这种压抑感阻止着他为自己干点什么或建立个人爱好。

（九）反社会型人格障碍

反社会型人格障碍的人，其最明显的行为特征是行为不符合社会规范，妨碍了公众利益，不负责任，而对于撒谎、欺骗、伤害他人则习以为常。在做了违法乱纪的事情之后，缺乏内疚、罪责感，也无羞耻之心，却强词夺理，为自己的错误辩解。对人冷酷、粗暴、不诚实。有时挑起事端，攻击别人。他们不能吸取教训，包括惩罚在内，都难以悔改。他们的智力一般正常，不少人表现得有见识、有才能，能赢得别人的好感和信任。在一个集体中他们人数极少，但危害性极大。

（十）焦虑型人格障碍

有焦虑型人格障碍的人其特点是懦弱胆怯，这种人一般从童年起就表现出胆小、怕事，易惊恐，敏感怕羞，对任何事都表现得惴惴不安。在新的情况下易发生焦虑反应，这种人易患焦虑症。

以上分类可视为三大人格障碍群。第一群以行为怪癖、奇异为特点，包括偏执型、分裂样型人格障碍等；第二群以情感强烈、不稳定为特点，包括表演型、自恋型、攻击型、反社会型等；第三群以紧张、退缩为特点，包括回避型、依赖型、强迫型等。

三、人格障碍的自我矫正

人格障碍的矫正虽然有一定的难度，但也不是什么“不治之症”。在临床实践中发现，有相当一部分人格障碍者，在精神科医生和心理学家的指导下，通过自身的努力，在可能的限度内，在人格障碍的矫正方面取得了令人满意的效果。下面简要介绍几种人格障碍自我矫正的方法：

（一）反向观念法

人格障碍者大多伴随有认识歪曲现象，反向观念法即是改造认识歪曲的一种有效方法。反向观念法是指自己主动与自己原有的不良自我观念唱反调，原来是以自我为中心，现在则应逐渐放弃自我中心，学会设身处地为他人着想；原来爱走极端，现在则学习多方位考察问题，来点中庸态度；原来喜欢超规则化，现在则应偶尔放松一下，学习无规则地自由行事。采用反向观念法克服缺点的要点是：先对自己的错误观念进行分析，然后提出相反的改进意见，在生活中努力按新观念办事。这种自我分析可以定期进行，几天一次或一星期一次，也可以在心情不好或遭挫折时进行。认识上的错误往往被内化成无意识的东西，通过上述自我分析，就可将无意识的东西上升到有意识的自觉层次，这有助于发现和改进自己的不良人格状态。

（二）习惯纠正法

人格障碍者的许多行为已成为一种习惯，破除这些不良的习惯有利于人格障碍的矫正。以依赖型人格为例，实施这种方法有三个要点，一是清查自己的行为中有哪些事情是习惯地依赖别人去做的，有哪些事情是自作决定的，你可以每天做记录，记录一个星期。二是将自主意识很强的事归纳在一起，如果做了，则当做一件值得庆贺的事，以后遇到同类情况应坚持做；如果没做，以后遇到同类情况则应要求自己去做。而对自我意识差、没有按自己意愿做的事，自己提出改进的想法，并在以后的行动中逐步实施。例如，在制订某项计划时，你听从了朋友的意见，但你对这些意见并不欣赏，便应把自己不欣赏的理由说出来，这样，随着你的意见的增多，你便能从依赖别人意见逐步转为完全自主决定。三是找一个你信赖的人做监督者，并与监督者订立双边协议。当你有良好表现时，予以奖励；当你违约时，予以惩罚。

（三）行为禁止法

对于人格障碍者的许多不良行为，可以采取该法。例如，一个偏执型人格障碍的人，当对一件事忍无可忍而将要发作时，应对自己默念如下指令：“我必须克制住自己的反击行为，我至少要忍10分钟。我的反击行为是过分的，在这10分钟内，让我当即分析一下有什么非理性观念在作怪。”采取这种方法后，不久你就会发现，每次你认为怒不可遏的事，只要忍上几分钟，用理性观念加以分析，怒气便会随之消减。不少你认定极具威胁的事，在忍耐了几分钟后，你会发现灾难并未降临，不过是自己的一种无谓担忧罢了。

（四）情绪调整法

人格障碍者多伴有情绪障碍。例如，戏剧型人格的情绪表达太过分，旁人无法接受。采用此法，首先要做到的便是向你的亲朋好友作一番调查，听听他们对你的看法。对于他人提出的看法，你应持全盘接受的态度，千万不要反驳，然后你扪心自问一下，上述情绪表现哪些是有意识的，哪些是无意识的；哪些是别人喜欢的，哪些是别人讨厌的。对别人讨厌的坚决予以改进，对别人喜欢的则在表现强度上力求适中。对无意识的表现，你将其写下来，放在醒目处，不时地自我提醒。此外，可请你的好友在关键时刻提醒一下，或在事后对自己的表现作一评价，然后从中体会自己情绪表达的过火之处。这样坚持下去，你的情绪表达就会越来越得体和自然了。

第四节　健康人格理论与实践

健康人格是指各种良好人格特征在个体身上的集中体现。心理学对人格的研究重点曾经放在“人性的疾病”（心理疾病）方面，但现在更关心“人性的健康”（心理健康）方面。研究人性健康的目的是要打开并释放人的潜能，以实现和完善我们的能力。

一、健康人格及其特征

健康人格是指人格和谐、全面、健康地发展，它是现实人格的良好状态，是与社会环境相适应，为其他社会成员所接受而又充分表现个人个性特征的人格模式。自从20世纪50年代以来，西方许多心理学家根据他们的临床经验，运用心理测验等方法，对高健康人格水平的人进行了研究，提出了不少健康人格的模式，这对我们深入认识健康人格的特征具有一定的启示意义。

（一）健康人格的理论提出

1.马斯洛的“自我实现者”模型

美国人本主义心理学家马斯洛（1908—1970）强调人的自我实现。他研究那些能够充分发挥自己才能，全力以赴地工作，并把工作做得最出色的人，如贝多芬、斯宾诺莎、歌德、爱因斯坦、詹姆斯、弗洛伊德、杰弗逊、罗斯福和林肯等。马斯洛根据自己的长期观察，概括出自我实现者具有以下特征：良好的现实知觉；对自己、他人和现实表现出高度的接纳；有自发性和率真性；以问题为中心；有独处的需要；高度的自主性，不受环境和文化的支配；高品位的鉴赏力，对普通生活的新鲜感；常常有高峰体验；关心社会；能与他人建立持久深厚的友谊；具有民主的性格结构；强烈的道德感和独立的善恶判断能力；善意的幽默感；富有创造性；不受现实文化规范的束缚。

2.奥尔波特的“成熟者”模型

美国心理学家、人格特质论的倡导者奥尔波特（1897—1967）认为，健康人是在理性和有意识的水平上活动，对激励他们活动的力量完全是能够意识到的，是可以控制的。他还认为，健康人的视线应该指向当前和未来的事件，而不是指向童年的事件。他把心理健康水平高的人称为“成熟者”，根据多年在哈佛大学的研究，他从“成熟者”身上归纳出七个特点：有自我扩展的能力；人际关系融洽；情绪上有安全感；具有现实性知觉；专注地投入自己的工作；客观地看待自己；行为的一致性是其人生哲学。

3.罗杰斯的“功能充分发挥者”模型

美国人本主义心理学家、人本疗法的创始人罗杰斯（1902—1987）认为，健全人格不应该理解为人的状态，而是过程或趋势。罗杰斯将“功能充分发挥者”的优秀特征概括为五个方面：他们的社会经验都能进入意识领域，具有经验的开放性；协调的自我；以自己的内在评价机制来评价经验；自我关注；乐意给他人以无条件的关怀，能与其他人高度协调。

4.弗洛姆的“创发者”模型

弗洛姆（1900—1980）是一位从社会哲学角度来探讨人格的理论心理学家。他既批判地接受弗洛伊德的学说，又受到精神分析社会文化学派新理论的影响。他认为，每个人都有充分利用自己潜能成长和发展的固有倾向，由于社会本身的压抑和不合理，很多人都未能达到心理健康的状态，病态的社会产生了病态的人格。他强调社会变革在产生大量健康者或“创发者”方面的重要性。他认为“创发者”有四个特征，即创发性思维，创发性的爱会使人意识到与被爱者有密切关系，意识到关怀被爱者；有真正的幸福体验，即身心健康；个体的各种潜能得到实现；以良心为定向系统，“创发者”有一种特殊的良心，弗洛姆称其为“人本主义良心”，它引导人们实现个性的充分发展和表现，并使人获得幸福感。

5.皮尔斯的“立足现实者”模型

美国心理学家皮尔斯（1893—1970）认为，人格健全者应该是充分地理解并坚定地立足于自己的现实情境。他认为立足于现实的人具有下列十项人格特征：牢牢地建立在当前存在的基础上；对自己有充分的认识和认可；对自己的生活负责并摆脱任何人对其所负的责任；完全处在与自我和世界的联系状态中；能摆脱外部调节而进行自我调节；能认清、承认并且表达自己的冲动和渴望；能够坦率地表达他们的怨恨；反映当前情境并被当前情境所指引；开放的自我界限；不断追求幸福。

（二）健康人格的一般性特征

健康的人格是一个有机的、统一的、稳定的整体，具有以下几个方面的特征：

1.正确的自我意识

具有健康人格的人能接受一切属于“我”的东西（外貌、才能、出身）以及由此带来的影响，能够忍受生活中不可避免的冲突和挫折，经得起一切不幸遭遇，从而形成对自己积极的看法。而且人格健康的人对自己所拥有的和所缺少的看得都十分清楚和准确。理解现实的自我与理想的自我之间的差别，知道自己应该如何看待自己与别人之间的差别。

2.良好的社会适应能力

社会适应能力反映了人与社会的协调程度。人格健康的人能够和社会保持良好的、密切的接触，以一种开放的态度，主动关心社会、了解社会；在认识社会的同时，使自己的思想、行为跟得上时代的发展，与社会的要求相符合，表现出能很快适应新的环境的能力。

3.和谐的人际关系

具有健康人格的人乐于与他人交往，并与他人建立良好的关系；与人相处时，尊敬、信任等积极态度多于嫉妒、怀疑等消极态度。人格健康的人常常以诚恳、公平、谦虚、宽容的态度对待他人，能容忍别人在价值观和信念上与自己的不同，同时也受到他人的尊重与接纳。良好的人际关系有利于个体与他人进行信息的传递，不断地调整行为，更新观念和态度，这也是健康人格的基本特征之一。

4.乐观向上的生活态度

积极的人生态度是人类在社会实践中获得的本质力量的表现。乐观的人常常能看到生活中的阳光，对前途充满希望和信心，对自己所从事的工作抱有信心，并在其中发挥自身的智慧和能力。即使在遇到困难和挫折时，也能不畏艰险，勇于拼搏。具有健康人格的人对工作、学习和生活都怀有浓厚的兴趣，表现出观察敏锐、注意力集中、想象丰富、充满信心、勇于克服困难，并通过努力奋斗获得满足感和成就感。

二、健康人格的塑造

（一）加强自我修养，自立、自信、自尊，有自制力

自立、自信、自尊、自强是大学生健康人格的四大基础，也是未来创造型人才的必备素质。

一是培养自立意识。从心理学角度来说，自立是个体从自己过去依赖的事物里独立出来，自己行动、自己做主、自己判断，对自己的承诺和行为负责任的过程。有研究表明，自立意识强的大学生能够较好地安排自己的生活计划，对挫折和困难能主动进行自我调节与控制，对自己有着比较积极的认识，能够推动个体的行动。二是培养自信心。自信是一个多维度、多层次的心理系统，是个体对自己的积极肯定和确认程度，是对自身能力、价值等作出正向认知与评价的一种相对稳定的人格特征。自信心会带来顽强的毅力，可以使人们最大限度地发挥聪明才智，蔑视困难和失败。培养自信心的关键是要肯定自身存在的价值，学会客观地分析自己，既要看到自己的长处，也要了解自己的不足。三是保持自尊。自尊是个人要求社会、集体和他人尊重自己、尊重自己的社会地位和荣誉的心理倾向。它和自我接受、自我肯定、自我赞许相联系。自尊心强的人渴望表现自己，进取心强，对平等有着强烈的要求；热爱真理，尊重客观现实；既不孤芳自赏，也不随波逐流，对他人能接纳和信任。正因为如此，自尊心能使人采取积极的生活态度，成为推动人不断进取的巨大动力。四是有自制力。自制力是指一个人自觉地调节和控制自己行动的品质。自制力强的人，能够选择正确的活动动机，调整行动目标和行动计划，也能理智地控制自己的欲望，以客观的态度和方法去满足那些社会要求和个人身心发展所必需的欲望，对不正当的欲望坚决予以抛弃。

（二）积极参与集体生活，投身社会实践

健康人格的发展、塑造的过程，是个人社会化的过程。人格是在集体的奋斗中形成的，也是在集体的奋斗中发展的。集体是健康人格塑造的土壤，它不仅是一个人展现其人格的舞台，也是其认识自己人格的一面镜子。正是在集体中才能发现自己的人格品质的优劣，并得到他人的帮助。因而，集体是锻炼健康人格品质的熔炉，只有把自己融入集体之中，才能有效地塑造自己的健康人格。实践是最能检验人、磨练人的途径。美好的追求只有在实践中才能产生意义。因为健康人格的塑造更多的是着眼于个体的社会自我的生成与塑造，因此，努力塑造健康人格的大学生应该积极投身到学校、社会、家庭等各种实践环境中去，在与他人、集体和社会的

不断作用中展示自己的人格。从自身的感悟和外界的各种评价中，获得愉悦、鼓励、赞扬、认同或是压抑、指责、排斥的感受，从而得到启发，有助于自己发现问题，及时调整。在人格的锤炼中，只有实践才能起到巨大的物竞天择、优胜劣汰的作用。

（三）树立榜样，培养良好的人格

首先，中华民族的优秀历史文化传统和伟大的民族精神应该成为大学生健康人格自我塑造的必修内容。如古代崇尚的爱国精神、亲民精神、尚公精神、尚德精神、崇义精神、献身精神、独立精神、自立自强精神等。其次，每个国家、民族在长期的发展过程中，都形成了自己突出的文化精神，值得我们学习。如俄罗斯人的大无畏革命精神和创新精神，德国人的务实求真精神，美国人的自立自强、勇于竞争、注重实践的精神，日本人的做事认真、互相合作、勇于奉献的精神，新加坡人的遵纪守法精神等。再次，学习英雄人物、先进模范的高尚人格。我国的历史英雄、模范人物层出不穷，如屈原、岳飞、包拯、海瑞、黄继光、雷锋、王进喜、焦裕禄、蒋筑英、孔繁森等。尽管他们对国家、民族的贡献不一样，但是有一点是相同的——他们都有高尚的人格。如屈原、岳飞的爱国精神，包拯、海瑞的刚正廉明，雷锋的乐于助人，蒋筑英、焦裕禄的无私奉献精神等。最后，以现实生活中具有优秀人格的人，如身边的同学、朋友、父母、亲戚等为榜样，取其精华作为自己的学习目标，从点滴小事做起，锲而不舍，经过长期艰辛的努力，最终实现自己健康的人格目标。

第四章

大学生学习认知与心理调适

国际21世纪教育委员会于1996年，向联合国教科文卫组织提交了一份《教育：财富蕴藏其中》的报告，在报告中提出“现代教育由四大支柱支撑”的现代教育观念，即：学会认知、学会做事、学会生活、学会发展。学会认知，也就是认识学习、学会学习，掌握认识世界和改造世界的工具。通过终身学习接受社会教育，为自身的发展提供有价值的创造力。所以，对学习的认识是人类发展的重要动力。

第一节 学习认知理论

认知心理学有广义、狭义之分，广义的认知心理学是指凡是研究人的认识过程的，都属于认知心理学。而目前西方心理学界通常所指的认知心理学，是指狭义的认知心理学，也就是所谓的信息加工心理学，它是指用信息加工的观点和术语，通过与计算机相类比或模拟、验证等方法来研究人的认知过程。其认为，人的认知过程就是信息的接受、编码、贮存、交换、操作、检索、提取和使用的过程，并将这一过程归纳为四种系统模式，即感知系统、记忆系统、控制系统和反应系统。强调人已有的知识和知识结构对他的行为和当前的认知活动起决定作用，其最重大的成果是在记忆和思维领域的突破性研究。

当今世界正处在一个市场竞争激烈、科技发展迅速的时代，据资料显示，人类知识在19世纪每10年增加1倍，20世纪70年代每5年增加1倍，而目前已经达到每3年增加1倍的速度。要想求得生存和发展，就必须不断地更新知识，一段时间不学习，已有的信息和知识就会变得陈旧过时，就有被时代淘汰的可能，所以只有不断地学习、终生学习才能符合时代的要求。法国著名成人教育专家保罗·郎格朗首先提出终身教育的主张。他认为，教育应当贯穿每个人的一生，在每个需要的时刻，随时以最好的方式提供必要的知识。一个大学生在校学到的知识只占工作所需的10%，而90%的知识需要在工作期间重新学习。面对浩瀚的知识海洋，面对每天都在不断更新的新信息、新技术，如果不善于学习，不会学习，那也只能一筹莫展、无能为力。联合国教科文组织的埃德加·富尔说：未来的文盲不再是不识字的人，而是没有学会怎样学习的人。为了将来的生存和发展，我们必须学会学习。

学习是一种十分复杂的心理活动过程，它不仅与感觉、知觉、注意、记忆、思维等认识过程直接联系，而且还涉及到人的情绪、动机、个性和社会化等问题。通过本章的学习，可以让大家学会运用心理学的规律和原理指导学习，提高学习效率和质量，更加有效地学习。

一、大学生学习的心理特点

大学教育的目标是培养高层次专业人才，与中学阶段相比，大学教育具有专业性、探索性、职业定向、社会服务性等特点。进入高等教育阶段的青年学生年龄大多在20岁左右，生理心理发展都已趋成熟，他们在完成基础教育的基础上，经过高考的严格选拔进入高校学习，无论是知识积累还是学习经验都是青年人中的佼佼者，在进入大学阶段后也相应地形成了大学生学习的心理特点。

1.智力发展达到高峰

人的智力不是与生俱来的，而是有一个形成、发展的过程。个体智力发展的进程一般是随着年龄的增长而发展变化的。心理学家贝利的研究表明，20岁左右这一年龄阶段的大学生正处于智力发展的高峰时期。此时，大学生的观察力、记忆力、想象力均达到人生中的最佳时期。大学生的观察力表现出迅速、准确的特点，大多能在相对较短的时间内把握对象和现象的全貌。大学生逻辑记忆力发展到最高峰，有意记忆和理解记忆都迅速发展，并占主导地位。大学生思维的独立性、合理性和灵活性明显增强，对于感兴趣的内容他们会自己寻找学习资料，喜欢独立思考并能提出自己的观点。在想象力方面比少年时更富有目的性、系统性、全面性与深刻性，逻辑性也明显加强。大学生正处在旺盛的青春期，这一时期是智力发展的高峰期，更是可望取得最高成就的时期。

关于智力的发展，心理学家们曾提出过很多假说。早在20世纪30年代，桑代克曾绘制过学习能力与年龄的关系曲线。他指出，学习能力到23岁左右达到最高峰，一直到45岁，学习能力并不低于17～18岁的学生；但45岁以后，学习能力就显著下降。另外，还有宾特纳的“智力生长说”。他认为，从出生到5岁，智力增长最快，5～10岁，智力增长虽不及前5年迅速，但发展仍是持续上升的，10～15岁智力增长速度减缓，16～18岁，智力已不再有增长的现象。

布卢姆1964年根据自己对1 000名被试者的跟踪研究，提出“智力发展假说”，引起了各国的重视，并在世界范围内掀起了一股重视幼儿早期教育的热潮。他认为，如果把一个人的智力以17岁的水平作为100%，那么，5岁之前就可达到50%，5～8岁又增长30%，剩余的20%是8～17岁获得的，布卢姆这一研究成果和我国对脑电波的研究成果，认为儿童大脑的发育在5～6岁和13～14岁是两个加速期的观点是吻合的。14岁以前智力发展曲线是近似于直线型的，20岁之前是不断上升的，30岁左右达到高峰，35岁以后有下降趋势。布卢姆智力年龄曲线图，见图4-1。

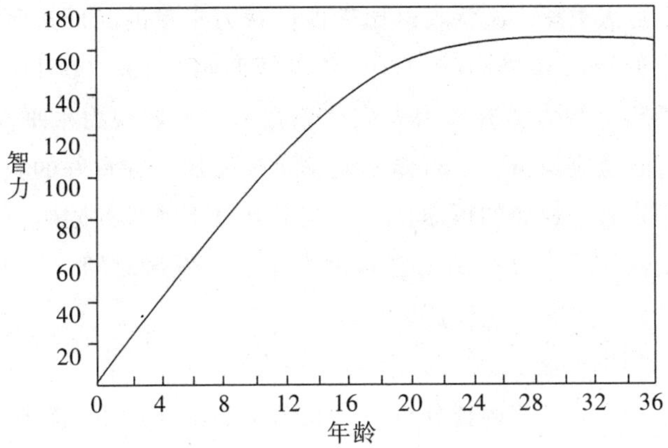

图4-1　布卢姆智力年龄曲线图

由此可见，一般智力增长曲线从总体上看呈负加速度增长的趋势。智力的衰退像智力增长一样，不同性质的智力衰退速度也是不均衡的。如手眼协调、动手操作以及技术能力一般从33岁开始出现衰退迹象，到60岁衰退速度加快，而写作能力约65岁之后才开始出现衰退现象。表4-1是测量许多人的智力水平以后，计算出的智力变化平均数。不同年龄的智力衰退速度是不相同的，不过，智力水平高、受教育程度高的人智力衰退的年龄推迟，而且衰退的速度也较为缓慢。

表4-1　　**不同年龄的智力变化**

年龄（岁）	10 ~ 17	18 ~ 29	30 ~ 49	50 ~ 69	70 ~ 89
知觉（评分）	100	95	93	76	46
记忆（评分）	95	100	92	83	55
比较、判断（评分）	72	90	100	87	67
动作、反应速度（评分）	88	100	97	92	71
合计	355	385	382	338	239

智力测验是一种测量智力水平高低的方法，也就是通过智力测验来研究学生智力之间的差异。测量智力发展水平的高低，国外是通过智力测验并按照所得到的智商的高低来表示的。国外所规定的求智商的公式是：智商（IQ）$=\frac{\text{智龄（MA）}}{\text{实龄（CA）}}\times 100$。这里提高智龄的量度是根据拟订的若干组测验题，每组测验题都代表一定的年龄值，编制成智力测验量表。例如，一个实际年龄6岁的学生，如能答出6岁组的全套题目，而答不出7岁组以上的任何题，那么该生的智力年龄就是6岁，其智商是：6÷6×100=100，其他依此类推。智商在100上下者为

正常或中等，智商在130以上者为超常，智商在70以下者为低常或低能。智力年龄只能表示智力水平的绝对高低；而智商就能表示智力水平的相对高低。例如甲的实际年龄5岁，智力年龄6岁；乙的实际年龄10岁，智力年龄11岁；两个学生的智力年龄都比实际年龄大1岁，这就难以比较他们智力水平的高低。而如果标出智商就能比较出来：甲的智商=6÷5×100=120；乙的智商=11÷10×100=110，这就看得出甲的智力水平高于乙。智力测验作为人们认识智力、鉴定智力水平高低的一种手段，有一定的意义。但是应当指出，智商不是不可改变的。在良好的教学条件下，也能逐步地提高智商分数，智商的可塑性一般会受到以下条件的限制：①随着年龄的增长，智商的可塑性缩小。②智力各基本因素错过了发展时期，损失是不易逆转的。③基因的影响起着重要的限制作用。

2.学习动机的明确性

根据大学生学习动机的调查分析，广大学生的求知欲望比较强烈，学习动机十分明确，都是为了增长知识、提高修养、丰富人生、完善自我，主要是以学习的社会意义、人生价值作为学习的深层动力，主导学习动机不断明确。动机是多层次、可变化的，其中有一种动机起主导作用。这种主导动机往往决定并支配着人的行为活动，它认识越明确、水平越高，目标越明确、意志力就越强。大学生的学习动机是从中、小学时代的潜认识、短时期内的动机，逐步向自觉的、长远的动机发展；从抽象的动机逐步向具体的动机发展，从外在的动机向内在的动机发展，并且后者逐步成为主导的动机并为主体所意识。

3.自我调控能力的增强

大学教育与中学教育最大的区别之处，就在于学习的自由度较大，教师的身份更多的是学习的引导者。学生学习以自学为主，大学的教学内容多、信息量大、学时有限，老师在课堂上往往只是讲要点和思路，课后还需要学生通过自学去归纳、理解。因此，自学能力成为决定大学生学习效果的主要因素。除上课学习外，大学生约有40%的学习时间由自己来自由支配。学生可以利用自学时间阅读各种书籍，扩大和补充在课堂上获得的知识，以加深自己的专业知识或扩大知识范围，创新性发展自己。此外，为拓宽大学生的知识面，大学里还开设了人文、自然科学方面的选修课，大学生可以根据自己的需要、兴趣自主选择，这就要求大学生要具备较强的自我调控能力，合理安排自己的学习内容，选择适宜的学习方式，以便在有限的时间内获得较高的学习效益和自身的创新力。大学新生经过一段时间的适应，顺利地度过大学学习和生活的初期阶段，学习目的明确，动机内化，自我约束和控制的能力增强，为今后的人生发展打下良好的思想和专业文化基础。

二、学习态度问题及心理分析

学习是大学生的主要任务，也是大学生活中的主要内容。如何能圆满地完成大学期间的学习任务，掌握扎实系统的专业知识，为将来的工作和学习打下坚实的基础，这是每一个大学生都希望实现的愿望。但在现实中，几乎所有的学生都或多或少地受到过来自学习问题的困扰，我们将这些常见的学习问题分成学习态度问题和学习技巧问题分别进行讨论，并就其调适方法予以介绍。

学习态度问题主要是指愿不愿意学习的问题，包括由于学习动机不强、缺乏自信心、意志薄弱等引起的学习问题。

1.学习动机及其调适

动机是由某种需要所引起的有意识的行动倾向。它是激励或推动人去行动以达到一定目标的内在动因。大学生学习动机是直接推动学习的内部力量，是学习成功的原动力。有些学生总觉得对学习提不起劲来，一拿起书就觉得很厌烦，学习上拖拉、散漫，这些都是缺乏学习动机的现象。

学习动机一般分为两大类型：第一类，学习动机从作用持久性或暂时性来看，有间接的远景性学习动机与直接的近景性学习动机。间接的远景性学习动机是与社会意义相联系的动机，这是社会要求在大学生学习中的体现，如青年马克思为人类幸福而奋斗的人生目标是在中学时代确立的，早年周恩来“为中华之崛起而读书”的理想，毛泽东将理想称为“人生之鹄”；20世纪80年代大学生的学习以“为振兴中华而读书”，这些都与大学生的人生观、世界观有着密切的联系，具有较大的稳定性和持久性，能在较长时间内发挥作用。直接的近景性学习动机是与学习活动直接联系的动机，是由对学习的直接兴趣、对学习活动的直接结果的追求引起的，如大学生为了获得学位、通过某门考试而学习，其作用短暂而不稳定，容易受情景的变化而变化。随着大学生知识经验的积累和世界观的形成，学习动机更多地具有社会性，与未来的生活、工作理想紧密地联系在一起。这时，无论是与社会要求相适应的间接的远景性学习动机，还是与学习活动本身相联系的直接的近景性学习动机都发展到了一个更高级的水平，更加稳定、深刻而持久。

第二类，从内部与外部分为内在动机与外在动机。美国心理学家布鲁纳认为：内在动机是由三种内驱力引起的：①好奇的内驱力，这是一种求知欲，驱使学习者产生探究反射。②胜任的内驱力，这是一种求成欲，在取得学习成就时获得满足。③互惠的内驱力，这是一种个人与他人和睦相处、协同合作的需要。内在动机是学习者对学习活动本身感兴趣，学习活动本身就能使他获得满足，学习者无需外力推动而自愿学习。外在动机是由某些外部权威人士（家长、教师等）人为地灌输给学习者的，由外部诱因激发的竞赛、奖赏都属于外在动机。内在动机效应强且持久，而外在动机效应弱且短暂。大学生的学习动机以自己的意识倾向为核心并受其支配，这种较高级水平的自律性动机使得大学生的学习活动具有更高的自觉性。

2.学习动机对学习的影响

学习动机和学习的关系是辩证的，学习能产生动机，而动机又推动学习，二者相互关联。正如奥苏贝尔所说的：“动机与学习之间的关系是典型的相辅相成的关系，绝非一种单向性的关系。”动机可以增强行为方式促进学习，而所学到的知识反过来又可以增强学习的动机。

动机具有加强学习的作用，对大学生而言，学习动机在学习中发挥着重要作用。

一是，学习动机决定着学习方向。学习动机是以学习目的为出发点的，它是推动学生为达到一定的学习目的而努力学习的动力。没有明确的学习目标的学生自然不会产生动机力量，因此，学生首先要懂得为什么而学，朝着什么方向努力。

二是，学习动机决定着学习注意力。有研究表明，学习动机对学习活动的促进作用，主要是通过注意力的加强作为中介来实现的。学习不良的主要原因之一，就在于没有养成良好的注意力习惯，注意力广度不足，易于受分心刺激的影响；而学习动机强的学生往往能够迅速地使注意力集中于学习的对象。

三是，学习动机影响着学习效果。尤古罗格卢和华尔伯格考察了大量的关于动机与成就关系的研究报告，分析了其中232项动机测量和学业成就之间的相关系数，发现其中98%是正相关的关系（估计平均相关系数是0.34）。该调查覆盖面为1～12年级的学生共637 000人，是有一定代表性的。这一相关表明，高动机水平的学生，其成就也高；反之，高成就水平也能导致高的动机水平。心理学家洛威尔在一项实验研究中，比较了成就动机强度不同而其他条件相同的两组大学生的学习效果，他给两组大学生被测试者的任务是要求他们把一些打乱的字母组成词（如将b、a、n、k组成bank），19名成就动机强的大学生在完成学习任务中能不断取得进步，而20名成就动机弱的被试者进步缓慢，且有倒退现象。

3.影响大学生学习动机的主要原因

第一，学生的自身需要与目标结构。在社会实践中，由于每个人的生活和经历各不相同，形成了个人独特的需要和认知事物的方式。由于每个人在学习需要的强度和水平上不尽相同，反映在学习上动机的强度和水平也就有很大的差异。

学生树立的目标不同，形成的目标结构不同，影响着学生的动机和学习。如果目标是明确的、中等难度的、近期可达到的，那么便会加强学生的动机和学习完成任务时的持久性，这是由于明确的目标提供了判断行为的标准，中等难度的目标提供了一种挑战，近期可达到的目标不会被日常事务所干扰。在课堂上，学生们常常有两类主要的目标——以掌握所学内容为定向的掌握目标和以成绩定向的成绩目标。拥有掌握目标的学生，不管他们犯多少错误或遇到多大的困难，仍能坚持学习、钻研，他们往往主动地寻求挑战，不断地提高。他们主要关注的是掌握所学的内容，而不在意他们的得分及与班上其他人的比较。而拥有成绩目标的学生，则将注意力集中于他们的行为表现及别人对他们的评价上。他们评价自己的学习行为时，不是在意自己学到了什么或自己付出了多少努力，而是在意别人怎样看待他们以及他们的分数在班上的位置。这类学生往往尽量避免出错，避免挑战，不敢冒险，知难而退。两种目标指向者在归因和坚持性上也具有不同的特点，掌握目标指向者在完成活动中具有较强的坚持性，而成绩目标指向者的坚持性较差。在归因方面，掌握目标指向者倾向于将成功归因于学习方法，成绩目标指向者倾向于将成功归因于运气、能力和课题，而将失败归因于任务的难度和运气。所以，掌握目标指向的学生具有内归因的倾向，成绩目标指向的学生具有外归因的倾向。

第二，学生的性格特征和个别差异。学生本人的兴趣爱好、好奇心、意志品质都影响着学习动机的形成。比如，所学专业如果与个体的爱好兴趣相去甚远时，就很容易使其在学习时感到疲乏和厌倦，从而减弱学习动机。又如，对于一个意志不坚的大学生而言，如果在以往的学习过程中经常遭受到挫折与失败，就会引起痛苦和沮丧的情绪，挫伤学习信心，导致学习动机减弱以致消退。此外，成功与失败对不同学生的作用不同也反映了个别差异。成就动机对学习动机也有影响，趋于进取、力求获得成就的人会有更强烈的学习动机；而力求避免失败的人则相对学习动机较弱，这在一定程度上反映了个别差异。

第三，学生的志向水平和价值观。学习动机与理想是紧密联系的，因此，学生整个人生观、世界观、价值观所直接反映的理想情况或志向水平影响着学习动机和目标结构的形成。高尔基曾说过，一个人追求的目标越高，他的才力就发展得越快，对社会就越有益。因此，要培养大学生为人民的利益而学习的责任感、义务感，把个人的理想同国家现代化大业联系起来，树立为振兴中华而学习的理想。把祖国的需要、人民的需要放在首位，把这种社会的需要转化为内在的学习需要，从而增强学习动机。

第四，家庭环境与社会舆论。不同的社会条件、家庭背景对学生的不同要求，导致大学生的学习动机有差异。首先是社会要求通过家庭对学生的动机起影响作用。例如，封建社会中，读书人普遍具有追求功名富贵的学习动机；我国十年动乱期间，由于对知识分子不公正的待遇，普遍产生的“读书无用论”，这些无不反映出社会舆论对学习动机产生了巨大的影响。此外，在学生学习动机形成过程中，家庭的文化背景、精神面貌也起着极重要的作用。国外有许多心理学家研究“家长的态度对学生学习成绩的影响”。美国心理学家凯尔和赫尔赛对两组打算上大学的男孩进行调查研究和互相比较，目的在于找出两组学生学习动机上的差异及其与父母态度的相关性，结果发现父母的期望与管教具有相当大的影响。

第五，教师的人格力量。学习动机是有明显感染力的，教师的人格魅力在学生学习动机形成中具有很大的激励因素。如果教师本身治学严谨、学而不厌，以极大的热情和兴趣从事他的专业和教学，就会给学生留下极深刻的印象。相反，如果教师对他的工作表现出厌烦和冷淡，这种情绪也会潜移默化地影响学生的学习兴趣。教师的教学态度和自身的素养具有榜样作用，也是沟通社会、学校的要求与学生的健康成长，形成正确动机的纽带。我们要善于把各种外部的影响因素和学生自身的内在气质结合起来，积极促进大学生学习动机的培养和发展。

4.学习动机的激发

作为大学生，其实每个人都有学习需要，只是由于个体所处的客观环境对人的要求不同，致使人的学习需要存在一定的差异。学习动机的激发是指利用一定的诱因，使已经形成的学习需要由潜在状态变成活动状态，形成学习的积极性。

第一，提高对学习的认识。了解学习的意义所在，是激发大学生学习动机最直接有效的途径。只有认识到学习的重要性，才可能增强学习动机，才能够提高学习效率与成绩。知识就是力量，大学生要充分认识到，未来社会的发展对知识的需求将会越来越强烈，知识的价值将越来越得到体现；国与国之间的竞争实际上就是人才的竞争，而在社会上人与人之间的竞争实际上就是知识与能力的竞争。意识到学习对社会发展以及个人自我实现的重要性，了解到学习的重要价值，就会促进我们对学习的责任心和使命感，学习动机就会更为强烈。因此，大学生要积极参加一些社会实践活动，了解自己的专业对社会的贡献，并在实践中运用知识、发现问题，这样往往会增强学习动机。

第二，学习兴趣的培养。对所学专业厌倦，学习中无精打采，很少感受到学习成功所带来的快乐，是学习动机缺乏的学生的常见表现。爱因斯坦说："真正有价值的东西并非从舒心或责任感产生，而是从人对客观事物的热爱与热忱产生，热爱是最好的老师。"兴趣能让我们有选择、积极愉快地去探究某种事物或进行某项活动。表现在学习方面，就是对某一学科、某类书籍、某项活动特别喜欢，学习起来不知疲劳，常常会自觉或不自觉地进入一种迷恋状态，甚至达到孔子所说的"发愤忘食，乐以忘忧，不知老之将至"的境界。法布尔从小对昆虫活动产生了兴趣，激发了他终身研究昆虫的志趣，写下了共十卷的巨著《昆虫记》，为昆虫学研究作出了巨大的贡献。在学习过程中，学习兴趣与学习效果之间有着密切的关系。浓厚的学习兴趣可以使学生对学习充满热情，能主动克服各种困难，全力以赴地实现自己的学习愿望。如果对学习不感兴趣，仅仅由于强制而求知，则味同嚼蜡、苦不堪言。拉扎勒斯等人的研究表明，兴趣比智力更能促进学生努力学习。他将被测试者按照智力和兴趣分为智力组和兴趣组，智力组学生平均智商120，但对语言的阅读和写作缺乏兴趣；兴趣组学生的平均智商107，但对于语文的阅读和写作很感兴趣。学期结束时，兴趣组的成绩远远超过智力组。

兴趣是学习动机中最现实、最活跃、带有强烈情绪色彩的因素。值得指出的是，学习兴趣并不完全是天生的，是可以通过后天培养的。培养兴趣的途径有以下几种：

1. 积极的自我强化。在我们生活中的众多行为中，那些导致对自己有利的结果的行为会不断地被保留、不断地被重复。操作性行为所导致的令人高兴的结果使这种行为不断增加的现象叫做"强化"。所谓自我强化通俗地讲就是自己奖励自己。在学习的时候，如果你取得了一定的成绩，或者达到了你预想的目标，没人表扬你也会很高兴，成绩本身就会成为学生继续学习的激励。试想一个数学不好的学生，考试之前突然下决心考好，下苦功夫复习，结果取得比以前好得多的成绩。努力的成果本身会积极强化他的行为，同时也会得到老师的表扬，受到同学的注目。这样，他在下次考试的时候也会努力学习，数学成绩就会渐渐提高起来。积极强化可以同时产生“学数学真有乐趣”“真盼着下一次考试”这种良效。而对数学的自信又会较容易地迁移到别的学习科目上，从此努力学习。

2.运用积极的自我暗示。暗示既能产生正面影响，也能产生负面影响。每当学习时，满怀热情，充满自信，心情愉快，自言自语地说：“这门功课很有用，这门功课很有意思！”“我一定能学好它！”“我对这门课充满兴趣！”在头脑中浮现获得学习成功的愉快情境和生动形象；将暗示训练与实际学习活动结合起来，就是说带着训练产生的愉快心理去学习，效果就会好。如此长期反复练习，就会形成信念，使之嵌入潜意识，发挥意想不到的学习效果。

3.带着问题去学。抓住本学科中一些没有定论的、有争议的问题，广泛搜集资料，通过独立思考，提出自己的看法，这往往会使你对此学科产生强烈的兴趣。

4.积极主动地参与学习实践活动。学生应该尽可能多地参加学习活动来激发学习兴趣。比如我们现有的实验课、实习课等，都是很好的学习实践。学习实践既能动手操作，又能积极思考解决问题，多练习、多实践，使基础知识和基本技能不断加深和拓宽，从而可以激发求知欲，培养学习兴趣。

第三，学习目标的确立。学习目的是指学生进行学习所要达到的结果或实现的目标。学习动机作为促使学生达到学习目的的动因，总是以某种学习目的为出发点的；只有树立明确的学习目标，才能产生强烈的学习动机，保持高度的学习自觉性。因此，学习目的作为产生和保持学习动机的因素，在学习行为中起着重要的指导作用。

人有了明确的学习目的，学习就有了动力。这是因为，动机总是在个体意识到自己有某种需要，并且又发现了可以满足自己需要目标的情况下才激发起来的，没有行为目标也就无所谓动机。行为目标作为对行为结果的一种预想，其意义和价值就决定了动机的意义和价值。目标远大、高尚，可以最大限度地满足个体的需要，就会产生较大的激励力量和内在动机，推动人们坚持不懈、全力以赴地去追求。有位美国研究人员做过一个调查，他对一所大学的毕业生是否有明确、特殊的个人发展目标进行调查，发现只有3%的人有这种目标。20年后，再对他们进行调查，发现这3%有明确目标的人所获得的成就比其余97%的人所获得的成就之和还要多，这就是目标的力量。

学习目的有远大与短近之分，远大的学习目的是建立在社会需要的基础之上的，例如“为祖国富强而学习”。短近的学习目的是与学习的具体活动或具体教学要求相联系的，如准确理解某个词的含义就是课堂教学要求的反映。大学生在学习过程中，既要有长远明确的目标，又要有短近具体的学习目的，后者是有效地完成学习任务，从而成功地达到远大学习目的的关键。确定具体的学习目的时，应掌握三个原则：一是求近不求远，要完成某项学习是眼前的事而非指向未来的学习目标。二是具体明确而非笼统模糊，没有明确的学习目标，就不能做到有的放矢；三是分析个体情况，制定具体的学习目标，具有适中的挑战性。

三、自信缺乏及其原因

缺乏自信是前来咨询的同学经常反映的一个问题。缺乏自信也就是我们常说的自卑，所谓学习中的自卑心理就是一个人对自己的智力、学习能力及学习水平作出了偏低的评价，总觉得自己不如别人、悲观失望、丧失信心等。正如荷兰哲学家斯宾诺莎所说，由于痛苦而将自己看得太低就是自卑。

1. 自信在学习中产生的作用

自信心是个人对自己信念、能力和力量的认识和评估，相信自己有能力面对现实解决问题，获得成功。自信使人面对失败、挫折、厄运毫不动摇，面对外部压力不怯懦，使人自强不息、积极进取，这被看成是成功的第一秘诀。

自信是获得学习成功的关键。在我们身边总能看到这样一些学生，他们畏惧学习，没有信心，越学越认为自己不是学习的料，总觉得自己笨，在如此缺乏自信的情况下是根本不可能搞好学习的。日本教育学家田崎仁经过调查分析后发现，学生成绩差的原因“约有1/3是由于缺乏自信”。自卑和缺乏自信，使人的大脑功能、身心活动和交往活动都会受到严重束缚，也会大大减弱自己的生命力，原有的聪明才智就不能得到正常发挥。有人曾做过这样一个探讨自信心与能力发挥之间关系的实验。实验对象为智力和知识水平大致相同的学生，将他们分为三组，让他们做难度相同的作业。在做作业之前，实验者对第一组只进行一般说明；对第二组在一般说明之外，还告诉他们：“我了解你的能力，下面的作业对你们来说有一定的困难，但经过努力你们有能力完成。”而对第三组进行一般说明之后，对他们说：“今天交给你们的作业超出了你们现有能力所能达到的限度，你们中的大多数人都不能解决，不过你们尽力而为吧。”实验结果：第一组完成作业的人数为50%，第二组为80%，第三组还不到30%。从实验结果不难看出，第二组和第三组有很大差别，之所以有这么大差别的根本原因是由于指导语不同，致使学生对待作业的信心不同。给第二组学生的指导语增强了他们完成作业的自信心，而对第三组的指导语则使学生丧失了完成作业的信心。由此可见，自信心可以使学习能力得到较好的发挥。

2. 造成学生学习自卑心理的原因

（1）对自己认识不足，过低估计自己。通过调查，有学习自卑感的学生大部分性格内向，这些人感情脆弱、体验深刻、多愁善感，而他们又多数愿意接受别人的低评价而不愿意接受别人的高评价，易拿自己的短处比别人的长处，因而总是觉得自己不如别人，越比越泄气，就会产生自卑感。

（2）消极的自我暗示抑制了自信心。青少年特别注意自己与别人的关系以及别人对自己的评价，因而自我意识和自尊心比较强，多思善虑。性格内向的人因自我认识不足，常常觉得“我不行”，由于事先有了这种消极的心理暗示，就会抑制自信心，增加心理压力，在学习中缩手缩脚，处于消极防范的紧张状态中，唯恐当众出丑。

（3）挫折的影响。有的同学经过几次考试失败后，就觉得自己是个“低能儿”，特别是对学得差的学科，一提考试就胆战心惊、垂头丧气。性格内向的人感受性强烈而其意志的耐受性低，遇到这些学习中的挫折就容易变得自卑。自卑是一种性格上的缺点，是一种消极的心理状态，是继续学习和实现理想的巨大障碍，它容易使大学生在困难面前望而却步，不战而败，严重者甚至会颓废、落伍、心态扭曲，危害很大。

四、克服自卑心理的方法

人的自信和自卑不是天生的，而是后天习得的，它是个人主观的产物。自信和自卑有两个特点。第一，它们不是固定不变的，自信与否因人而异，即使是同一个人也随时间和情境的不同而变化，有时充满自信，有时又满怀自卑。第二，自信与否完全是个人感受的主观体验，它不是客观的东西。鉴于自信的主观性特点，培养自信心的主要对策就是强调学生的主体性，认识学生具有的巨大潜力，发挥学生的积极性和内在动力。

1.正确估计自己，培养自信心理

造成自卑感的一个重要原因就是对自己认识不足，过低估计自己，因而要克服自卑心理，就要先解决思想认识问题。尺有所短，寸有所长，每个人都有长处和短处，因而我们要学会全面地、辩证地看待自己。对于有自卑心理的人来说既要正视自己的短处，也要挖掘自己的长处，发挥自己的长处，扬长避短，以提高自信心，提高自我评价的能力，克服自卑感。

美国心理学家布鲁姆和他的助手们经过对许多少年儿童的实验观察、追踪研究，得出以下结论：“除了百分之一、二的超常儿童和百分之二、三的低常儿童外，百分之九十五以上的儿童在学习能力、学习效率、学习动机方面，并无多大差别。”他们肯定地说：“只要有适合学生个别特点的学习条件，世界上的知识是任何一个人都能学会的。”大学生大都是经过各方面严格筛选进入大学的，因此每一个人都没有理由自卑，要正确评价自己，相信自己的能力，走出自卑阴影。

2.与自己较劲，选准突破口，获得一次成功

自卑者的一个口头禅是“我不行”，要克服自卑感就要避免这种消极的自我暗示，要自己给自己鼓劲，“我行，我一定能行！”并在导致自己自卑的学习问题上选一个突破口，获得成功的心理体验，这也是成功消除自卑感的一个重要手段。

3.积极补偿，以勤补拙

所谓补偿就是发挥自己的长处弥补自己的短处，数学家华罗庚说：“勤能补拙是良训，一分辛苦一分才。”因而，有些自认为智力差的人，为了使自己的成绩达到和别人同样的水平，就应付出比别人更多的劳动来“补偿”自己先天的不足。

4. 克服学习无助感，提高自我效能感

20世纪60年代，心理学家以狗为研究对象，进行了一项实验，他们发现了一个奇怪的现象。该实验分为实验组和控制组，其中实验组分成两个阶段进行：第一阶段将狗置于一个完全无法逃脱的情境（如拴在架子上或置于笼中），然后施以电击，电流强度以引起狗的痛苦，但不至于伤害其身体为度。电击引起狗的惊叫和挣扎，但一直无法摆脱电击。第二阶段将狗置于中间立有隔板的笼中，隔板的一边地板有电击设备，另一边则无，隔板的高度是狗不费力即可跳过去的。除了开始电击之初的半分钟之内惊恐一阵儿外，狗就一直躺卧在地板上，接受电击的痛苦，纵有逃脱的机会也不肯去尝试。而控制组的狗只进行了第二阶段的实验，省略了第一阶段，所有的狗都能逃脱。此研究是针对学习无助感的研究，当个体（或动物）被目前变化的环境完全控制时，个体的认知功能势必因无法解决困难而解体。如果这种情况长期延续下去，个体将因无法克服焦虑、恐惧、痛苦的压力而丧失求生斗志，放弃一切追求，进而陷入绝望的心理困境，此种绝望心境被称为学习的无助感。

第二节　学习意志的培养

我国荀子曾言“骐骥一跃，不能十步；驽马十驾，功在不舍。锲而舍之，朽木不折；锲而不舍，金石可镂”，这说明顽强的意志、持之以恒的毅力是取得成功的必备条件。有的同学意志比较薄弱，在学习上遇到一点困难就轻易放弃。遇到难题不是独立思考，而是先急于求人帮助；制订了学习计划也不能执行，一次没考好就从此一蹶不振等等，这些都是意志力薄弱的表现。只有意志坚强的人，才能战胜学习中的一切困难，取得学习的成功。

一、意志在学习中的重要作用

意志是人为了达到一定的目的，自觉地组织自己的行动，并与克服困难相联系的心理过程。意志具有目的性、调控性、坚定性和自觉性等基本特征，是人在实践活动和学习活动中积极主动性的表现。积极的意志品质能给人以力量、鼓舞人的斗志，使人具有勇敢顽强的精神，战胜前进道路上的一切艰难险阻，不达目的誓不罢休。所以坚强的意志是人们搞好工作和学习不可缺少的心理品质。我国著名数学家陈景润在没有电灯、阴暗潮湿的6平方米的斗室内，进行着艰苦的研究工作，尽管环境和生活条件十分恶劣，尽管他身染多种疾病，但仍专心致志地向“哥德巴赫猜想”这个科学的“城堡”挺进，取得了震惊世界的重大成就。结果表明：学生的意志品质与其学习成绩之间存在着一定程度的正相关关系，良好的意志品质对学生的学习活动有重要的促进作用。顽强的意志是提高工作和学习效率的一个重要的心理条件。意志活动在克服困难的过程中，全面动员个体的知识、技能、能力、情绪和体力来战胜困难，达到预期目的。意志活动常常表现出个体的体力和脑力活动的紧张性。由于紧张性使个体保持着充沛的精力和体力，充分调动和发挥各种智力因素和非智力因素协同作用，从而提高了人的工作和学习的效率。

二、学习意志薄弱的原因

当代大学生为什么容易出现意志薄弱呢？从成长历程来看，原因主要存在于家庭、学校和个体自身三个方面。

1.意志品质欠佳，个人成长的家庭环境要负主要责任

现在的大学生大多数是独生子女，在家庭中处于中心地位，父母及其他亲人的关怀集于一身，加之物质生活条件日益改善，家长舍不得让孩子受任何苦，于是，很容易就忽略了孩子的意志力培养。

2.学校教育对个体的意志成长也起着重要作用

虽然学校教育对学生的意志发展提出了一定要求，也采取了一些培养措施，如通过完成学习任务、劳动任务或参加集体活动、体育锻炼等形式来培养学生的意志品质。但是，从总体上来看，学生仍旧是处于被动地位，他们服从老师的指示，接受老师和家长的督促，即使表面上行为符合了教育者的要求，而内心却并不一定真正理解、接受这些要求。一旦有机会脱离了老师与父母的管制，他们就会投机取巧、敷衍了事或放弃对自己的责任。此外，学校教育存在的弊端也是一个重要原因，以考试为中心的灌输式、指令式的教学，让学生只懂得机械地服从老师的指示，把学校里的一切事情仅仅当做必须完成的任务，或者单纯地把完成任务作为获取表扬和荣誉的手段，很少与老师、家长交流自己的感受与想法，从而未能深刻领会教育对自己身心发展的重要意义，也就不能把学习转化为自觉的行动。因此，许多在中学阶段学习刻苦、表现优秀的学生，进了大学校门之后，很快变得懒惰、松懈，得过且过，不思进取。为此，付出的代价往往是第一学年一门或几门功课不及格，或者是整个大学期间都在混日子，毕业时感到各方面的收获寥寥无几，这无论对个人还是对社会都是一个重大的损失。

3.除了家庭与学校方面的原因之外，大学生对自身的意志薄弱也负有责任

首先是依赖心理，总指望能有人来帮自己做、帮自己想，自己就可以少出力、少费脑筋。其次是侥幸心理，认为求学期间也没有什么大不了的事，只要学习成绩说得过去就行了，加上自我感觉个人的智力、家庭的条件都还不错，前途大约不成问题；再次，有畏难心理，只想成功，不想失败，只想稳稳当当、舒舒服服，不愿面对挑战与磨练。因此，也就缺乏勇气去追求较高的目标，或者对成功只停留在幻想当中，如同人们常说的：常立志，但不能立长志。最后，当不少大学生逐渐认识到自己的意志品质不佳，妨碍了自己进一步发展时，却苦于没有好的办法帮助自己消除各种意志障碍。因为“冰冻三尺，非一日之寒”，长期以来形成的依赖、被动、盲从、畏缩、动摇、放任等习惯，要转变为独立、主动、自觉、进取、坚定和自制，并非可以一蹴而就。要达到这个目标，必须经过思想观念的彻底转变以及行

为方式的重新建立。

四、学习意志力的培养

人的意志力不是与生俱来的，而是后天在社会生活过程中逐渐形成的。在学习过程中应坚持从以下几个方面来培养坚强的学习意志品质。

1.在学习上要从解决小问题开始

高尔基曾说过："哪怕是对自己的一点小小的克制，也会使人变得刚强有力！"培养意志应该从小事做起，不要以为是小事就不屑一顾，这恰恰最能反映一个人的意志，大学生处于掌握知识阶段，可以从解决学习上的一些小问题开始锻炼自己的意志。如遇到一道较难的题目的时候先克制想放弃的念头，反复思考解决的方法，或给自己下死命令不完成就不能离开教室等。从小事做起，从一道难题、一门不感兴趣的课程开始培养，从现在做起并持之以恒，这样才能真正培养出自己意志坚强的良好品质。

2.要自主地承担挑战性学习任务

任务过于简单、过于容易，激不起克服困难的力量，没有锻炼意志的价值；但是，要量力而行。对于挑战性太艰难，无法通过自己的努力而达到成功的，同样也培养和锻炼不了自己的意志。为了培养锻炼意志，应有意识地去完成一些力所能及而又有一定的难度的任务。例如，对外语学习的目标确定为通过四级，这样的任务就比较恰当；而外语基础好的学生，则应将目标确定为通过六级、参加托福考试或更高一级的考试等等。在学习过程中，提倡大家积极努力地去确定适合自己、经过努力有可能达到的学习目标，进行有一定难度的挑战，这完全可以达到锻炼意志的目的。

3.坚持参加体育锻炼

体育锻炼是锻炼意志品质的好方法，如长跑，如果没有一定的意志力是很难坚持跑下来的，爬山、游泳、足球、俯卧撑、跳绳、篮球等体育项目，都对培养人的意志力有着良好的效果。

第三节 学习方法和技巧

学习问题主要是指解决学习的方式方法、技巧等问题。

一、学习的方式方法

做任何事情都要讲究方法，有些同学很刻苦、很勤奋，花了大量的时间和精力在学习上，不去分析，不会综合，结果心身疲劳，成绩并不理想。持续地采用这种低效的学习方法，例如，写就不停地写，背就不停地背，某种单一的活动方式反复使用，最终会引起大脑皮层某一部位的疲劳。巴甫洛夫就曾指出过这种学习方法的缺点，他说：“一切的人，尤其是不具有坚强的内在生活的人，在受到单调刺激的场合，不管是什么地方，什么时间，都会不可避免地陷入瞌睡和睡眠。”

（一）科学学习方法遵循的一般原则

1.系统学习的方法

系统学习有四种层次，从低到高依次为：

（1）树状结构。最初，可以从书的目录中理顺树状结构的大轮廓。其次，心中有了这种轮廓后，对书本以最快速度阅读。自己在心中找出脉络，归纳总结重点，有所取舍。对第一层分支（章）了解以后，可以理出第二层分支（节），掌握的标准是能够离开书本有条理地口头复述。第三层分支一般是指每一个知识点的概念、定义、特点和状态描述、适用范围、来由和出处、引申和发展、分支、作用、交叉归属、历史和方向这几个方面。在看书的时候就要不断地提问自己这些问题，为自己找到答案。如果这些问题在教材上讲得不具体、不全面，可以到图书馆或书店查阅相关的材料，或和同学探讨，也可以询问老师和经验丰富的人。发现有含糊、不明确的部分要尽快翻阅教材或相关资料，把不清楚的地方再看一次，掌握的标准是能够清晰地用自己的语言表述。初学者可参照课本的目录理顺关系，系统学习法用得熟练以后，应该是自己归纳总结出树状结构。

（2）网状联系。在学习的时候，应该有这样的观念：任何学习的内容，都是相互联系、相互作用的。而任何考试的出题都不过是这些关系的形式转化（变形）、叠加而已。因此，第一步就是找出各部分间的直接联系，把网络结构初步地建立起来。但是有些部分和其他部分并不一定能够建立直接的联系，那么还需要发掘第二层、第三层关系。要明确各部分之间的关系以及能够熟练综合运用。这个阶段掌握的标准是能够把大的网络通过适当的语言充分地表述出来，能够让别人通过你的叙述听懂这些关系。

（3）由点及面。由于各部分间存在着联系，由每一个部分都可以拉起树状结构。每一个部分都可以是中心，都可以是基础，都可以充分有效地发散开来让其他部分为其服务。

（4）引申扩展。将已学到的知识引入其他学科或生活实践，这样，学习一门学科知识可以提高对其他学科的认识境界。在我们碰到一个学习内容的时候，就应该力图将它统一到自己已经掌握的知识体系中。学科之间并不是割裂的，如果能够做到融会贯通，我们将会迅速提升知识掌握的境界。

2.学会总结归纳的方法

每通过一个阶段的学习，要及时进行自我反思、自我评价。每当读完一本书，要对全书作一次回顾；一个学期或一个学年结束，要对全学期或全学年作一次回顾总结；学完某一学科的全部课程，也要进行全面的评价。从总结、自测、评价中全面分析、了解自己的进步与不足，确定继续努力的方向。其中包括很多方面，如：学习目的和方向是否明确；学习态度是否端正；对所学知识的理解和掌握情况如何；有何体会和见解；所学知识中哪些能自如地应用于实践，哪些则不能，为什么；在能力和技能方面有哪些提高；是否具有分析问题、解决问题的实际能力；学习方法和途径是否切实可行，有哪些成功的经验和失败的教训；有哪些规律性的东西可以用来指导今后的学习；学习后感到有哪些薄弱环节和不足；今后怎样加深加固和提高等等。总结提高常用的方式有：以文字形式总结、评价，找出主要经验、体会和教训；考核，包括作业、考试与实习等形式；实践，它既是学习的最后归宿，也是学习的评价手段。最重要的一点是，学会总结别人的好经验，“取别人之长，补自己之短”。

3.循序渐进的方法

由易到难，由已知到未知，这是积累知识的客观规律。循序渐进就是按照科学知识的逻辑体系和学习者本身的智能发展水平，有计划、有步骤地进行学习。现代科学技术在飞速发展，社会急需各种人才，知识掌握越多，人才成长就越快越好。但是从知识掌握的过程和基本规律来看，又必须持之以恒、日积月累。循序渐进的基本要求是：①学习要掌握学科知识结构，要按照学科的严密系统和层次，由浅到深、由点到面地逐步进行。尤其要注意新旧知识之间的联系。掌握、消化了前面所学的知识，再学习后面的新内容。②学习要遵循人的认识规律，一步一步地进行。现代科学技术，内容庞杂，不可能一下子就能掌握所需要的所有内容，书要一本本地读，实验要一项项地做，事物的奥秘要一步步地探索。应该先选择急需的，认准一点抓住不放，逐步衍生，向纵深发展。③遵循自己的智能发展规律，实事求是，量力而行，逐步建立适合自己的认识结构，不可超越自己的实际情况，盲目地追求不可能达到的目标。④学习要遵循知识积累的规律，从质到量，逐步提高。积累在于持之以恒，日积月累。总之，循序是方法，渐进是目的，循序不等于作茧自缚，渐进也不能畏缩不前，只有克服这两种片面性，才能很好地达到循序渐进的要求。

（二）学习方法的确定

学习方法是指个体接受和保持新的信息和技能的方法。例如，当新信息出现时，有的人看到后写下来记得清楚；有的人则是听到后，记得更清楚；还有的人只有实际用过后，才能记清楚。因此，学习方法是与个人接受、储存并运用知识或能力有关的环境、情绪、社会、身体和心理因素的结合。个人的学习方式是由先天遗传特性和后天的经验与环境共同决定的。学习是一种个人的活动。在大学的学习方法因大学里的专业性、阶段性、自主性、探索性等特点，而有别于在中学的学习方法，大学生必须结合自己的实际寻求适合的学习方法。

1.根据个性特点来选择学习方法

每个人都有自己独特的个性，个性不同则学习方法亦应不同。例如对性格外向的同学来说，他们活泼好动，注意力转移快，思维敏捷，反应迅速，但坚持性差。因此就不必强迫自己整天埋头复习，应用“交替学习法”，不断交换大脑优势兴奋中心，该玩时就玩得痛快淋漓，该学时就“两耳不闻窗外事”，必要时就用意志来约束自己。而内向型的同学则沉着稳重，感知事物细腻，思考问题有深度，学习认真、持久，但思路不宽，领会知识速度慢。这就应在发挥自己优势的同时，培养自己的发散性思维，开阔视野，拓宽思路，多与同学交流讨论。

2.根据思维的状态来选择学习方法

在日常的学习生活中，我们常常会遇到这样的现象，即在某些天或某些时刻，精神愉快、思维清晰，学习状态特别好；而在某些时期或某一时刻却精神不振、注意力分散，学习效率降低，这实际上是个体生物节律在起作用。早在20世纪60年代，科学家就开始研究个人在不同时间的思维效力与个体生物节律的关系。奥地利泰尔其尔教授在对数百名高中和大学生的考试成绩进行研究后指出，人的智力是以33天为波动周期。后来又有人研究发现，体力的盛衰以23天为周期，情绪波动则以28天为周期。不仅如此，同一天内不同类型的人有着不同的机能节律变化。“猫头鹰”型学生晚上学习效果好，“百灵鸟”型的学生则在清晨学习效率高，我们应根据这些变化特点，采取不同的学习方法。思维进入最佳学习状态时，就把最重要的功课或难题放在这个时间去复习、思考、背诵等。思维处在低潮时，可进行一些阅读、浏览、整理笔记、练习绘画等活动。可见，利用生物节律，是保持良好精神状态从而有效学习的一个重要因素。

3.根据不同学科来选择学习方法

各门学科都有其独特的规律，都有其基本的学科结构，因此在学习时，要掌握各门学科的基本知识结构，各个结构又有些什么内容，怎样把它们联系起来。总之，方法的选择要因学科而异。

二、提高记忆力

学习记忆力减退是许多大学生感到头痛的问题，它不仅直接影响学习的效率，而且还会影响学生学习的兴趣和情绪。

（一）记忆力的减退

（1）不良的学习和生活方式，如饮酒、熬夜、大量吸烟等容易导致记忆力下降。

（2）学习动机过强，严重的学习焦虑、紧张、烦恼等也会影响记忆力。

（3）记忆不当，不了解记忆规律、死记硬背等，会影响记忆效率。

（4）注意力不集中，精力过于分散也不利于记忆效率。

（二）提高记忆力

1.保持良好的情绪状态

心理学家研究认为，愉快的心情会引起人体内的一系列生理变化，如肌肉舒适放松，心脏有规律地跳动，体温略上升等。这些愉快的体验会引起身体的快感，在这种状况下学习，记忆效果会显著提高；而在不愉快的心情下，心律会加快，血压升高，结果使人的精神不集中，记忆效果也不佳。

2.掌握最佳记忆时间

人体的各种生理和心理功能每天随着时间的推移做规律性的运动。根据科学家研究，人在一天当中，生物机能7：00—10：00，逐渐上升，10：00左右精力充沛，处于最佳工作和学习状态，之后趋于下降；17：00再度上升，到21：00又达到高峰，22：00过后便又急剧下降。然而具体到每个人，又不完全相同，因为每个人每天学习的最佳时间与其长期养成的学习、生活习惯有很大关系。为了提高记忆效果，大学生应注意观察自身生理的细微变化特点，掌握了解自己用脑的最佳时间，把重要内容放到最佳的用脑时间去学习。

3.动员多种感官参加学习和复习活动

这是巩固记忆、减少遗忘的有效办法。不管是背英语单词还是公式概念，都要听、读、写、用并举，让耳、眼、嘴、手都参与，沟通大脑皮质各部分之间的联系，以加深记忆。

4.遵循记忆规律，掌握科学记忆方法

（1）了解遗忘规律，及时复习。记忆与遗忘总是相伴出现的，19世纪末德国心理艾宾浩斯对遗忘现象作了系统的实验研究。他以自己作为被试者，用无意义的章节作材料，实验记忆后不同的时间间隔内遗忘的情况，得出了如下数据（见表4-2）：

表4-2　　不同时间间隔的记忆成绩

次　序	时距(小时)	保持的百分数	遗忘的百分数
1	0.33	58.2	41.8
2	1	44.2	55.8
3	8.8	35.8	64.2
4	24	33.7	6.3
5	48	27.8	72.8
6	144	25.4	74.6
7	744	21.1	78.9

根据这些数据，艾宾浩斯绘出了著名的遗忘规律曲线（见图4-2）。

遗忘的规律是：先快后慢，先多后少。因此，要克服遗忘就必须及时复习。复习的原则是及时、持久，当天学习的内容当天就要复习，此后随着时间的推移可以逐渐拉长复习的时间间隔。

（2）不断变换记忆的起始位置。肯斯雷实验研究的结果发现，记忆内容首尾容易记住，中间容易遗忘，材料越无意义这种现象越明显。研究者先让被试者按一定顺序学习一系列的单词，然后让他们自由回忆，也就是说，不必按照他们学习的顺

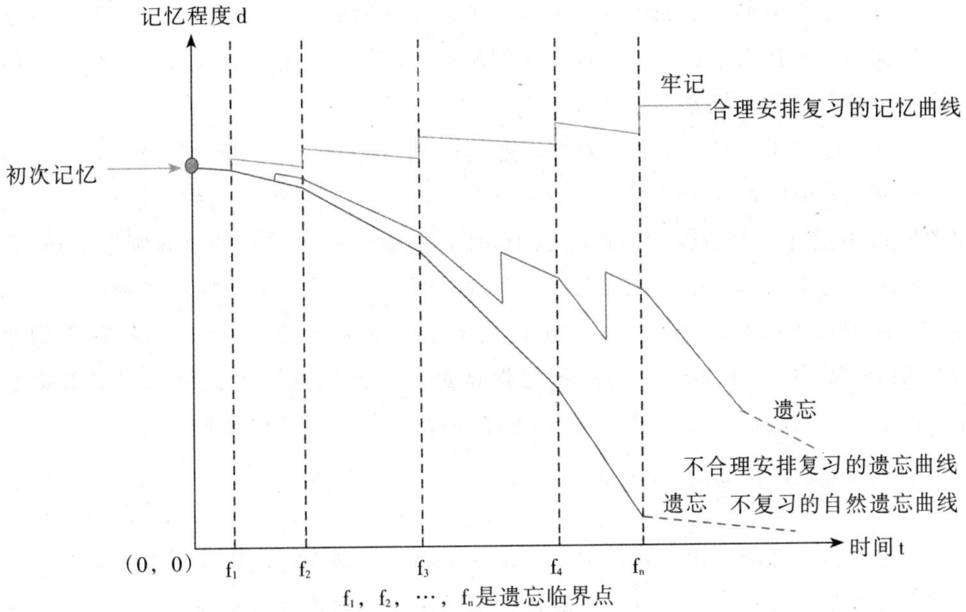

图4-2 艾宾浩斯的遗忘规律曲线

序回忆出来，想到哪个单词就说出哪个单词。结果发现，最先学习的和最后学习的单词回忆成绩较好，而中间部分的单词回忆成绩较差，这是因为中间学习的单词受前摄抑制和后摄抑制两种影响之故。先学习的材料对识记和回忆后学习材料的干扰作用称为前摄抑制。后学习的材料对保持和回忆先学习材料的干扰作用称为后摄抑制。如学习一篇课文，一般总是开头和结尾的部分容易记住，中间部分识记后也容易遗忘，其原因在于中间部分受到前摄抑制和后摄抑制两种干扰。

由此可见，我们在学习的时候应该不断变换学习的开始位置。比如在背诵一篇课文时，不要每次都是从开始读到末尾，有时也应该从文章的中间部分开始读起，这样才不至于只记住开始和结尾部分，却忘了中间部分。

（3）善于把学习的知识总结归类。知识是按照一定的网络结构保存在大脑里面的。我们可以自己动手做一个这样的小实验：在1分钟之内写出尽可能多的鸟的名字，数一下你一共说出了几个；另外，请你在1分钟之内尽可能多地写出什么东西是红色的，也把它写下来，数一下你说出了几个。比较一下，哪一次你回忆得最多？大多数人说出鸟的名字要比说出红色的东西要多。这是为什么呢？我们的知识是按照类别而不是按照属性组织的。按照这种原则，我们会把所有的鸟都归放在鸟这一分支下，而不会将所有红色的东西归为一类存放，红色只是用于描述物体的属性，所以我们会觉得回忆红色的东西比较困难。遵循这一规律，我们在学习的时候要善于把知识点总结归类，把零散的知识点并存于整个知识网络中去，这样可以避免遗忘。

（4）加深理解。理解是记忆的基础，对大部分事物，如果我们对它了解得越深，理解得越透彻，知道得越多，就越不容易忘记。比如在记忆外语单词时，不停地写、不停地念单词，不如比较一下这个单词与别的单词有什么联系，了解一下这个单词都能用在什么情景下或者看看这个单词的例句，虽然这样比较花费时间，但的确是一种有效的记忆方式。

（5）过度学习。过度学习的材料能避免遗忘，所谓过度学习是指把学习进行到超过那种刚好能回忆起来的程度。研究表明，过度学习使记忆保持的效果良好。假如把材料刚能背诵时所需的时间定为100%，一般过度学习花的时间则以150%为宜。德国心理学家克鲁格曾让三组被试者练习画手指迷宫，要求第一组被试者练到恰好能正确用手指画出迷宫，第二组被试者增加50%的训练，第三组被试者增加100%的训练，然后测出三个组的记忆保持量。结果发现，第二组的记忆效果最佳，而第三组的记忆效果则没有随着训练时间的增加有显著的增长。

三、注意力的有效调适

注意是将心理活动指向和集中于一定的事物。心理宁静放松而又能将全部精力专注于工作学习以达成人生自我发展目标是获得成功的重要心理因素。对学生的学习来说，注意力的好坏是至关重要的。有人曾言：注意力是学习的窗口，没有它，知识的阳光就照射不进来。注意力涣散的学生经常对学习感到厌烦，对什么都不感兴趣，注意力维持的时间很短。上课时，目光游移不定，心思不定，不知自己在想什么，也不知老师在讲什么，无法把注意力集中到课堂上来，这样的同学是不可能搞好学习的。

（一）注意在学习中的作用

人们周围的现实世界充满了各种信息刺激，人的大脑只选择其中重要的刺激给予知觉，而忽略其他一些无意义的或不重要的刺激。这种指向某一类信息的心理就是注意。一个人同时注意几件事的能力是极为有限的，只有高度的专注才能适应高效率学习的需要。有人做过这样的实验：被试者在注意力高度集中时背课文，只需要读9遍就能达到背诵的程度；而同样的课文，在注意力涣散时，竟然读了100遍才能记住。可见，注意力与人的学习效率和工作效率有着非常密切的关系。

（二）注意力涣散产生的原因

了解注意力涣散产生的原因可以帮助我们有意识地、主动地进行注意力自我控制训练。

1.学习动机不强

具有良好的学习自觉性、对学习具有浓厚兴趣和对学习采取积极主动态度的学生，往往较易控制注意力，能够专心致志，并在学习过程中表现出良好的注意力稳定性和紧张性。如果缺乏强烈的学习动机，没有学习兴趣和欲望，或认不清学习的意义，就会对学习产生厌烦，也就不可能专心致志地学习。

2.个体情绪因素

情绪因素是影响注意力集中的突出因素。当我们处在心情沉闷、心绪烦乱的时候，自然是很难集中注意力的。再者，如果我们对某门学科、某位老师特别喜欢，每次一到学习这个科目或是这位老师上课的时候都会让我们感到心情愉快，这个时候自然就会集中注意力去认真学习了。由此可见，学习时若能和愉快的事联系起来，那么注意力就很容易集中了。

3.个体生理状况

一般来说，身体健康和精力充沛的人，往往容易保持稳定的注意力。人在病中或非常疲倦的情况下，注意力常常是很难集中的。此外，过分紧张地加强注意力往往会导致过度疲劳，反而影响注意力，这从临考复习期间的一些同学身上很容易看到。只有合理地处理好学习过程中的疲倦问题，才能最终具备较强的注意力。

4.环境因素影响

外界环境的干扰也是致使注意力分散的因素。如不规则的响声，刺耳的噪声，嘈杂的人声等，都会使人感到烦躁；而人对这些烦躁的东西又无可奈何，于是注意力很难集中于应该注意的事情。

（三）注意力涣散的调适

1.利用目标明确化集中注意力

首先，将大目标明确化。对学习、工作不感兴趣时，往往只要能够明辨目标便能产生注意力。其次，把目标亲自用文字或图表来表示也能提高注意力。

2.用愉快经验集中注意力

我们如果在学习、工作上体验到成功的滋味后，便可拥有愉快的经验，这种愉快的经验会鼓舞我们的斗志，从而接受不愿意做的工作和学习。

3.用期限效果集中注意力

对自己并不喜欢的工作设定一个完成期限，终了时间一到，就会强迫你去完成它，这样可以集中精神完成不感兴趣的工作。

4.应用报酬效果集中注意力

首先，可以给自己定一个奖赏，作为学习的报酬，这个报酬可以依据自己的需要和兴趣；其次，遇到困难的工作时可用假想敌人和处罚来激励自己。

5.各种环境下强制训练注意力

训练自己能在各式各样的环境条件下，专心学习或工作。一旦确定了要干的事，就要有计划、有目的地集中注意力，去做好该做的事，不受无关刺激的影响和干扰。

四、考试焦虑的有效调适

考试焦虑是一种常见的学习心理问题，是由于面临考试而引起的不安、忧虑、紧张甚至恐惧的情绪状态。多数人在面临重要考试时都会产生一定程度的考试焦虑，这是正常的、无害的。但过度的考试焦虑对学习及身心健康危害很大。考试焦虑表现为过分担心考试结果，对自己信心不足；考前拼命看书，夜以继日，导致严重失眠，头昏脑胀；有的同学甚至在考试中出现“晕场”、思维阻碍等，这些都严重影响了学习。

（一）考试焦虑产生的原因

引起考试焦虑的原因在于，学生因为过大的学习压力产生过强的学习动机，最终导致考试焦虑。压力的来源可能有外部和内部两种。外部压力包括社会的压力、学校老师的压力、父母的期望、他人对自己的评价等。内部压力就是学生非常希望获得成功、实现自我的动机或某种思想认识而带来的心理压力。

耶基斯-多德森的研究表明（耶基斯-多德森定律曲线见图4-3），达到最高作业水平的动机强度为动机的最佳水平。在动机强度低于最佳水平时，随其强度的增加，作业的水平不断提高；而动机强度超过最佳水平时，随其强度的增加，作业的水平不断下降。

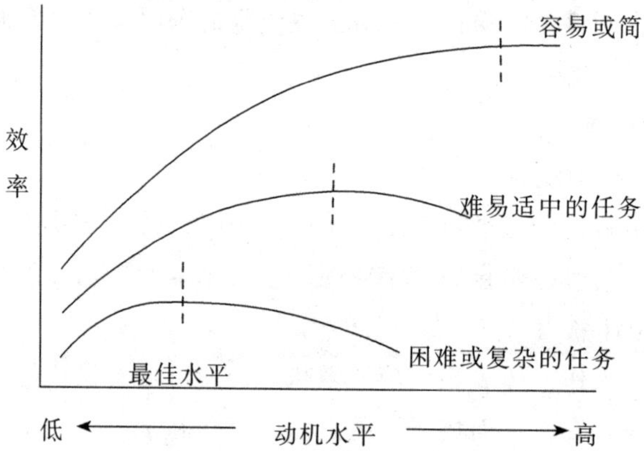

图4-3 耶基斯-多德森定律曲线（唤起水平与绩效之间的关系）

在一般情况下，动机愈强烈，工作积极性愈高，潜能发挥得愈好，取得的效率也愈大；与此相反，动机的强度愈低，效率也愈差。因此，工作效率是随着动机的增强而提高的。然而，心理学家耶基斯和多德森的研究证实，动机强度与工作效率之间并不是线性关系，而是倒U形的曲线关系。具体体现在，动机处于适宜强度时，工作效率最佳；动机强度过低时，缺乏参与活动的积极性，工作效率不可能提高；动机强度超过顶峰时，工作效率会随强度增加而不断下降，因为过强的动机使个体处于过度焦虑和紧张的心理状态，干扰记忆、思维等心理过程的正常活动。

上述研究还表明：在完成难度适中的任务中，中等的动机强度效率最高；在完成复杂和困难的任务中，偏低动机强度的工作效率最佳。

另有一项实验也证明了同样的道理，当剥夺黑猩猩进食的时间超过一定限度后，随着剥夺时间的延长，解决问题的错误增多，速度也减慢。这些研究都说明，高度强烈的学习动机和低强度的学习动机一样会降低学习效率。因为动机过强，紧张和焦虑强度过高，注意与知觉的范围缩小，思维受到一定的抑制，这些都会给学习带来不良的影响，所以在重要的考试中经常有人发挥失常往往与此有关。一般来讲，最佳水平为中等动机强度。

（二）消除考试焦虑的方法

1.减轻压力，放下包袱

有效地降低考试压力是防治考试焦虑的首要措施。考试焦虑与考试密切相关，它常常随着考试的结束而迅速消失，但由于对学生来说不能避免考试，因而应优先考虑在不影响正常学习情况下减压。学生要恰当地估计自己的能力，降低过高的学习目标，保持恰当的压力，重视学习过程而不要太计较考试结果，养成将考试当作业，作业当考试的习惯。

2.端正动机，改变认知

考试焦虑是由于对考试事件在认知上的歪曲，导致情绪上的紊乱和行为上的异常。部分大学生对自己的要求过高且常常绝对化，以偏概全，认为考试失败会导致可怕的后果。因此，要改变对考试和考试焦虑之间关系的错误认知，意识到自我认识和评价是造成压力的关键，改变其不合理的思维方式，放下包袱，树立正确的学习动机。

3.劳逸结合，有张有弛

大多数考试焦虑的同学在处理学习与休息的关系上存在缺陷，他们在学习上投入的时间太多，且生活安排单调，不注意休息和文体活动，即使在娱乐时也在想着学习，使自己的大脑老是处于紧张状态，不能通过文体活动。达到生理与心理上的完全放松，导致神经系统的兴奋与抑制调节机能紊乱。因此，合理用脑，讲究方法，注意营养，劳逸结合，维护神经系统的正常机能，是防止考试焦虑的重要措施。

4.学会放松

考试焦虑的同学往往缺乏在特定情景下控制自己的能力，要学会在紧张时能够运用意念控制、调整呼吸等多种方法松弛躯体，转移注意力，以达到调整心理状态的目的。

第四节　坚持科学用脑

大脑是思维的器官，心理的注意、观察、记忆、思维和想象，以及动机与兴趣，方法和习惯，都在这里产生、进行和完成。所谓科学用脑，就是要求根据大脑的生理特点及其运动规律，既要使大脑运动灵活，又要保证大脑的健康，从而使其发挥更大的潜力。

大脑生理学家指出，正常人的大脑有140亿到160亿个神经元，可储存1 000万亿信息单位，相当于美国国会图书馆所藏1 000多万册图书50倍的知识。这就是说，无论怎样增加信息接收量，也不会导致大脑负担过重，它具备了人们刻苦学习的物质基础。日本一些科学家通过一系列实验认为，懒惰会引起早衰，而长期从事脑力劳动的人到60岁时仍能像20岁那样思维敏捷。显然，防止大脑疲劳与勤奋学习并不矛盾，只要正确处理学习和休息的关系，把科学用脑与勤奋学习结合起来，不但能逐步提高学习效率，而且对身体也有好处。

一、保证睡眠时间

睡眠是大脑皮层自然产生的一种弥漫性抑制。通过睡眠不但可以解除生理疲劳，防止超限抑制的发生，而且可以给正常的新陈代谢提供补充营养的机会，从而保证人体机能的和谐与平衡。可以说，睡眠同阳光、空气和水一样，是个体生命之需。可见，在一定条件下，睡眠比个体的物质需求具有更重要的意义。毛泽东同志就曾经明确指出："睡眠和休息丧失了时间，却取得了明天工作的精力，如果有什么蠢人，不知此理，拒绝睡眠，他明天就无精力了，这是蚀本生意。"由此可见，对于大学生来说，不但不应过多地牺牲睡眠时间，而且越是学习紧张越应保证有充足的睡眠。尤其是在临考之前，以牺牲睡眠来"临阵磨枪"，只能是得不偿失之举。

事实上，充足的睡眠时间除了年龄以外，也和个人习惯、学习性质以及环境、气候、地域有关系。所以时间长短，不能一概而论。为了保持睡眠的深度和质量，必须尽量减少对感官的刺激（如噪声、强光、蚊虫骚扰等）和严格作息制度，培养良好习惯。

二、及时转移大脑兴奋中心

法国伟大的思想家卢梭有一套自己的用脑方法，他合理安排读书时间，相继研究领域不同、难度各异的几个问题，使大脑不总是纠缠在一个问题上，从而得到调节和休息。他说："如果我连续研究几个不同的问题，即使毫无间断，我也能轻松愉快地一个接一个地寻思下去，这一问题可以消除另一个问题所带来的疲劳，用不着休息一下脑筋。这样，我就在治学计划中充分利用我所发现的这一特点，对一些问题交替进行研究，即使整天用脑也不觉得疲劳了。"

一定的心理活动，总是发生在大脑皮层的特定区域，与此"无关"的其他区域总是处于相对的静息状态。当某种单一的活动强度过大或持续时间过长时，就会引起该区域的疲劳，从而降低该项活动的效率。

大脑皮层功能定位学说告诉我们，要使大脑皮层各个区域经常交换着工作，以防止某一区域的脑细胞疲劳。大脑皮层在做某一工作时，相应部分的脑细胞就处于兴奋状态，其他部分的脑细胞则处于抑制状态。在大脑皮层上形成兴奋区（工作区）和抑制区（非工作区），互相交替地活动着，随着工作性质的改变，兴奋区与抑制区不断轮换。这样不仅使大脑皮层上的各个区域轮流休息，而且由于兴奋和抑制相互诱导的结果，使原工作区加深抑制，从而更快地使疲劳的机体得到较好的恢复。如果善于变换活动内容或使活动内容丰富化，就学习而言，克服单学科的独进倾向，使各学科系统安排、交叉进行，就可以达到轮换休息的目的，虽然延长了学习时间也不至于疲劳，因此我们称之为科学用脑。考生在复习准备时，一定要做到复习方式多样化，使之交叉，手脑并用，读写听说并行。关于这一点，许多名人、专家给我们提供了宝贵的经验。马克思在写《资本论》的间隙中，经常进行数学运算、阅读文学作品或背诵诗歌；列宁在感到疲劳时则习惯于读外语词典等。虽然这样做仍在继续用脑，但在实质上却是一种休息，而且是一种积极的休息，与躺倒睡眠相比，显然更能保证效率，有助于获得更多知识。

三、坚持体育锻炼

体育锻炼不但可以增强学生的体质，而且可以提高他们的反应度、灵敏度，培养意志的坚强性和进取精神。有利于适应更加紧张的复习考试活动，增强对紧张工作和工作时间的承受能力，推迟或减缓疲劳的产生。事实证明：经常从事体育锻炼的学生，他们的神经系统、血液循环系统、呼吸系统、消化系统等功能都较强。这是因为，体育锻炼使人体不断地分解和消耗能量，但经过恢复过程再合成的能量总是超过其原来具有的水平。生理学上称这种恢复过程为“超量恢复”。如果考生能经常从事体育锻炼，消耗和超量恢复的过程反复发生，体内就可以增加物质能量的储备，体质就会不断得到增强，从而促进学生学习效果和考试成绩的提高。

马克思在《致恩格斯》一文中写道：“我首先要请你注意自己的健康。时代在好转，这将对你的身体提出很多要求，所以你要锻炼它，而不要损害它。”毛泽东同志在阐明德、智、体的辩证关系时，做过形象而通俗的比喻：德、智、体三项并举，德智寓于体，体是“载知识之车”“寓道德之舍”。周恩来总理生前曾多次指示，“每天要给学生安排1小时的体育锻炼活动”。以上都说明身体和体育锻炼的重要性，体育锻炼可以提高脑功能。

四、要适当增加营养

营养不良会降低人体机制的兴奋限度，使之难以承受较为强烈或持久的刺激，影响人的注意力集中、进取精神和探求行动，从而降低人的活动效率。可以说，营养不良是产生生理疲劳的主要根源。只有充分保证人体活动所需要的营养，才能提高人体机制兴奋限度，防止生理疲劳过早或过易地发生。因此，可适当让学生吃些蛋白质丰富的食物。补充乙酰胆碱，可以使人的记忆力明显增强。许多食物都含有这种成分，如鱼类、肉类等。

第五章

人际和谐与自我实现

人“力不若牛，走不若马，而牛马为用，何也？曰：人能群，彼不能群也……故人生不能无群，群而无分则争，争则乱，乱则离，离则弱。弱则不能胜物”。

——荀子

第一节 大学生的人际关系

人生就是在一定的社会关系中为实现人生价值目标而奋斗的过程。

人是社会的人，不能孤立地生活，必须和别人交往，结成一定的群体和集体。学生也不例外。

随着人类社会的发展，人们在一定的群体当中与越来越多的、各式各样的人发生交往关系。这种人与人之间的交往关系的好坏，不仅直接影响着个人活动的积极性和身心健康，而且影响着个人事业的成功与否及集体的发展和巩固。良好的人际关系使人获得安全感和归属感，得到支持与理解，给人精神上的愉悦和满足，促进身心健康；不良的人际关系使人感到压抑和痛苦，承受着孤独与寂寞，进而会影响个人的学习进步，并且对身心健康有着极大伤害。所以，对人际关系的学习和了解，对于青年学生走好今后的人生之路，更有意义地度过人生尤为重要。所以，人际关系在大学生面前也是一个新的课题。

一、大学生的新课题

物以类聚，人以群分。学生生活的显著特点就是集体生活，一个房间十几平方米内就住有四五个兄弟或四五个姐妹。

另外，学生的集体生活又有统一性的要求，那么在这个集体的统一性要求的生活中发展每个人的个性，这是广大大学生所面临的一个重大转折。面对这一重大转折，学生往往会产生种种不适应的心理困扰，会自觉或不自觉地陷于孤独之中，从而产生了：

①理想与现实反差的失望感。不少同学进入大学校门之前，把大学生活理想化了，上了大学以后，又感到现实生活的艰难，事事不如意。

②学习地位变化的心理失衡。同学们经过激烈的高考竞争，跨入了大学校门，过去高中时代的“宠儿”，到了大学以后在人才济济、群英荟萃的集体当中，过去被羡慕、赞扬的优势已经不复存在了。

③各种自卑感。进了大学校门以后，在新的群体之中，以往的自豪感、“竞争的胜利者”的优势受到冲击，挫折感便油然而生。

④缺乏目标的盲目感。上了大学，过去的理想实现了，好好玩一场的“松劲儿”思想滋长，学习和生活中新的目标既不明确也不确定。

⑤知音难寻的孤独感。由于学习和生活环境的新变化，远离父母、亲友的思乡情随之而产生。新的友谊和情感的建立还需要一段过程，加之年龄又小，此时的孤独感是可以理解的。

正确认识、处理好这一阶段的心理困扰，顺利完成学业，取得自身的全面发展，不断实现自我，是十分重要的人生课题。

二、人际关系的实质

（一）人际关系是个人间的直接交往关系

人际关系，是人们在物质交往与精神交往过程中发生、发展和建立起来的人与人之间的关系。人际关系指的是在群体中，人与人之间通过一定方式的接触，在心理或行为上产生相互影响的过程。人的一生不可能没有交往，人自生下来就有了明确的社会关系，如和母亲、父亲的血亲关系，人的一生几乎都是在与他人的交往中度过的，每一个人都处在经济、政治、道德、文化等各种社会关系之中，并自觉或不自觉地受其影响。

因此，社会生活中每个人都离不开社会交往，有交往就有人际关系问题，这是任何人都回避不了的，青年学生也不例外。人际交往是人际关系的基础，是人际关系的存在方式。人际交往有多种方式。根据人际交往内容划分，可以分为经济方面、政治方面、道德方面、文化方面等；根据交往的主体情况来划分，有个体与个体之间的、个体与集体之间的等；从交往情感上划分，又有相容性的人际交往和不相容性的人际交往等。总之，人际交往的基本形式大体上分为两种，即团体间的关系（班级与班级之间，单位与单位之间等）和个人间的关系（家庭、同志、朋友、同学、师生、上下级之间等）。

团体间的关系与个人间的关系既有联系又有区别。个人间的关系也存在着团体间的关系，并受团体关系制约，但个人关系对团体关系也有一定的积极作用。

如两个工厂的业务关系，是由某个业务员具体地通过个人间的直接交往得到发展和完成的。这种交往既是单位间的联系，又是个人间的联系；如果这两个人又是同学，则还有同学之间的关系，尽管这种关系对促进两个单位间的业务往来起着积极作用，但都是为公，各自又都要维护本单位集体的利益，不得有危害集体利益的行为。所以个人间的交往关系，又受集体关系的制约。

因而，人际关系有它自身的特点。

（二）人际关系是一种个性的心理特征

人际关系的形成，不是偶然的交往和心理接触，而是以一定群体为背景，在人际交往的基础上，经认识调节而形成的、带有情感体验的、比较稳定的心理关系。其特点是：

第一，离不开群体背景。这是由人的社会性所决定的。社会群体既是人们生活的基本单位，又是社会的重要结构要素。这个社会群体就是处在社会关系中的一群个体的合成体，通过社会互动或社会关系结合起来进行相互交往、共同活动，并有共同利益。在这个互动的群体当中，人们通过广泛的物质和精神交流，满足自身生存和发展的各种需要。

第二，受认识倾向调节，有一定情感状态。影响青年学生交往的心理因素主要有认识因素和情感因素。

第三，人际关系是稳定地起作用的心理联系，是交往的结果。任何人际关系都离不开认识、情感和行为三个因素。

首先，认识是人际关系的前提条件。人际关系是在人与人的交往过程中，通过相互的感知、识别、理解而建立的一定关系。人际关系的进一步调节，和人的整个认识过程——感知觉、记忆、思维想象都是分不开的。人际关系总是从人对人的认识开始的。

其次，情感是人际关系的主要调节因素。人际关系在心理上总是以彼此满意或不满意、喜爱或厌恶等情感状态为特征的。如知己、同志、战友、爱情关系等，假如没有情感因素的参与、调节，其关系是不可想象的。情感因素是指与人的需要相联系的体验，对满足需要的事物产生积极的情绪体验，对阻碍满足需要的事物产生消极的情绪体验。调节人际关系的情感因素，包括从直觉印象引起的一般情感到理智感、道德感等高水平的情感，有不同的水平和强度。其调节作用的一般趋势是：发展水平越高，调节作用就越大。

最后，行为是人际关系的交往手段。在人际关系中，不论是认识因素还是情感因素，都要通过行为表现出来。行为指言语、举止、表情、手势等一切表现个性的外部动作，它是建立和发展人际关系的交往手段。在人际关系中凡是彼此能够觉察到的一切行为活动，都会对人际关系起调节作用。

认识、情感和行为是人际关系的三个不可缺少的心理因素，它们是相互联系的。至于认识、情感、行为这三个因素的具体内容与表现，以及人们对它的评价和态度，则是很复杂的。

建立在个人需求、好恶、爱恨基础上的人际关系，由于思想基础薄弱，所以显示出脆弱、肤浅、表面、波动等特点；建立在共同的社会目标和一定行为规范基础上的人际关系，由于思想基础较牢固，显示出合作、友爱的心理气氛，所以比较稳定、持久；建立在对自然和社会发展规律有科学认识基础上的人际关系，思想基础是建立在对社会关系有本质认识的牢固科学基础上的，由于有近期和远期的共同奋斗目标，人们的言行受远大理想、高尚情操、严格纪律的调节约束，因此这种高水平的人际关系，能经受各种严峻挫折的考验，是我们所需要建立的良好人际关系。

（三）人际关系的类型

根据维系人际关系的纽带的性质不同，可以把人际关系分成以下三类：

第一类，血缘关系，即同一个祖先的后代及其亲属之间的关系。

这种关系是人际关系中最亲密、最基本的一种关系，它对人们社会生活的影响也最大。我国是一个血缘亲属关系很发达的国家，血缘的作用几乎可以渗透到经济生活、社会文化生活、道德生活、政治生活以及精神生活的一切领域，是我国社会关系中一条强有力的纽带。在现阶段，这一关系的作用有两方面。

积极的一面：赡养老人、抚养小孩、照顾残疾人等，这减轻了社会的负担，对维持社会的安定起到了重要作用。

消极的一面：如裙带风以及拉关系、走后门等不正之风，血缘亲属关系在其中起了到重要作用。

随着社会的发展，这种关系还将进一步受到冲击，我们必须努力克服血缘关系所带来的消极作用，同时防止它的积极作用受到破坏，如遗弃老人、小孩等。

第二类，地缘关系，即长期居住在一个地方的人们相互之间所结成的关系，如邻居、同乡等关系。

我国人民的邻居关系、同乡关系比较密切，乡土观念比较重。这种观念有一种强烈的排外心理。

第三类，业缘关系，它是由共同的职业和事业结合而成的一种人际关系，如师生关系、同学关系、同事关系、领导和被领导关系、同志关系等。

这种关系是社会大分工的产物，并随着生产社会化程度的提高和人们社会交往的逐步扩大而日益发展。自从这一关系产生以后，人与人之间的关系发生了深刻的变化。这种变化主要表现在：

（1）业缘关系打破了血缘和地缘界限的局限性，渗透到了社会生活的广阔领域之中。

（2）业缘关系的范围要比血缘和地缘的关系大得多，因而也要复杂得多。

（3）血缘和地缘关系是非常亲密的、重感情的，而业缘关系的感情因素相对普遍化，比血缘和地缘关系淡化一些。

从血缘关系、地缘关系到业缘关系，这是人际关系的逐步扩大，也是社会不断发展进步、社会经济不断发展的结果。

建立良好的人际关系是自我成才的前提和基础。

三、人际关系的特点

1.具有社会性。大学生来自五湖四海，为了共同的学习目标相聚在一起，集体观念是广大学生人际观的思想基础，集体主义是处理好个人与他人、集体关系的基本原则。

2.具有客观性。在大学生活中，同学、师生之间相互学习与交流，“教学相长”，为了掌握更多的专业文化知识而互帮互学。学校是群体的组织者和领导者，集体生活及集体生活中的统一性要求这是客观事实。我们每个人都必须置身于集体之中，处理好同学间、与老师间的良好关系，这样有利于个性的发展和克服各种障碍。

3.具有群体的互动性。不同民族、地域、家庭、环境出来的人，都有不同的习惯和个性特点，在交往过程中相互影响。大家互相学习，互相促进，取长补短，共同发展和进步。

4.具有多样性。每个人的兴趣爱好不同，因此各种形式的社会活动都会产生不同的交往关系，从而导致大学生人际关系的多样性。这种多样性处在统一性要求的基础上，而不是“自由化”。

5.具有集体和群体的关联性。大学生群体中的专业不同，地方的文化特点不同，各年龄的特点也不一致，因此，在大学期间应充分利用有利的条件交流思想，充分发挥每个人健康的个性，在集体中全面培养、发展自己，度过人生最美好的年华。

大学生的气质类型及其特征见表5-1。

表5-1　**大学生的气质类型及其特征**

气质类型	特　征
胆汁质	性情直率、精力旺盛、热情、兴奋、脾气暴躁、情绪易冲动、具有外倾性
多血质	活泼、好动、适应性强、喜欢与人交往、机智灵活、注意力易转移、兴趣容易改变、富于幻想、具有外倾性
黏液质	安静、稳定、不够灵活、沉默寡言、情绪不易外漏、注意力不易转移、善于忍耐、具有内倾性
抑郁质	沉静、孤僻、反应缓慢、精神体验深刻、善于觉察别人不易觉察到的细小事物、具有内倾性

气质类型是指表现为心理特性的神经系统基本特性的典型结合。构成气质类型的各种心理特性，多数是某一种神经特性的表现，但有的也可能是两种神经特性的结合。例如，感受性是神经系统强度特性在心理上的表现，反应的速度是灵活性特征在心理上的体现，而情绪兴奋性既体现兴奋或抑制过程的强度，也体现二者的平衡性。由于人的心理反应可以从多方面表现出神经系统的基本特性，那么，在这些心理特性中就可以既从实验结果，又从生活指标来判定不同人的气质类型。

目前，心理学还不能编拟出构成气质类型全部特性的完整方案，但根据已有的研究，可以列举出构成气质类型的几种特性：

1.感受性。这是人对外界影响产生感觉的能力。它是神经系统强度特性的表现，可以根据人们产生心理反应所需要的外界影响的最小强度来判断这种特性。

2.耐受性。这是指人在经受外界事物的刺激作用时在时间和强度上的耐受程度，也是神经系统强度特性的反映。它表现在长时间从事某项活动时注意力的集中性，对强烈刺激（如疼痛、噪声、过强或过弱的光线）的耐受性，对长时间的思维活动能保持优越效果的坚持性等方面。

3.反应的敏捷性。反应的敏捷性可以分为两类特性：一类为不随意的反应性，各种刺激可以引起心理的各方面的指向性，如不随意注意的指向性、不随意运动反应的指向性等；另一类指一般的心理反应和心理过程进行的速度，如说话的速度，记忆的速度，思维的敏捷程度，注意力转移的灵活程度，一般动作的灵活、迅速等。反应的敏捷性主要是神经系统灵活性的表现。

4.可塑性。这是指人根据外界事物变化的情况而改变自己适应性行为的可塑程度。其表现在对外界环境或要求的变化，主体在顺应上的难易，产生情绪上的愉快或不愉快，采取行动的简捷或迟缓，态度上的果断或犹豫等方面。凡是在顺应上容易的、情绪上不出现困难的、行动果断的人表现为具有更大的可塑性，而在顺应上困难的、情绪上出现纷扰、行动迟缓、态度犹豫的人表现为具有更大的刻板性或惰性。可塑性主要是神经系统灵活性的表现。

5.情绪兴奋性。情绪兴奋性是神经系统特性在心理上表现的重要特性，它既表现神经系统的强度特性，也表现平衡性。有的人情绪兴奋性很强，而情绪抑制力弱，这不仅表现神经过程的强度，而且明显地表现了兴奋和抑制不平衡的特点。情绪兴奋性还包括情绪向外表现的强烈程度。这一点可以有不同的组合，例如，有些人可以具有强烈的兴奋和强烈的外部表现；另一些人可以只有强烈的兴奋但无强烈的外部表现，体现为极度兴奋但又不外露的气质特征。

6.外倾性与内倾性。外倾性是兴奋性强的体现，内倾性则是抑制过程占优势的反映。外倾的人表现为心理活动、言语反应和动作反应倾向表现于外，内倾的人的表现则相反。

上述各种特性的不同结合，构成了不同的气质类型。下面以四种传统的气质类型为例来分析一下各种特性的有规律的结合。

第一种，多血质。感受性低而耐受性较高，不随意的反应性高；具有可塑性和外倾性；情绪兴奋性高，外部表露明显，反应速度快而灵活。

第二种，胆汁质。感受性低而耐受性较高，不随意的反应性高，反应的不随意性占优势，外倾性明显，情绪兴奋性高，抑制能力差；反应速度快，但不灵活。

第三种，黏液质。感受性低而耐受性高，不随意的反应性和情绪兴奋性均低；内倾性明显，外部表现少；反应速度慢，具有稳定性。

第四种，抑郁质。感受性高而耐受性低，不随意的反应性低；严重内倾；情绪兴奋性高而体验深，反应速度慢；具有刻板性，不灵活。

应当指出，并不是所有的人都可按照四种传统气质类型来划分，只有少数人是四种气质类型的典型代表，多数人是介于各类型之间的中间类型。因此，在判断某个人的气质时，并非一定要把他划归为某种类型，主要是观察和测定构成他的气质类型的各种心理特性以及构成气质生理基础的高级神经活动的基本特性。

下面60道题可以帮助你自我诊断气质类型。回答的方法很简单：你认为很符合自己的情况，记2分；比较符合的记1分；介于符合与不符合之间的记0分；比较不符合的记−1分；完全不符合的记−2分。

1.做事力求稳当，不做无把握的事。

2.宁肯一个人干事，不愿很多人在一起。

3.遇到可气的事就怒不可遏，想把心里话全说出来才痛快。

4.到一个新环境很快就能适应。

5.厌恶那些强烈的刺激，如尖叫、危险镜头等。

6.和人争吵时，总是先发制人，喜欢挑衅。

7.喜欢安静的环境。

8.善于同别人交往。

9.羡慕那种善于克制自己感情的人。

10.生活有规律，很少违反作息制度。

11.在多数情况下抱乐观态度。

12.碰到陌生人觉得拘束。

13.遇到令人气愤的事能很好地自我克制。

14.做事总是有旺盛的精力。

15.遇到问题常常举棋不定，优柔寡断。

16.在人群中从来不觉得过分拘束。

17.情绪高昂时，觉得干什么都有趣；情绪低落时，又觉得干什么都没意思。

18.当注意力集中于一件事务时，别的事很难使我分心。

19.理解问题总是比别人快。

20.碰到危险情景，常有一种极度恐怖和紧张感。

21.对学习、工作、事业怀有很高的热情。

22.能够长时间做枯燥、单调的工作。

23.符合兴趣的事情，干起来劲头十足，否则就不想干。

24.一点小事就能引起情绪波动。

25.讨厌做那种需要耐心、细致的工作。

26.与人交往不卑不亢。

27.喜欢参加气氛热烈的活动。

28.常看感情细腻、描写人物内心活动的文学作品。

29.工作、学习时间长了，常常感到厌倦。

30.不喜欢长时间谈论一个问题，愿意实际动手干。

31.宁愿侃侃而谈，不愿窃窃私语。

32.别人说我总是闷闷不乐。

33.理解问题常比别人慢些。

34.疲倦时只要短暂的休息就能精神抖擞，重新投入工作。

35.心里有话宁愿自己想，不愿说出来。

36.认准一个目标就希望尽快实现，不达目的，誓不罢休。

37.学习、工作同样一段时间后，常比别人更疲倦。

38.做事有些莽撞，常常不考虑后果。

39.老师或师傅讲授新知识、技术时，总希望他讲慢些，多重复几遍。

40.能够很快忘却那些不愉快的事情。

41.做作业或完成一件工作总比别人花的时间多。

42.喜欢运动量大的体育运动，或参加各种文艺活动。

43.不能很快把注意力从一件事转移到另一件事上去。

44.接受一个任务后，就希望把它迅速解决。

45.认为墨守成规比冒风险强些。

46.能够同时注意几件事情。

47.当我烦闷时，别人很难使我高兴起来。

48.爱看情节起伏跌宕、激动人心的小说。

49.对工作抱认真严谨的态度。

50.和周围人的关系总是相处不好。

51.喜欢复习学过的知识，重复做已经掌握的工作。

52.希望做变化大、花样多的工作。

53.小时候会背的诗歌，我似乎比别人记得清楚。

54.别人说我出口伤人，可我并不觉得这样。

55.在体育活动中，常因反应慢而落后。

56.反应敏捷，头脑机智。

57.喜欢有条理而不甚麻烦的工作。

58.兴奋的事常使我失眠。

59.老师讲新概念，常常听不懂，但是弄懂以后就很难忘记。

60.假如工作枯燥无味，马上就会情绪低落。

多数人的气质是一般性气质或两种气质的混合型，典型气质和三种气质混合型的人较少。

1.把每题得分按下面题号相加，再算出各栏的总分。

胆汁质：2 6 9 14 17 21 27 31 36 38 42 48 50 54 58

多血质：4 8 11 16 19 23 25 29 34 40 44 46 52 56 60

黏液质：1 7 10 13 18 22 26 30 33 39 43 45 49 55 57

抑郁质：3 5 12 15 21 24 28 32 35 37 41 47 51 53 59

2. 如果多血质一栏得分超过20分，其他三栏得分相对较低，则为典型多血质。如这一栏在20分以下、10分以上，其他三栏得分较低，则为一般多血质。如果有两栏的得分显著超过另两栏得分，而且分数比较接近，则为混合型气质。

如：胆汁-多血质混合型多血-黏液质混合型黏液-抑郁质混合型等

如果一栏的得分很低，其他三栏都不高，但很接近，则为三种混质的混合型，如：多血-胆汁-黏液质混合型或黏液-多血-抑郁质混合型。

资料来源：佚名. 下面60道题可以帮助你大致确定自己的气质类型［EB/OL］.［2016-08-23］. http: //3y.uu456.com/bp_1i034112q638gut0yjow_1.html

第二节 人际关系与人生

一、人际关系与人生的联系

人际关系在人的生活中具有十分重要的作用。我们每一个现实生活中的人，都不会是一个没有人际关系的人，而是处于各种复杂的人际关系之中的、实实在在的社会中的人。因此，在每个人的人生道路上，要与其他人发生关系，必然会遇到各种各样的人际关系。这既是不可避免的，也是不可缺少的。人际关系为什么会与人生有联系？

第一，人际关系是人的社会性的具体体现。人际关系归根结底是一种社会关系。

一个人同周围环境有着各种各样的联系，这种联系就是关系。凡是有某种关系存在的地方，这种关系就表现为人的关系，也即人与人之间的关系。

第二，人际交往是人类进行物质资料生产的前提。人际关系影响社会生产力的发展和社会进步。新型的进步的人际关系反映了一种新型的先进的社会关系。先进的社会关系就会要求产生新型的政治、经济关系，反作用于生产力，促进和发展现代社会；而落后的人际关系，便阻碍社会生产的发展。

没有人际交往就没有物质生产，也就没有人类历史和历史进步与发展。

第三，除了物质生产领域外，在社会生活中所有广阔的领域里，人际交往始终是人们社会生活的前提和必要条件。

人与人之间的合作与竞争，人与人之间的感情交流和精神寄托，都是人们生存所不可缺少的，都离不开人与人之间的交往。因此，不与任何人发生关系的孤立的个人是不存在的。任何人都不可避免地会遇到各种各样的人际关系，每个人都处在复杂的人际关系之中。不管他在主观上怎样想，这种人际关系在客观上都是回避不了的。明白了这一点，我们对人际关系就不应该采取消极回避的态度，而应该以积极的态度去正确地认识和处理各种人际关系，顺利地解决好人生道路上的这一重要课题。

人际关系对人的一生会产生很大的影响，这些影响主要体现在：

第一，人际关系会影响人生的目标能否顺利地实现。

良好的人际关系有利于人生目标的实现。紧张的人际关系会在人生的道路上设置障碍，使人难以达到自己的目标。

第二，人际关系会影响人们的生理和心理状况。

良好的人际关系使人精神愉快，情绪饱满，对生活充满信心和热情，有利于人的生理、心理的健康成长。一般说来，一个性情开朗乐观、对自己和对他人有一个正确评价的人，会有良好的人际关系，能正确处理好自己同领导、同事、下级的关系，搞好与周围人之间的团结。

相反，一个人如果不能正确对待自己与对待别人，心胸狭隘，眼光短浅，就不可能搞好与周围人之间的团结，就会使人际关系紧张。紧张的人际关系反过又会来在他的精神上和心理上产生压力，甚至可能导致病态心理，形成恶性循环。

第三，人际关系会影响个人能力的发挥和工作的开展。

在现实生活中常常会发现，有的人工作能力虽然较强，但因为处理不好人际关系，工作能力得不到进一步发挥，甚至会遭受挫折。而一个善于听取各种不同意见的人，即使能力平平，却能得到人们的好感，使工作顺利进行。可见，人际关系在人们日常生活和工作中具有不可忽视的重要作用。

以上所述，足以可见，人际关系对人生有重要影响。我们每个人，不但要学习和掌握必要的专业知识技能，还必须学习和掌握人际关系的认识理论及科学处理人际关系的方法，使良好的人际关系成为人生航程上的风帆。

二、人际关系的协调

由于人们在社会关系中所处的地位不同，人与人之间的关系就会显示出复杂性，会遇到各种矛盾。正确认识人际关系的各种不同表现形式以及善于协调人际关系中出现的各种矛盾是十分重要的。

1.人际合作与人际竞争

合作与竞争是人际关系的两种基本表现形式。

合作或协作不仅在生产中普遍存在，而且在人类社会生活的各个方面都普遍存在。它是人的社会性的基本特征，是人类社会得以存在和发展的前提。

竞争是人际关系的另一种基本表现形式。所谓竞争是指人与人之间相互争胜。

它有以下三个特点：

首先，相互性。竞争一定是双方或多方相互间的竞争，一定要有竞争的对象。孤立的个人或团体不会形成竞争的态势。

其次，互不相容性。竞争各方都是从自身的立场出发，都是为了维护自身的利益，同时也是为了维护国家、集体利益，他们都希望自己在竞争中战胜对方。一方胜利就标志着另一方的失败；一方获得冠军，另一方就得不到冠军。

最后，激励性。竞争能对人产生极大的激励作用。人们为了在竞争中战胜对方，不得不付出极大的努力，不断提高技术，学好本领，改进工作，使自己在竞争中取得优势地位，进而战胜对方。

随着商品经济的发展，竞争会越来越普遍化。在现实生活中，人们不管意识到，还是没意识到，都在进行竞争。例如，生产同一种商品的工厂之间的竞争，专业技术人员的职务聘任竞争，考大学竞争，就业、毕业分配的竞争等。在现代化大生产中，竞争是不可避免的，也是不可缺少的。如果没有竞争，社会就没有了生气，就会停滞不前，就没有前进的动力。

同时，竞争中也会出现一些失去原则的不道德的因素，因而必须加以控制和引导。

我们所提倡的竞争，是平等的人与人之间或团体之间智力、才能、技术水平的竞争，而绝非不择手段的非原则、非道德、非法竞争。

2.人际关系的平衡与冲突

所谓人际关系的平衡，是指交往双方对客观事物在认识上和感情上的一致性。如A、B代表交往双方，A、B对同一事物都加以肯定（+），那么A、B之间的关系是协调的、平衡的；如都加以否定（-），则A、B之间的关系也是平衡的（如图5-1所示）。

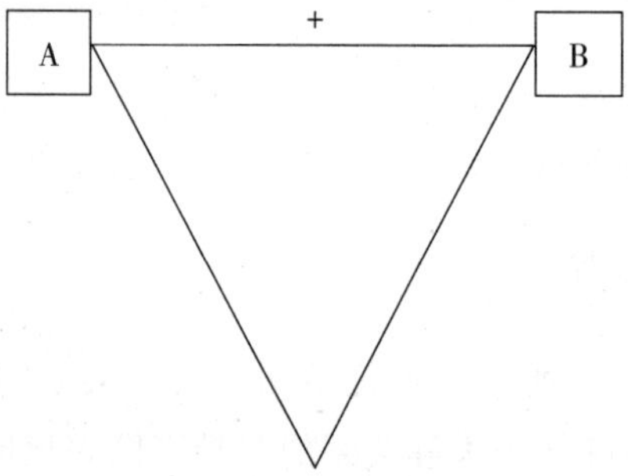

图5-1　A、B之间的关系（1）

如果对同一事物，A、B经常采取不同的态度，看法经常不一致，A、B本身的关系也不会好（如图5-2所示）。

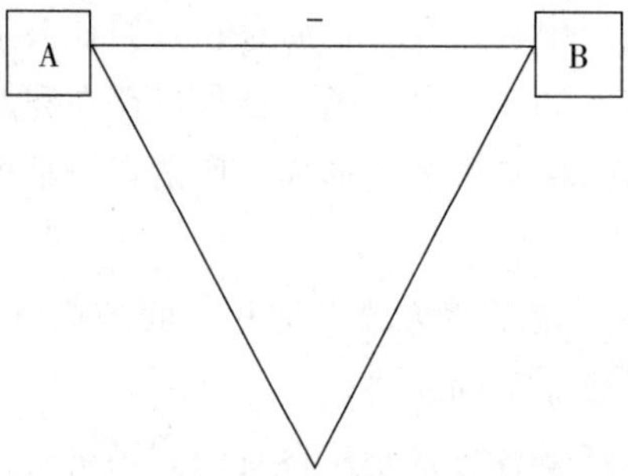

图5-2　A、B之间的关系（2）

如果A、B原来关系是好的、协调的，但对某一事物或某一些事物看法产生了分歧，其中有一方不改变其看法，就可能使A、B的关系转为“-”。

反之，如果A、B原来关系是“-”，由于对某些问题的看法经常出现一致，就可能使双方的关系转为“+”。

此分析说明，交往双方看问题的立场、观点、方法和感情的一致性，是维持双方良好关系的一个十分重要的基础。这个道理称为人际关系平衡原理，这一原理在组织人事工作以及在协调人际关系的过程中可以得到广泛的运用。

交往双方对事物对问题的看法经常不一致，就会危及双方的关系，就会产生不协调，并且可能发展成冲突。

对事物看法不一致从而导致人际关系不协调的原因是多方面的，概括起来有三点：

其一，是交往双方利益的不一致；

其二，是人生观、价值观的不一致；

其三，是性格、脾气、爱好以及思想方法的不一致、不协调等。

其中最主要的是人生观、价值观的不一致，由此导致利益的不一致。正是由于利益的不一致，导致人们的思想、观点、感情的不一致，在一定的条件下，就有可能产生冲突。

3.人际关系的协调

若人际关系发生了矛盾和冲突，就需要调节。人际关系产生矛盾和冲突的原因不同，协调的途径也就不同。主要方法有以下几点：

第一，协调人们的利益关系。

从个人来讲，应当摆正个人利益与他人利益的关系。每个人在交往中，都应当尊重别人，维护他人的正当利益，要为他人着想。只有这样，双方才能找到共同点，才能使双方的关系达到“平衡”。

“人际关系学”说穿了并无奥妙，先人后己是处理人际关系的一条根本原则。

第二，求同存异。

有些人际关系的不协调是由于人们价值观以及兴趣、爱好的不同所造成的。人们的价值观不同，看问题的观点、方法就不同，容易产生关系的不协调，但是这两者之间并没有必然的联系。由于个人的经历不同，形成了不同的价值观，这是一种正常现象。我们不能要求每个人看问题的观点、方法全部一致，但可以做到在一定范围内求同存异、互相谅解。价值观的不同未必一定会妨碍双方建立起正常的良好关系，关键是如何协调的问题。

第三，意见沟通。

在许多情况下，人与人之间的矛盾往往并不是由于利益冲突和价值观不同而引起的，而是由于相互之间的误会、猜疑、不信任而引起的。产生这些矛盾的主要原因是相互之间缺乏经常的、有效的意见沟通。相互之间坦率的、真诚的交谈，往往能使积在心里多日的误会、猜疑以及不信任感都烟消云散。然而这需要勇气，需要有主动放下架子的勇气。

三、人际关系的和谐

主持霍桑实验研究的梅奥教授提出了“社会人”的思想，认为物质刺激或工作条件并不能保证人的积极性。良好的人际关系、社会条件同工作效率之间有着更密切的关系。所以建立新型的人际关系对每个人的人生发展都是十分有意义的。

现阶段人们对待人际关系所持的基本态度大致有三种：

第一，与人交往的目的在于从别人那里得到些什么，而不是给予别人些什么；

第二，与人交往既不能吃亏也不想占便宜，应礼尚往来，互相帮助；

第三，与人交往是无私的奉献，总是想着能给予别人些什么，而不是从别人那里得到些什么，这种态度体现出一种“利人”的崇高精神。

在现实社会里，持第一种态度的人占少数，持第二种态度的人占多数，持第二种态度在现阶段有其合理性，但它并不是我们社会精神文明的目标所在。

我们提倡的是第三种态度。持这种态度的人由于确立了崇高的人生目标，在处理自己与社会、集体、他人的关系上，能够做到无私奉献，而不是索取。这是社会主义新型人际关系的本质体现。

社会主义历史阶段的人际关系，一方面有着自己崭新的本质，另一方面又不可避免地受封建旧传统的残余和商品经济意识形态的影响。所以，要建立新型的人际关系，必须划清几个界限：

第一，划清人与人之间客观上必须存在的某些差别与少数人特权的界限；

第二，划清社会主义的民主集中制与人身依附关系的界限；

第三，划清人际交往中的互助互利原则与一切商品化的界限；

第四，划清社会主义人道主义与资产阶级人道主义的界限。

社会主义人道主义的核心内容，是强调对人的尊重和对人的爱。在社会主义公共生活中，要大力发扬社会主义人道主义，尊重人，关心人。这一思想正日益成为我们处理人际关系的一个重要原则。所谓尊重人，就是尊重人的价值尊严，尊重人所应有的法定民主权利，尊重人的劳动和劳动成果。所谓关心人，就是要爱护和关心他人的正当利益，在全社会形成一种人人平等、互助、互爱的良好风气，做到“我为人人，人人为我”。只有这样，才能使我国社会主义新型的人际关系得到健康的发展，在集体中不断完善自己、实现自我。

第三节　常见人际交往心理障碍及调适

大学生人际关系中常见的有同学关系、师生关系，其中同学关系最常见同时也是最容易让他们产生困扰的因素。一方面，由于年龄、兴趣、奋斗目标等方面的接近性，同学之间也最容易产生亲密关系；另一方面，由于个体成长环境、价值观念、地域文化等方面差异，加上频繁的交互往来，同学之间也最容易产生矛盾。

一、恐惧心理及其调适

1.对恐惧心理的认识

有一位大学生来咨询时说道："自从进入学校以来，中学时想象中的那种兴奋感并没有真正体验到，反而被一些恐惧心理取代了，以至于不能自己一个人去打饭、逛商场、去银行存款，这让我无法像其他同学一样享有快乐的大学生活。"原来，一次她独自一个人去一家商场买衣服，由于走得匆忙，身上穿了件不合身的旧衣服，那家商场的老板以貌取人误认为她买不起，在旁边奚落她，她感到非常尴尬，因为当时周围有很多人都在看着她，她面红耳赤地走出了商场。自那以后她买衣服或做别的事情都要家长陪同。

案例中的大学生由于不会正确处理生活中人与人之间的关系，尤其是不会很好地应对生活中所遇到的一些尖酸刻薄的人的冷言冷语，加之自身性格内向，不能承受这样的打击而导致社交恐惧。要有效消除社交恐惧心理，首先得对大学生社交恐惧的产生、形成及其预防等方面的情况有一个较为全面的认识。

社交恐惧就是大学生在人际交往中受到挫折之后，试图避免再次遭受交往挫折而产生的一种防护性心理，是大学生在交往中常见的一种社交障碍。其主要表现为：在社交场合中感到害羞、局促不安、尴尬、笨拙、迟钝，怕进教室、会议室，怕在人面前抛头露面而退缩回避。这主要是由于交往受挫、心理不成熟而陷入焦虑、痛苦、自卑之中却没有得到及时排解所致。

社交恐惧产生于经验，这种经验分为两种情况：一是直接经验；二是间接经验。直接经验是指大学生在人际交往中，所遭遇的人际交往方面的挫折，对其内心形成一种打击并产生一种不愉快的体验而形成紧张、恐惧、敏感的情绪体验。俗话说"一朝被蛇咬，十年怕井绳"，有些大学生一旦受到人际交往方面的打击，就会对以后的人际交往非常失望，表现出明显的紧张与恐惧，严重者会伴随着颤抖、话语不清等现象。间接经验是指在看到或听到别人失败的社交经历后，内心留有的负面的印象，同时联想到自身的社交，内心产生痛苦的、紧张的、不愉快的情绪体验。比如，某同学听说在本校有位同学出于好心帮助一名被人偷了钱包的外地人，反被这个外地人骗走了学费之后，这位同学对骗子心生厌恶，同时也害怕这种事情在自己身上出现，以后每当遇到陌生人求助，他就会紧张而迅速地回避。

2.对恐惧心理的调适

社交恐惧是由于不正确的认知和不良情绪体验对个体的负面强化而逐渐形成的。只要对症施治，完全可以得到改善与排解。

（1）寻找恐惧产生的真正原因。只要找到恐惧产生的真正原因，就可以大大减轻恐惧症状。有位学生在咨询中说道，最近一个多月以来，她感觉很紧张、恐惧，因为近阶段她认为原本和她关系还不错的一名女同学在和她讲话时老是斜瞄着她，让她很难受。这种情况主要是由于不正确的认知引起的，在她心目中那位女同学斜瞄着她说话就是看不起她、不尊重她。要排解这种紧张恐惧的心理首先要从改变错误的认知做起，而错误认知的改变有赖于对那位女同学讲话时的情境及其表现进行跟踪观察。

（2）改变个性中的不良气质因素。每一种气质类型都有各自的优势，这里所说的改善不良气质因素，是指改善气质中消极的、不利于良好的人际交往的一面。比如，抑郁气质类型的人在交往中常给人紧张呆板的感觉，这种表情会让他人不愉快，进而使自己更加紧张不安，从而造成恶性循环，最终陷入恐惧的心理及情绪困扰之中。在开始交往时，不妨尽量将消极的语言转化为积极的语言，从而对他人产生积极的吸引力，这样在交往中就会处于主动地位，形成自我体验的良性循环。气质虽受先天因素影响较大，但并非完全不可改变，而且可以通过努力达到扬长避短之功效。

（3）克服完美主义倾向。有社交恐惧的人对自己常常有不切实际的过高期望，存在完美主义倾向，追求完美是人的一大误区，克服完美主义倾向有利于改善社交恐惧心理。其实，每个人都有缺点和错误，如果总想给别人留下一个完美的印象，而现实又常常不能遂如其愿，就不免会产生紧张恐惧的心理。俗话说“金无足赤，人无完人”，应顺其自然，不管是对他人还是对自己都不要求全责备。

（4）对自己进行系统脱敏。社交恐惧者在人际交往中有退缩表现，其退缩的心理和行为会削弱人际交往的动机和能力。采用系统脱敏疗法可以帮助自己逐渐消除社交中产生的恐惧心理及其不良症状，具体做法是：将自己经常置身于社交场景中，迫使自己参加交往活动，在活动训练中不断脱敏。这样做开始可能很难堪，但时间长了就会自如地与人交往。系统脱敏疗法的原理就是在充分放松的状态下安排当事人逐渐接近他所惧怕的事物，或逐渐提高患者所恐惧的有关刺激的强度，旨在让其对他所恐惧的事物的敏感性降低。采用这种方法，第一要学会放松；第二要不断地给自己勇气。因为改变是痛苦的，意味着要打破旧习惯、建立新习惯，因此，要不断给自己补充新的勇气和新的动力。

二、自卑心理及其调适

1.对自卑心理的认识

自卑就是对自己评价过低。它来源于对自己的不正确认识和估计，过分地注意自己的短处而对自己的长处缺乏足够的认知，进而产生自惭形秽之感。存在自卑心理的大学生常常表现为：缺乏自信、做事畏首畏尾、羞怯、胆小、怕被人嘲笑或拒绝。

自卑心理产生的一个重要原因就是个体心理上的消极对比。我们每一个人都不可避免有着不同程度的主客观方面的缺陷。就客观方面来讲，有的可能会遭受经济拮据、父母离异等方面带来的家庭不幸，有的也可能存在口吃、肥胖、个子矮小等方面的生理缺陷或不足。就主观方面来讲，有的可能是能力不强，或性格不是很好，或气质不是很佳等。面对这些主客观缺陷，不同个体的态度不同，有的泰然处之，反而化缺陷为力量取得了一个又一个胜利；有的自惭形秽、自卑退缩，不仅影响学习与工作的效率，而且内心还笼罩着一层自卑的心理阴影。问题的关键在于是否能全面地、客观地、发展地认识评价自己，能否将自己与他人进行科学的比较。自卑心理较强的人常常只是拿自己的缺陷与不足同他人的优势或强项进行比较，这种比较方式是有失偏颇的。正确的做法是同时将自己的优势与强项同他人的缺陷与不足进行比较，然后综合得出一个对自己的较为全面而客观的认识与评价。比如，一个小女孩从小喜欢看童话故事，心目中建立了一个比较理想的自我形象：像公主一样高贵而美丽的女孩。但是当她有一天照镜子时忽然发现镜子中的女孩是干枯的头发、小小的眼睛、难看的龅牙，再将镜中的现实自我形象与理想中的自我形象进行对比的过程中不免产生了自卑心理。自卑是心理暂时失衡的一种状态，是对自身不客观的认知，因此客观认识自我是克服自卑心理以及尽早摆脱这种心理状态的方法。

2.对自卑心理的调适

（1）学会客观认识自己。自卑者有一个共同的特点，只要叫他说说自己的长处，往往说不出来，但是如果要让其说说自己的短处，他就会说出很多；同时对于别人给他提出的长处，也不能很好地接受。因此，自卑者要走出自卑的心理阴影，必须转变看待自己的视角，善于发现自己的长处、肯定自己的成绩，全面而客观地认识自己的长处和短处。既要看到尚待完善的方面和努力的方向，又要看到已经取得的成绩和拥有的优势。只有这样，才可能消除自卑、增强自信。

（2）制定合适的理想目标。现实与理想间的差距往往让人自卑失落、自我否定。摆脱自卑心理的一种重要方法，就是制定合适的理想目标，在对自身现实条件和发展潜力进行认真、细致分析与预测的基础上，本着通过努力能够实现的原则科学地确立未来的理想与目标。一个人不能没有理想，但理想的建立一定要从自身的实际出发。只有这样，才能在实践中不断取得成功，增强自信心。如果确立的理想过高而难以实现，会让人因受挫而失去信心；如果确立的理想过低，又会因为目标太容易实现而不愿去努力。因此，只有制定合适的理想目标才有助于形成良好信念，在实现一个又一个目标过程中不断增强自信。

（3）改变不合理观念。上述案例中，小女孩总把自己与心目中高贵而美丽的公主相比，就是一种不合理的比较。这种不合理的比较会让她陷入极度的自卑中，要改变这种不合理的比较而产生的消极情绪，她可以变更比较的对象或比较的内容。尽管小女孩的容貌不能和公主的美貌相比，但是她的智慧和博学可能是公主所不能比拟的，某方面不如别人，但可以找到比别人强的另一方面。这是一种走出自卑、增强自信的好方法。

（4）进行积极的自我暗示。要多分析自己的有利条件，总结成功经验，体验成功的快乐，增强信心，不断提醒和激励自己，使自己在心理上确信能够获得成功。那种自认不够美丽的人，为了克服自卑心理而有足够信心投入人际交往活动中，可采取以下方法：每天早上都对着镜子大声地说“我很漂亮”。开始时她们会觉得很尴尬，但是一旦形成了习惯，她们就会发现自己好像真的变漂亮了。通过这种积极的心理暗示，个体改变了看待自己的心态，也会在某种程度上改变了自己的外貌。

（5）观察和学习自信的人。因自卑而妨碍交往的大学生，还应当在交往中多观察、学习自信的人的行为方式及表现。经常观察自信的人的言语表情和非言语表情之后，可以选择一位作为自己的模仿对象，当自己自卑的时候，就回想或者想象自信的人应该是怎样的表现。同时，加强自信心训练，比如，锻炼自己能径直向对方走去；讲话时敢于盯住对方的眼睛且声音洪亮、不吞吞吐吐等。

三、自负心理及其调适

1.对自负心理的认识

自负的人在人际交往中表出过度地以自我为中心，傲气轻狂，轻视和看不起周围的人，主要表现为：很少关心别人，与他人关系疏远，固执己见，唯我独尊，有明显的嫉妒心，拿放大镜看自己的优点，过分强调自我感受而忽视他人的存在，干什么事都是从我出发，居高临下，盛气凌人，不允许别人批评自己。自负心理对一个人的危害是非常大的，它产生的主要原因有以下几种：

（1）错误的自我认知。如果说自卑者是将自己的缺点无限地放大。那么自负者就是将自己的优点尽量夸大。自负者通常对自己没有一个全面的认识，也就是我们常说的缺乏自知之明。

（2）强烈的自尊心理。自负者一般都有强烈的自尊心，为了保护自尊心，在交往挫折面前，常常会产生两种既相反又相通的自我保护心理：一种是自卑心理，通过自我隔绝，避免自尊心的进一步受损；另一种就是自负心理，通过自我放大，获得心理补偿。

2.对自负心理的调适

（1）正确地认识自己，进行批评和自我批评。要调适自负心理，既要认识到自身的长处与优势，也要清醒地意识到自己有哪些缺点和不足，这些缺点和不足给自己的发展将会带来哪些阻力。另外，也要诚恳地接受别人的批评，俗话说“不识庐山真面目，只缘身在此山中”，一个人对自身的认识总是有不全面的地方，从别人的批评中，可以认识到更多的不足，以便更好地改进。与此同时，加强自我批评、勤于自我反思，也是调整自负心理必不可少的环节。

（2）尊重他人，换位思考。自负者大多有强烈的自尊心，但要获得别人的尊重，首先应该尊重他人。同时自负者以自我为中心，凡事都喜欢从自己的角度思考，在自负者的词典里“我以为”“我认为”这类词汇是比较多的。因此，自负者在交往活动中要多进行换位思考，善于从别人的角度考虑每个问题。

四、嫉妒心理及其调适

1.对嫉妒心理的认识

嫉妒是针对别人的成功而产生的一种心怀憎恨的羡慕之情。嫉妒一般发生在社会地位相同或相近、生活或工作关系密切的人际圈子里，当生活在这个人际圈子的人彼此相差不大时，大家相安无事，一旦圈子里某人的境遇有了改善或地位有了升迁时，平静的生活圈子里就会泛起嫉妒的涟漪。由于大学生有相同的地位、相仿的学历和经历，大学生中普遍存在嫉妒心理。比如，有的人嫉妒别人长得漂亮、有一个帅气的男朋友等。嫉妒心理在所有人身上都有不同程度的表现，但如果嫉妒心理严重化或发展到极端，甚至做出损人利己的行为就是心理不健康的表现。

2.对嫉妒心理的调适

（1）化嫉妒心为竞争力。嫉妒心理源于别人在某个方面强于自己而产生的内心不平衡。要打破这种内心的不平衡，一种理性的做法就是化嫉妒心为进取心和前进的动力。别人比你强，你感到心理不平衡时，内心深处是不想别人比你强，那就将其化作动力，依靠自己的聪明才智，通过“堂堂正正做人，扎扎实实做事”来超过对方。这既无损于他人又有益于自己，是一种奋发努力、缩小差距、力求改善现状、开创未来新局面的奋斗精神。

（2）以积极心态看待自己和他人。首先，应看到嫉妒是一种变相的恭维，是以曲折的方式认可自己的成功，所以当被人嫉妒时，不必对嫉妒者愤愤不平。其次，主动与他人交流，尽量帮助他人。受到他人嫉妒时，被嫉妒者往往轻蔑、厌烦、回避对方，其实，不妨主动找对方谈谈心，诚恳地指出对方的优势和自己的不足，用真诚和友善缓解其嫉妒感。同时，乐于助人，诚恳地向对方介绍自己的成功经验、提供有益的信息乃至一些具体的帮助，这样对方对你会多一份了解，并会对你产生一种感激之情。

（3）尊重别人，加强自身修养。之所以受到别人嫉妒，往往是由于你给别人造成了威胁，当然这也一定程度上证明了你的实力和贡献。但是，你若一味无视别人的嫉妒，也会给自己带来一系列麻烦。所以你不必咄咄逼人、凡事都要争个高低，越是有所成就，越要谦虚谨慎。嫉妒心强的人往往有个性缺陷：目光短浅，气量狭小，以自我为中心，情绪不稳定，易受到外界影响等。所以，有必要加强自我修养，重塑自我个性，把眼界放开一些，正确对待别人做出的成绩，这样就会为别人的成绩感到欣慰。

（4）充实自己的生活。哲学家培根曾说“嫉妒是一种四处游荡的情欲，能享有它的只能是闲人，每一个埋头于自己事业的人，是没有工夫去嫉妒别人的”。如果能够看到自己的长处和优势，增强自信，便不会嫉妒他人。比如，同桌口才好，非常惹人喜爱，在这方面你的确自愧不如，但是你不妨多想想自己诚实守信，常常赢得同学持久的喜爱和欢迎，这样心理就会平衡；其次，经常发挥自身优势，提升境界、壮大事业、实现理想。只有结合自身的优势和兴趣，才能不断地充实与完善自我，成就事业，享有美好人生。

五、猜疑心理及其调适

1.对猜疑心理的认识

猜疑是由于错误的认知造成的，把在人际交往中出现的问题归咎于他人，常常从消极的视角认知人际交往，以猜测为基础，对人际交往多抱有怀疑的态度。猜疑的人往往有自己的一套行事风格，外界的一丝风吹草动都会引起他的猜测。当他看见迎面而过的同学没有打招呼时，就会冥思苦想，这个同学是不是对我有什么意见；当某位异性同学多看他几眼时，就会自作多情，她（他）是不是对我有意思啦！导致猜疑产生的原因主要表现在：①作茧自缚的封闭思路。猜疑总是从某一假想目标开始，最后又回到假想目标，就像一个圆圈一样越画越大。②对环境、对他人、对自己缺乏信任。古人说："长相知，不相疑。"反之，"不相知，必定长相疑"。不过，他信的缺乏，往往又同自信的不足相联系。疑神疑鬼的人，看似怀疑别人，实际上也是怀疑自己，至少是信心不足。有的人在某些方面自认为不如别人，就总以为别人在议论自己，看不起自己，算计自己。一个人自信越足，越容易信任别人；反之，就越容易产生猜疑心理。③对交往挫折的自我防卫。有些人以前由于轻信别人，在交往中受过骗、上过当，蒙受了精神损失和感情挫折，结果万念俱灰，走向另一极端，不再信任任何人，老是猜疑他人行为的真实动机。

2.猜疑心理的调适

猜疑会导致人际交往无法正常进行，因为猜疑者会在人际交往中，一味地以自己的方式对待别人，会伤害他人感情，无事生非，同时也会使自己处于不良的心态之中。

（1）改变认知思维方式。遇事不要主观臆断，先入为主，而应告诫自己先观察，收集正反两方面信息后再分析、判断，得出结论。另一方面，要善于用事实检验论断，对照事实反思已发生的认知思维过程，并给以矫正。

（2）调控不良情绪。猜疑者往往凭感情用事，一旦怀疑别人，冲动的情绪就会使他只能看到单方面的信息，强化错误推测。所以，在情绪激动时，不妨转移一下注意力，做一些其他事情，待冷静下来后再进行分析与决断。

（3）培养自信心。自信心是对自己实力的认可，也是必胜的信念和立世之本。自信心有助于看到自己的希望并转移对别人的胡乱猜疑。

（4）学会信任别人。有猜疑心的人常常不信任别人，这种不信任一方面是客观上不了解别人，另一方面是主观上不愿意了解认识别人。所以，主观上要多与周围的同学、教师乃至亲朋好友接触，在交往中学会观察、了解、识别他人，并结合间接了解得到的信息，可以得到较为全面客观的评价。长期坚持就会发现我们身边有许多人都是正直、善良的人，并以善的眼光去发现别人善的方面，而不是处处怀疑人家。

六、闭锁心理及其调适

1.对闭锁心理的认识

闭锁心理是指青少年进入青春期后自觉或不自觉地封闭自己的心理活动，不轻易外露自己的内心世界和情感，甚至把自己与别人隔绝起来的心理现象。性格孤僻的人不愿意向他人敞开心扉，没有与他人交往的内在愿望，也不相信有人能了解自己，难与周围的人沟通往来，从而出现人际交往障碍。

大学生产生闭锁心理的原因是多方面的，既有性格方面的原因，也有挫折经历、环境的影响以及家庭与学校教育方式等方面的原因。生长在和谐融洽的家庭、经常得到父母的关心、接受民主型教育方式的大学生，其闭锁心理少；相反，那种与父母关系紧张，或父母只关心学业而忽略其他方面的发展，或家长管束太严，或在放任溺爱的家庭中成长起来的大学生，闭锁心理表现明显。在残缺家庭中长大的学生心理封锁现象尤其普遍。大学生中与老师尤其是辅导员老师关系融洽友好、与同学亲密无间、好朋友较多的学生很少表现出闭锁心理；相反，与老师关系紧张情绪对立、缺少朋友的，其闭锁心理表现显著。学习成绩不理想的学生，其闭锁心理表现也较突出。性格外向、活泼好动的人和兴趣广泛、生活圈子大的人，其闭锁心理表现不明显；相反，性格内向、生活圈狭窄、生活单调的人，其闭锁心理表现普遍较高。

2.对闭锁心理的调适

闭锁心理作为大学生心理发展过程中存在的一种心理现象，对大学生顺利实现社会化有着消极影响。因此，克服闭锁心理，对于大学生适应社会有着重要意义。

（1）优化自身性格。孤僻者往往有性格上的弱点，一般表现为内向、固执、我行我素、喜欢独处等。这些弱点可以通过前面的自信心的训练与培养方式来改变，但最实用的办法是投身到交往实践活动中去体验交往的乐趣，锻炼交往的能力，时间长了自然会有所改善。

（2）摆正自己的位置。只有正确地认识自己，在与人交往时才会感到坦然。健康的交往是建立在双方平等基础之上的，尊重别人的同时保持自尊，就可能走出自卑或清高的误区，摆脱孤僻。

（3）综合矫治，因人而异。培养对生活和人生的热爱是改变冷漠孤僻性格的主要方法。要有意识地挖掘生活中美好的事物，发现那些感人的真爱，要求自己尽量以热情的方式待人。逐步放开自己的心灵。正确认识自我是矫正孤僻心理的突破口，孤僻者大多对于自我有不正确的认识，有些人自命不凡，将自己的孤僻视为个性，因而通过自我反省来正确认识自己尤其重要。同时还要多参加一些集体活动，在良好的交往活动中，感受人际温暖，体验人际情谊，产生与他人成为朋友的愿望，这样能够逐步建立起健康和谐的人际关系。

第六章

大学生审美心理

美术可以辅翼道德。美术之目的，虽与道德不尽符，然其是以渊邃人之性情，崇高人之好尚，亦可辅道德以为治。

——鲁迅

相貌美高于色泽的美，而秀雅合适的动作美，又高于相貌的美，这是美的精华。

——弗兰西斯·培根

第一节 美与审美

美是一种客观存在，爱美之心人皆有之。美既是人类文明的结晶，也是人类文明的标志之一。美与审美在人生中的地位和作用是十分重要的，也就是说人生拥有良好的审美观，对一个人能够获得更好的生活是很有意义的。所谓审美观，是指人们评价美、鉴赏美、追求美和创造美的根本观点。

一、审美观

审美观是人生观的重要组成部分，审美观对人生观的形成、巩固和发展也有一定的辅助作用。凡是热爱生活的人，总是表现出对美的渴望和追求。当代青年学生当然充满了对美好未来的向往，在现实生活中积极选择美、追求美、爱好美。对美的追求、健康的审美观可以把人引向较高的生活和道德境界。高尚的道德情操和行为美与追求美的理想这两者常常是统一在一起的、密不可分的。

因此，树立正确的审美观，陶冶美的心灵和情操，在生活实践中培育美，除恶弃丑，创造美的生活，实践美的理想，这对人生都具有十分重要的意义。

那么美又是什么呢？

人类最早的美感是由生活中的美食引起的。如古人曰：“食必常饱然后求美，衣必常暖然后求丽。”说的就是美是人类生活的产物，美是来源于生活的。马克思说：“劳动创造了美。”

既然劳动创造了美，那么美的本质又是什么呢？对这个问题的正确回答是进行审美活动的前提。

但是，从古希腊直到今天，从两千年前的柏拉图到亚里士多德、康德、黑格尔，几乎所有的哲学家、美学家都试图回答，但依然众说纷纭，莫衷一是。正如俄国伟大的文学家托尔斯泰所说：“多少博学的思想家写了堆积如山的讨论美的书，美是什么，这一问题却至今没有完全解决，而且每一部新的美学著作中都有一种新的说法。”柏拉图在与别人论战时，感到要给美下一个简明的定义实在不那么容易，而不得不发出叹息：“美是难的。”之所以难，原因在于人们研究它的着眼点不同。

黑格尔说过：“乍看起来，美好像是一个很简单的概念，但不久我们就发现，美可以有许多方面。这个人抓住的是这一方面，那个人抓住的是那一方面，纵然都是从一个观点去看，究竟哪一方面是主要的，还是一个引起争论的问题。”但是，古往今来，人们还是不厌其烦地探索美的本质问题，想攻下这个美学上的“哥德巴赫猜想”。

由于美的本质问题与哲学的基本问题有着密切联系，尽管对这个问题有各种各样的说法，但从美学史的角度考察，不外乎有唯心和唯物两种。

唯心论者否认美的客观性，而把美看成是主观意识的产物。与此相反，唯物论者认为美是客观的，美在物本身。亚里士多德就认为：“凡是大小得体，比例适当，体现出‘秩序、匀称、明确’的形式就是美的。”狄德罗认为，“美是关系”，是“实在关系的存在物”。19世纪俄国革命民主主义者车尔尼雪夫斯基在《生活与美》一书中提出“美是生活”。这个看法鲜明地肯定了美存在于现实生活中，美是生活的属性，艺术只是现实生活的反映。“美是生活”这一观点，仍是迄今为止较为简明的看法。

从而，我们认为：美是包含或体现社会生活的本质规律，是能够引起人特定情感反映的具体形象。

如艺术美，除了它的形象性外，就是它的情感性。曾有这样一个故事：德国音乐家梅亚贝尔和夫人发生口角，两人怒气冲冲。梅亚贝尔强忍怒气弹起肖邦著名的《夜曲》，顿时他完全被曲中优美的旋律吸引住了，忘记了不快的事。妻子也深为琴声打动，怒气全消，走到丈夫身旁，拥抱起来。

这说明艺术美具有能引起人特定情感反映的具体形象性。所以我们说，对美的看法也有一定的标准。

二、审美观的客观标准

人生审美观是审美意识的重要组成部分。它既有客观社会标准，又具有主观个性差异，这两个方面的复杂关系，是人生审美观的一个重要问题。

审美观离不开人们的主观感受，在每一个人的人生中都有理由保持自己的兴趣爱好。从表面来看，这些心理特征似乎是没有什么客观标准的，如我感到这朵花美，并不能像数学证明那样用逻辑推理得出一个结论去说服别人，使别人同样从它那里得到审美愉快。由于这种现象，许多唯心主义哲学家是否认审美客观标准的。

例如，休谟就认为："美不是事物本身的属性，它只存在于观赏者的心里。每一个人心里都会说出一种不同的美。"他的结论是：美=美感=主观心理作用，即美=主观。依此而论的话，我说这朵花美，它就美；我说这朵花不美，它就不美。一切以自己的主观意志为转移。这显然是错误的。辩证唯物主义认为，审美观既然是社会生活的一种特殊反映形式，具有充实的社会内容，因而就应该有其客观标准。社会生活是不断变化发展着的，审美标准也应该随着社会生活的历史进程而发展变化，呈现出客观性和历史具体性。这种客观性和历史具体性可以从审美观的时代性、民族性和社会性得到验证。

从审美观的时代性来看，不同时代的人，由于所处的社会生活条件不同，其审美观的客观标准也是不同的。

如中国的男子在封建时代，是以留长发和长胡子、穿长袍为美的。直到辛亥革命，男子才剪了长辫子，穿了短衣，这是革命的表示，至今仍是新时代的一种美。如今，再有哪个男性青年朋友及大学生们去扎长辫子，留长胡子，穿长袍，再穿上贾宝玉的服装走上大街，或者有哪位女同学也裹"三寸金莲"，一步三扭，恐怕就要引起别人的笑话了。

从审美观的民族性来看，任何一个民族，都有自己的地域环境、语言文字、风土人情和生活习惯，各个民族的发展水平和现状也是不同的。这就决定了审美观具有民族性。仅以服饰美为例：藏族人喜欢穿黄色的衣物，男人袒露右膀；维吾尔族人喜欢戴花边小帽；蒙古族人喜欢穿长袍和筒靴；还有的民族喜欢戴面纱等。他们都是以自己的服饰为美，这显示了美的民族性。

审美观的民族性可以说明，各民族都有自己的灿烂文化，各族人民都有对美的向往和追求，只不过是特点不同罢了。各民族之间的美，当然可以互相借鉴，互相学习。如欧洲人的西装，目前在东方国家同样也作为装饰美来穿用。但这种借鉴不宜盲目地模仿，机械地照搬，否则就会闹出"邯郸学步""东施效颦"这样的笑话来。李白有一首诗写道："丑女来效颦，还家惊四邻。寿陵失本步，笑煞邯郸人。"这里有两个典故：《庄子·天运篇》上讲，有一名叫西施的美女，因心口疼，皱着眉，按着胸在路上走。邻居有个丑女（后称她"东施"）见了认为很美，便学西施的样子，结果丑女更丑了。另一个典故说的是古代邯郸人走路的姿势很有派、很美，于是有些人专程到邯郸来学。燕国寿陵这个地方，有位少年也跑来模仿邯郸人走步，结果不但没学会，反而把原来走步的姿势也给丢了，最后狼狈到只好爬着回家去。这两个典故后来形成两句成语，即"东施效颦""邯郸学步"。我国改革开放伊始，有的青年盲目地羡慕西方人的打扮，追求港式服装，甚至闹出大笑话。一位女青年穿着印有“KISS ME”（吻我）字样的“港衫”逛大街，这就不适应当时中国的“民俗国情”了，是有辱自己的人格的表现，这不是美，而是丑。

因此，我们不能盲目地效仿外国，不能认为中国什么都不行。如1975年非洲一个国家足球队的中锋到中国时，他买了一双布鞋，一直珍藏着舍不得穿，1979年北京足球队访问贝宁时，他特意穿上这双布鞋出席了招待会，表示对中国人民的深情厚谊。因此，我们说审美观具有时代性、民族性、社会性的客观标准。

不同国家社会制度不一样，有文化差异、不同民族的人，由于经济地位的不同，对社会现象的审美评价往往是千差万别，甚至截然相反的。

我们在肯定人生审美的客观标准的前提下，也要承认每个人的审美感受是具有个性差异的。

三、审美观的个性差异

审美观，离不开人的主观感受，一个人的生理、心理和生活经验的主观感受不同，那么，审美观就有所不同。

造成审美评价主观差异性的根本原因在于不同审美主体具有不同的审美条件和个性特征。一般来说，审美关系的形成，首先要有具体的审美对象，作为对人的审美，那就是必须有确定的作为审美对象的人。同时，还必须有具备一定审美能力的审美主体。如果主体对于对象缺乏审美感受的能力，那么，主体和对象间的关系也就不可能形成。

正如马克思所说：“从主体方面来看，只有音乐才能激起人的音乐感；对于没有音乐感的耳朵说来，最美的音乐也是毫无意义的，不是对象，因为我的对象只能是我的一种本质力量的确认。”由此可见，在主体与对象之间，有一种相互依存的关系，对象是对主体而言的，只有当主体的本质力量在对象中得到确证时，审美关系才能成立。

俗话说：“情人眼里出西施。”这就是因为爱情的作用影响了对“情人”的审美评价。

那么，有哪些条件影响审美主体、造成审美评价的主观差异性呢？

1.从生理上看，有审美感官的差异性

审美主体必须有健全的、社会化的审美感官，才能进行正常的审美评价，人的审美感官是有差别的。这种差别不仅表现在先天的耳朵、眼睛的听觉和视觉能力上，更主要的是人的审美感受能力有赖于后天的训练。

如音乐家的耳朵对于音乐、美术家的眼睛对于色彩，都有一种特殊的感受能力。

音乐家可能偏重于对人的音色和节奏感的评价，美术家可能偏重于对人的体形、体貌的感受，哲学家可能对人的思辨能力更敏感，政治家可能对人的组织才能更感兴趣。

对盲人谈绘画，对聋人谈音乐，主体对象不对，当然不会产生美的感受，但也不排除经过特殊训练的对象。这也说明人的审美感官是有赖于后天实践和训练的，而且是因人而异的。

2.从心理方面看，不同的审美心境，常常使人对同一个审美对象做出不同的审美评价

一个人在高兴愉快时与懊丧痛苦时的主观感受是不一样的，对人、对物都是如此。如一对恋人哪怕是处在热恋之中，若心情不好也会冷眼相对，发脾气；若在恼怒时听了再优美的音乐也不感到那么优美，甚至更加厌烦、恼怒等。

3.审美修养的差异

从人的生活经验上看，每个人的生活经验不同，他对审美的想象、理解和情感反应也有所不同。

对于美的鉴别与评价，是一种高级的精神活动，它要以丰富的知识和多方面的教养为基础。审美修养包括一个人的知识储备、文化水平、艺术修养、生活阅历等。审美主体在这些方面的修养愈好，他的审美鉴别能力就愈高。

以建筑美学为例：

西方功能主义建筑学家认为："对建筑形式的美感不能和我们对建筑的概念相分离，不能和我们对建筑所要完成的功能的概念相分离。按照这种概念来观察建筑物，就是功能主义的核心部分。"

以三种不同的柱子与横梁的结构来说明对建筑的快感或不快感并不完全依赖于客体，而经常取决于主体对建筑物的结构的感觉（如图6-1所示）。

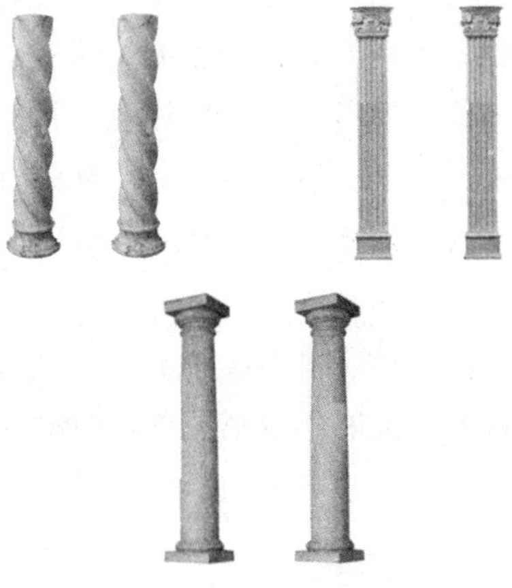

图6-1　三种不同结构建筑物

人们对这三种结构的感觉一个比一个感到舒服，这种感觉是通过一个人的视觉经验来传达的。

观察这三种结构，对第一种结构的不舒服感并不仅仅取决于对对象结构的看法，而且也取决于一种经验。音乐家对音色和节奏的敏感，也是出于音乐知识的渊

博和经验的感受。

在审美感的问题上，也是既有个性，又有共性。大自然的美，也不只有劳动人民才喜欢。

颐和园的风景和建筑，也决非只有慈禧太后才欣赏，今天，世界各国人民看了同样心旷神怡。

对于中国的书法和贝雕艺术，在世界各国，特别是在日本，无论上层阶级还是普通人民都非常欣赏这样的民间艺术。

所以，我们说审美观既具有客观的统一性，又具有主观个性的差异。我们所追求的美是：内在美与外在美的统一。

第二节　大学生审美心理特征

根据大学生的审美能力，其审美心理特征主要体现在以下几个方面：

一、审美感知敏锐、活跃，具有灵感性

首先，由于生理、心理的发展，大学生的智能不断提高，尤其是大脑的发展使大学生开始善于进行高度的抽象思维。随着受教育程度的不断提升，大学生的眼界日益开阔，思维空间日益拓宽，对客观世界所呈现的美的形象常常能够触类旁通、举一反三。因此，大学生在日常生活中对美的感受性大大提高，开始用发展、变化的眼光去把握、感受和理解美，善于在流动、变化中捕捉美的瞬间感受，表现出在审美感知上的极强的敏锐性。比如，儿童在观赏春暖花开、小鸟欢唱等美丽的自然景色时，容易产生美感，面对凄凉的景色时却很难产生美感。而大学生能对一些乍看起来并不光彩夺目的景色做出高度的审美评价，即使是在看到草木凋零、阴雨连绵等让人感伤的景色时，也能从中寻找美、捕捉美。其次，大学生活丰富多彩，自由空间比较大，自主性较强，大学生在学习之余，有精力、有动力参加各种审美活动，使自己各方面的审美感官得到充分的调动与锻炼，久而久之，就能形成较活跃的审美感知系统。

大学生正处于由学校走向社会、由不成熟走向成熟的转折点，这个阶段的任何一种变化都可能对大学生将来的发展产生至关重要的影响。因此，大学生应当充分利用这种敏锐、活跃的审美感知，善于抓住自己对美的灵感火花，使其升华光大，塑造美好的心灵。

二、审美情感强烈、多变，具有波动性

大学生处在充满诗意的年龄，对世界、对人生充满了五彩缤纷的幻想，好奇心强，求知欲旺盛，迫切渴望体验美、追求美。这也决定了大学生的审美情感是强烈的，有时表现为一种激情。美的形象给大学生带来的情感震撼是剧烈的，甚

至沉醉在其中不能自拔，多年以后回想起来，仍然记忆犹新。在对美的情感表现上，大学生往往是爱憎分明，眼里容不得一粒沙子。发现了美的对象，欣喜若狂，给予很高的评价；若他们认为不美的，则持贬低忽视的态度。特别是在大学生的异性审美方面，表现比较典型。一旦遇见自己心目中理想的异性，他们就会产生迫切的审美倾向和强烈的审美情感，并在这种强烈情感的支配下全身心地投入进去。情感的强烈也带来了其多变性的特征。大学生对外界刺激十分敏感，能迅速地做出情绪反应，因而情绪变化很快，对于美的情绪体验容易从一个极端走向另一个极端，具有很大的波动性。同一事物，高兴时看它，明媚鲜艳，非常美丽；心情低落时再看它，也就黯淡下来，不再那么美了。这样的变化在大学生身上表现得非常明显。

审美情感是大学生审美、创美的动力，没有激情，是创造不出什么美的形象来的。大学生应当学会适度地控制、调节自己的审美情感，在激情澎湃的基础上进行理智的引导和有效的调节，维护其情感的健康、稳定发展，从而促使大学生在体验到美感的同时，萌发创造的热情。

三、审美想象丰富、浪漫，具有创造性

在大学生的眼中，现实的东西未必可爱，想象中的一切却特别完美。首先，大学生的想象力尤为丰富。知识的积累、阅历的加深，使大学生的想象空间变得极为广阔。越是未知的领域、越是想象余地大的事物，越容易给大学生带来极大的审美愉悦。比如，在艺术欣赏方面，越是抽象、朦胧、超现实的作品，越容易激起他们的无限想象，那些过于写实的作品，反而不一定能引起注意；另外，自我意识的增强，个性的完善，使大学生可以在更广阔的范围内，根据自己的经验和理解，更主动、更自由地去构建想象的对象，丰富想象的内容。其次，大学生的想象力极具浪漫性。审美想象和情感之间是相互影响的，想象因情感而得到展开，情感在想象中得到表现。由于大学生思想活跃、富于幻想，在情感方面纯洁、浪漫，因而在审美想象上也带有浓厚的浪漫色彩。大学生常常在一种富有憧憬性的、梦幻性的情感的推动下，张开想象的翅膀，沉浸在一种美好的审美感受中。最后，大学生的想象力具有一定的创造性。他们的想象不只是一种再造性想象，更是一种创造性想象。所谓再造性想象，是人类在生活经验的基础上再现记忆中的客观事物的形象；所谓创造性想象，是在经验的基础上对记忆进行加工组合，创造出新的形象。大学生由于想象空间的扩大，想象自由度的增强，其想象的创造性也空前高涨。当前大学校园里出现了诸多的校园诗人、校园歌手、校园乐队，等等，都反映了大学生审美想象的创造性特征。

审美想象是大学生进行创造活动的前奏，只有进行合理的、科学的想象，才能创造出美的形象。大学生应当遵循实事求是的原则，避免脱离实际、有悖常规的空虚想象，要为想象的翅膀添加理性的羽毛，脚踏实地地去想象，去创造。

四、审美理解具有独特的思辨性和创新性

审美理解是审美心理中至关重要的一个环节。任何形式的审美感知、想象只有经过审美理解的过滤和积淀，才能形成对美的正确认识和把握。大学生的智能发展已达到高峰，分析问题、解决问题的能力有所提高，在审美理解方面也形成了自己的特色。首先是独特性。进入大学后，大学生的自我意识和独立意识迅速增强，要求摆脱对成人和家庭的依赖，在思维上也形成独立性、创造性。有心理学家指出，青年在自我觉醒的过程中，为了确立自我形象，会产生各种冒险和奇特行为。这种心理状态表现在审美中，便是追求独特，强调个性。例如，在审美欣赏角度上求新求异，在审美思维上强调自身主体的重要性，在审美选择上趋向于流行性、超前性等。其次是多样性。随着大众文化对校园的不断语码转换，大学生的审美视野越来越开阔，再加上大学生本身就是兴趣广泛、思维灵活的，因此，在审美价值选择和判断上呈现多元化趋势。例如，在穿戴打扮上看法不一，有的认为朴素为美，有的觉得时尚为美，有的提出另类为美，等等。最后是思辨性。大学生在思维上具有抽象性、批判性，在审美活动中常常能以审视的目光对审美对象进行理性思考、深刻分析，不再人云亦云、随波逐流。对于一种事物的美与丑，往往不会一概而论，而是以批判的眼光进行选择和扬弃，并将自己的审美理想糅合进去，进行加工改造，形成自己的审美观点。这与一般社会同龄青年的从众心态形成了鲜明对比。

由于大学生的审美理解与时代紧密结合，与大学生自身的心理特点紧密联系，这就要求大学生能够提高对大众文化中纷繁复杂的信息的鉴别能力，不断完善自身心理建设，培养稳定、深刻、具有创新性的审美理解。

第三节　风度和风度美

美学的基本常识告诉我们，在美的事物中，最主要的是现实美，而在现实的丰富多彩的美的事物中，最主要的是社会美和自然美。而人的美主要包括内在美与外在美。通常所说的“心灵美”“情操美”“道德美”等，就属于内在美，而人的形体、外貌、服饰美等则属于外在美。

作为社会的人的形象应该是：内容（内在美）和形式（外在美）的统一，并且，首先应当注重内容（内在美）。

一、风度美

风度美属于高级的社会美。下面就以风度美为例来说明内在美与外在美的辩证统一关系。

爱美之心，人皆有之。追求美的青年朋友们总是对风度美刮目相看，认为风度

美比容貌美更高贵，这无疑是正确的。在生活中，优美、引人注目的风度确实令人赞叹不已。

“气魄宏伟，风度潇洒”的周恩来同志，在中外交往中，处处引人注目，在艰苦的战争年代，斯诺就称赞说：“厚厚的棉军装穿在别人身上显得有点臃肿，而穿在周恩来的身上却显得匀称优雅!”

曾经几乎打败过欧洲所有重要王朝的拿破仑，对于王公贵戚不屑一顾，可是面对不卑不亢、举止优美的歌德，不能不赞叹地说：“你是一个真正的人!”

什么叫风度呢?

风度，是指一个人的风貌、仪表和态度。

所谓“有风度”，不仅是指人的外在风貌仪表堂堂，也是指一个人的精神、气质、品格的外在表现。

如果说衣着是一个人的审美力的反映的话，风度则是一个人的性格和气质的反映。有的人性格开朗，气质聪慧，风度则往往潇洒大方；有的人性格豪爽，气质粗犷，风度则往往豪放不羁；有的人性格沉静，气质高洁，风度则温文尔雅；有的人性格温柔，气质恬静，风度则秀丽端庄。

美好的风度，确实具有美的魅力。如果举止轻浮，言谈粗鄙，待人接物玩世不恭，甚至粗暴狂躁，那就不是文明礼貌的表现，就有失身份。

美好的风度，就是人的思想情操、性格气质的自然外露，是人的仪表、神态、言谈举止美的综合表现，是内在美的外化。

美的风度，更不是装腔作势的结果，而是心灵美的外在表现，是在生活实践中自然形成的，是好的性格、气质的自然流露。

弗朗西斯·培根说：“相貌美高于色泽的美，而秀雅合适的动作美，又高于相貌的美，这是美的精华。”

俄国大文豪托尔斯泰说：“人不是因为美丽才可爱，而是因为可爱才美丽。”

雨果名著《巴黎圣母院》这部小说，形象地为我们提供了不同的典型。

神父富洛罗，神态庄重，一本正经，一派正人君子相，可是，他心狠手辣，行为淫秽，显然不具有风度美。敲钟人加西摩多，虽面目丑陋，但正直善良，心灵高尚，理所当然地获得人们的同情。可是，如果从风度美的角度看问题，加西摩多则有明显的缺欠。这并不是因为他长得丑，而是因为他缺少必备的审美知识和修养。美丽的吉卜赛少女埃丝美拉达被他的赤诚所感动，觉悟地望着他，为他翩翩起舞时，他激动了，踏到巨钟上猛烈地撞击起来，发出轰然巨响。而这时的埃丝美拉达被震耳欲聋的钟声吓得瑟瑟发抖，捂着耳朵逃走了，非常遗憾地结束了这诗一般的动人场面。他用钟的巨响表达自己的感情，这在此情此景下虽是真诚的，却是不美的。在日常生活中，不乏这种缺少审美修养的人，有的人刻苦好学，却不修边幅；有的人心地很好，却脏话连篇；有的人思想品行尚好，却以新为美，以怪为美。这不能不说他们在审美修养上有着不小的缺憾。风度美是长在内在美基础上的花朵，只有思想情操高尚、气质优雅和知识丰富的人，才能有风度美。在《巴黎圣母院》里，只有漂亮的卖艺少女埃丝美拉达，外貌美丽，心地善良，风度翩翩，吸引了人们全部的爱和同情。所以，注意自己风度美的大学生们，一定要在心灵美和审美修养上下功夫，做到内在美和外在美的统一。

二、大学生的风度美

那么，我们大学生的风度美应是什么样的呢？

大学生的风度是一种端庄、高雅、活泼之美。它要与青年高尚的品行、丰富的知识和青春的活力相适应。我们可以用以下四个短语来概括青年人，特别是大学生应有的风度：

美观的仪表，振奋的神态，优美的语言，高雅的举止。

（一）美观的仪表（自然美）

因为，仪表最先映入人们的眼帘，所以，注重仪表美是热爱生活、积极向上的表现。对青年人来说，什么样的仪表最美？整洁、朴素、大方的仪表最美。服饰美学告诉我们：要珍视朝气蓬勃的自然美。青年人的自然美，胜过服饰美。青年人正值青春年华，朝气蓬勃的面容是最难得的青春之美。俄国诗人马雅可夫斯基赞美说："世界上没有任何一件衣衫，能比健康的皮肤和发达的肌肉更美丽。"世界著名画家达·芬奇说："你们不见美貌的青年穿戴过分反而折损了他们的美吗？你们不见山村妇女穿着朴素无华的衣服反而比盛装的妇女美得多吗？"托尔斯泰在《安娜·卡列尼娜》一书中描写了这样一个故事：年轻的姑娘吉堤为了和安娜争美，参加舞会前打扮了一整天，穿上最华贵的衣服，连裙子上的每个皱褶都考虑过了，以为稳操胜券。可是到舞会上一看，安娜只穿了一件黑色的天鹅绒长袍，未做任何修饰。然而，在那些珠光宝气、五光十色的贵妇中间翩跹起舞，显得玉洁冰清、光彩照人，使举座倾倒，而这时的吉堤却感到自己身上衣着显得异常俗气。从这个小故事中可以看出，过多的修饰只会损害青春之美，而淡雅朴素大方的服饰却给人以很美的感觉。

服饰美学告诉我们：服饰以恰当得体为美。鲁迅有一次在谈到人的衣着时说："人瘦不要穿黑衣裳，人胖不要穿白衣裳；脚长的女人一定要穿黑鞋子，脚短就一定要穿白鞋子；方格子的衣裳胖人不能穿，但比横格子的还好。"因为这样可以利用人的视力对不同颜色和条纹的错觉来增强自身的美感。

服饰美学还说明：衣着服饰一定要适合自己的身份。青年学生的衣着服饰美是一种朴素、大方、高雅之美。它最忌讳浓妆艳抹、花枝招展和怪异。青年学生有较高的知识水平和审美修养，如果打扮得过于妖艳和花哨，只能流于俗气，反倒让人笑其无知。伟大戏剧家莎士比亚说："服装往往可以表现人格。"服装是一面镜子，通过服装可以看人的格调情趣之美。

（二）振奋的神态

法国哲学家卢梭说："真正的美，是美在他本身能显出奕奕的神采。"神态是人的性格、气质的自然外露。优美动人的神态会令人耳目一新，唤起人们的喜爱和尊敬，但也有丑态。对青年学生来说，端庄、振奋、谦虚的神态则显示着特殊的美。神态和内心世界是相通的，端庄、振奋、谦虚的神态往往是自尊心、自信心强与胸怀宽阔的反映。

对于有些青年人来说，有必要强调一下谦虚的神态。有的人骄傲有余，谦虚不足，这是不美的。谦虚的神态反映了心灵之美，能给人以美感。德国大诗人歌德，一生硕果累累，但他并不将此归功于自己的智慧，而是谦虚地认为："不过是伸手去收割旁人替我播种的庄稼而已。"达尔文用二十多年辛勤劳动，创造了划时代的进化论学说，但他并不把这归功于自己的努力，而是谦虚地归功于三十多位科学家。鲁迅一生创造了许许多多的文学珍品，成为中华民族的骄傲，但是他却谦虚地把自己的作品比作杂货摊上的小摆设，他说："大约是夜间飞禽都归巢睡觉，所以单见蝙蝠能干了。"凡是真正学识渊博、见多识广的伟大人物都是谦虚的，待人的态度都是谦和的。这正所谓"学问深时意气平"。

俗话说："谦虚源于渊博，骄傲来自无知。"骄傲无论在何时都是个人修养方面不小的缺欠。

当然，谦虚绝不是唯唯诺诺，妄自菲薄。真正的谦虚就是实事求是，正确地对待别人，正确地对待自己。谦虚绝不是要求人变成谨小慎微的伪君子。德国科学家狄慈根说："免去一切乞丐式的谦虚，因为我相信自己对科学的伟大事业还能做出小小的贡献。"谦虚更不等于谦卑，谦卑表示人格上的不平等，恭敬别人贱视自己，是地地道道的风度丑。真正谦虚的人，是能够既尊重别人，也尊重自己，充满自信心的人。

（三）优美的语言

古人说："言，心声也；书，心画也。"语言是心灵之窗，语言的粗俗或文雅，是一个人道德情操和知识水平的反映。

语言粗野无理是一种风度丑，与青年的身份极不相称。对青年人和大学生来说，首先要使自己的语言健康、文雅、深刻。

谈什么，是想什么的表现，心灵纯洁的人，语言也必然是纯洁的。

语言是人与人交往的桥梁。俗话说："良言一句三冬暖，恶语伤人六月寒。"高雅优美的语言可以消除误会，增进友谊；粗野无理的语言只能制造隔阂，甚至酿成大祸。语言文雅、出口成颂、寓意深刻、幽默风趣却是美的心灵与渊博学识的结晶。

人是用语言思维的，语言越深刻，思维的逻辑性和准确性就越强，认知能力也越强。忽略语言的深刻性，难免流于平庸之辈，因此，我们广大青年朋友们要自觉地培养自己健康、文雅、深刻的语言，提高美的修养。

（四）高雅的举止

高雅的举止不仅能在外观上给人以美感，是内在美的外化，即行为美，而且有利于团结与合作，是风度美的重要标志。培养高雅的举止，要做到以下几点：

1.彬彬有礼。中华民族，素称“礼仪之邦”，彬彬有礼的风度历来备受人们的称誉。“以礼相待”是我国人民人人皆知的格言。《礼记》中“有礼则安，无礼则危”的论断，深刻地揭示了“礼”的巨大社会作用。待人彬彬有礼，所获得的将是友谊和尊敬。

2.严守纪律。凡对待事业和生活严肃的人，从不否认纪律，总是自觉地遵守纪律。然而有的人却不受约束，追求所谓“绝对自由”，买饭插队，“夜半歌声”，从窗口泼水、扔东西等。遵守纪律，遵守公共道德，尊重他人，是有知识和有教养的表现。我们要养成守纪律、讲道德的好习惯。

总之，我们青年学生要雕琢美的心灵。心灵美是风度美的基础。席勒说：“心灵开朗的人，面孔也是开朗的。”优美动人的风度是心灵美的自然外露。因此，培养风度美，关键在雕琢美好的心灵。愿每个青年朋友都能认真雕琢自己的心灵，拥有潇洒优美动人的风度！

有了爱美之心和潇洒的风度，再向你们的心上人、向生活求爱！用美好的心灵，创造更美好的生活！

第七章

大学生的爱情心理

在性生活上，不仅应该考虑到单纯的生理上的要求，而且也应考虑到文化上的特征，看它们究竟是高等的还是低等的。

——培根

一切真正伟大的人物，没有一个因为爱情而发狂的人，因为伟大的事业抑制住了这种软弱的感情。

——培根

爱情是每个青年学生（18~25岁）在人生道路上迟早都会遇到和追求的事情，也是每个青年人最为关心的切身问题。一个人的恋爱行为深刻地反映着这个人的品格和精神面貌，恋爱问题处理得好坏，往往直接影响到一个人的人生道路。同时，树立正确的恋爱观，培养良好的恋爱道德，也是人生问题的重要内容之一。恋爱问题包括的内容十分广泛，大家也感到难，想提又提不出新的问题，本章仅就爱情的内涵，爱情的发生、发展以及恋爱道德问题做一简要探讨。

恋爱观就是男女之间在选择配偶的过程中对恋爱和爱情所持的基本观点和态度。

第一节　爱的心理实质

关于爱是什么的问题，古今中外都留下了许多见解。心理学认为，心理现象是人脑对客观现实的反映。遗传是心理产生的生理基础，客观现实则是心理产生的源泉。“人类历史的第一个前提无疑是有生命的个体的存在，因此，第一个需要确定的具体的事实就是这些个人的肉体组织，以及受肉体组织制约的他们与自然界的关系……生命的生产——无论是自己生命的生产（通过劳动），或他人生命的生产（通过生育）——立即表现为双重关系：一方面是自然关系，另一方面是社会关系。”（恩格斯），爱情作为人类的一种高级感情，无疑也要受自然关系和社会关系的制约，也就是说，爱情是生物性和社会性的统一。

一、爱情的自然属性

“爱情的动力和内在本质是男子与女子的性欲”，性欲是爱情产生的自然前提和生理基础。爱情是男女两性互相倾慕而渴望结为伴侣的强烈感情，它不同于父母子女之情，不同于兄弟姐妹之情，也不同于朋友同志之情，而是由男女两性生理所引起的特殊的感情。缺乏对异性的倾慕这个生理及心理基础，就永远不会有真正爱情的存在。

在人类的远古时代，人们对性的要求十分坦率、单纯而自然，甚至出现过生殖器崇拜，把它看成是永世长存的神赐，古代人在膜拜时并不面红耳赤。人的精神活动在一定程度上取决于他的器官的生理机能，两方面的健康是紧紧相连的。但是，性欲是一种强大的力量，如果失去控制，它就可能变成灾难；与此同时，不能把爱情的性欲的自然基础绝对化，爱情中性的吸引力和精神的吸引力之间的关系有其内在的辩证关系，爱情中的精神成分具有相对独立性。爱情虽然基于人自然属性的生物学基础，但在爱情中起着决定作用的是人的社会属性。

二、爱情的社会属性

人类的爱情之所以被讴歌，而且成为人类永恒的情结，是因为爱情的社会性。作为万物之灵的人类，爱情的社会性的内涵非常丰富，主要表现在以下几个方面：

（一）爱情包含着理性而有目的的交往

动物身上只有条件反射，而人具有在劳动和社会关系中合乎规律地发展起来的意识，他能够根据一定的原则和准则来权衡并且调整自己的行为，这就使复杂的性关系具有高尚的精神。人类的爱情是有意识的，没有意识就没有爱情。这一点表现为预见、认识和按一定目的调整自己的行动，而且表现为富有幻想和殷切地渴望获得个人幸福。爱情从来既是令人激动的回忆，又是明确的期待。

（二）爱情是与社会结构中人的道德意识、善恶观和对道德与否的认识联系在一起的

只有人才能把道德带进两性关系，一旦爱上一个人，就承担了尊重这种亲昵的友谊的责任，并且负有把它看作最大的幸福而珍惜它的义务。当一个人体会到真正的爱情时，就会表现出自我牺牲精神与巨大的道德力量。

（三）爱情是作为在男女关系上的一种特殊的审美感而发展起来的，爱情创造了美，使人对美有了新的领悟

爱情创造的美丽带着永恒性，我们所说的“情人眼里出西施”正是爱情特殊的审美趋向。在恋人眼中，对方身上所折射出的美丽是其他人无法理解也无法感受的，而这种美不仅表现在外表的吸引上，更是心灵深处的一种深沉的对美的鉴赏力的持久的迷醉。

（四）爱情作为一种社会现象，爱情的力量包括生理的力量与精神的力量，使恋人走到一起

爱情引导一对男女去建立牢固的共同生活，去建立婚姻和家庭形式的关系。爱情以生理力量为基础，但其精神力量才是爱情中永恒与不竭的动力源，特别是当热恋的激情退却时，真正的爱情在平实的生活中靠的是双方精神力量的维系，使之在平凡的生活中依旧光彩照人。

（五）爱情的思想内容和社会-心理内容取决于社会发展的水平，男女之间的相互作用不仅是生物作用，而且是精神作用

志同道合曾经是革命年代崇高爱情的代名词，进入21世纪，爱情价值观的多元化显然与我们社会文化的多元化紧密相关。如“不在乎天长地久，只在乎曾经拥有”，它注重爱情的即时性而忽视其永恒性。

（六）爱情的社会成分自然也存在于选择性的欲求对象的过程中

选择和中意的标准不单是生物性的，而且是社会-心理的，在选择对象时，无论男女都不仅注意到由遗传决定的生物特点（眼睛、头发、体形、气质等），而且考虑其社会评价（社会地位、物质条件、受教育程度、道德水准、志向等）。如果说爱情的最初的迷醉是从生物特点开始的话，那么持久的爱情靠的是社会评价。人类的爱情更多的依靠理性的选择，即在生物学基础之上的更多的社会标准的审视。

（七）调节两性关系的手段是动物所不具备的羞耻感

与美感相对应的是，人类爱情的社会性有其特有的羞耻感，即表现在对爱情的表达方式与性行为的选择上，也表现在爱情受挫后所引起的心理反应上。特别是单相思与失恋，羞耻感经常是爱情的伴生物。

三、斯腾伯格爱情三角理论

迄今为止，心理学家、行为科学家都没有能够客观地解释人类的爱情。他们从不同的角度对爱情进行了阐述，其中，影响最大的是斯腾伯格（Sternberg）的爱情三角理论和罗斯布鲁特（Rusbult）的爱情投资模式理论。

斯腾伯格认为，爱情包括亲密、激情、承诺三种成分。亲密是指与伴侣间心灵相近、互相契合、互相归属的感觉，属于爱情的情感成分；激情是指强烈地渴望与伴侣结合，促使关系产生浪漫和外在吸引力的动机，也就是与性相关的动机驱力，属于爱情的动机成分；而承诺则包括短期和长期两个部分，短期的部分是指个体决定去爱一个人，长期的部分是指对两人之间亲密关系所做的持久性承诺，属于爱情的认知成分。上述三个成分组成一个三角形，随着认识的时间增加及相处方式的改变，三种成分将有所改变，爱情的三角形会因其中所组成元素的增减，其形状与大小也会跟着改变。三角形的面积代表爱情的质与量，面积越大，爱情就越丰富，三种成分结合在一起才是圆满、完美的爱。斯腾伯格进一步提出，在三种成分下，有八种不同的爱情关系组合，分别为：①非爱。这三种成分都没有。②喜欢。由于长期相处，异性间产生了相知感，彼此了解对方的经历、兴趣爱好，有一种朋友般的默契感，这种关系只能称作亲密，缺乏激情与承诺。③迷恋。某一特定时空不期而遇，由于强烈的性吸引，既无了解也无承诺，身体上的亲密之后，形同陌路。④承诺之爱。双方既无生理的吸引，又缺乏相互了解，仅由于某种承诺结合在一起。⑤浪漫之爱。有性的激情与深刻了解，但不能做出承诺。⑥伴侣之爱。既亲密又有承诺。⑦闪电之爱。无深刻的了解，但由于强烈的性吸引而闪电般地结为夫妻。⑧圆满之爱。相知的亲密、生理的吸引，对婚姻的追求与承诺。

斯腾伯格爱情三角形理论的爱情关系组合如表7-1所示。

表7-1　**爱情关系组合**

爱情类型	爱情成分		
	亲密	激情	决定／承诺
非爱	–	–	–
喜欢	+	–	–
迷恋	–	+	–
承诺之爱	–	–	+
浪漫之爱	+	+	–
伴侣之爱	+	–	+
闪电之爱	–	+	+
圆满之爱	+	+	+

注：“+”表示肯定；“-”表示否定。

不同的爱情可以用不同形状、不同大小的三角形来描述，即三角形的面积表示爱情的多少，三角形的形状表示爱情的三种成分之间的相对关系（如图7-1和图7-2所示）。等边三角形表示平衡的爱情，因为代表各个成分的顶点到三角形重心的距离相等。不等边三角形代表不平衡的爱情，哪个顶点到三角形重心的距离最长，就表明这是主导成分；哪个顶点到三角形重心的距离最短，就表明该成分的不足或缺少。这就是该理论的基本三角形原理。

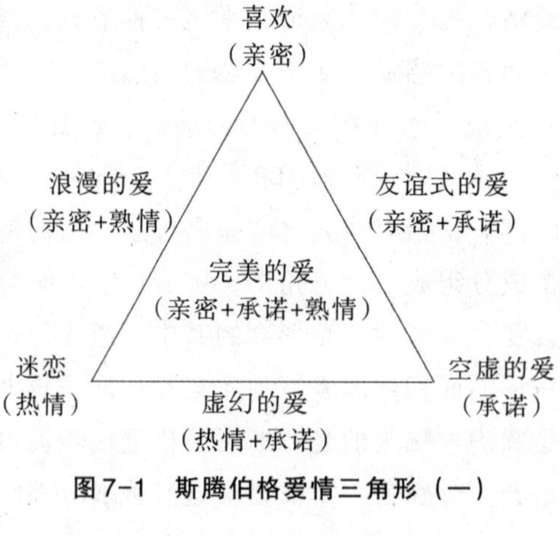

图7-1　斯腾伯格爱情三角形（一）

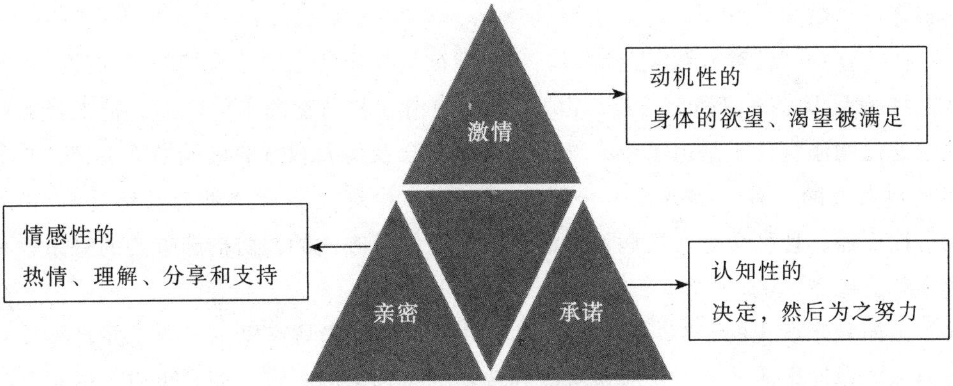

图7-2　斯腾伯格爱情三角形（二）

第二节　爱情及其特征

一、什么是爱情

爱情是男女之间的一种特殊关系。在人类文化发展史上，很早以来，就有不少思想家研究它，不少文学艺术作品表现它。

但由于不同的历史时期，人们对人生问题的认识及道德境界不够深刻，因此必然对爱情做出各种不同的回答。如：

宗教神学家们，把爱情归结为“宇宙灵魂”的表现，视男女间正常的生理要求为罪恶。

文艺复兴时期，随着资本主义的发展，资产阶级的人文主义者把爱情完全归结为“纯性欲”的自然属性。如休谟（英国18世纪资产阶级哲学家）把爱情归结为“美貌”“性欲”“好感”三个内容。休谟在《人性论》一书中写到，爱情“这种感情在它的最自然状态下是由三种不同的印象或情感的结合而发生的”。这三种情感是：(1) 由美貌发生的愉快感觉；(2) 肉体上的生殖欲望；(3) 浓厚的好感或善意。

某些纵欲主义者，甚至直言不讳地把爱情和性欲等同起来，主张食欲付诸实践叫吃饭，性欲付诸实践叫爱情，因此爱情和吃饭一样，是属于正常的生理机能。这就完全否认了爱情的崇高的精神内涵和社会属性。

爱情具有自然属性与社会属性。一般说来，人发育到性成熟的时候，就会自然地产生对异性的要求，这是生理成熟的必然结果。人具有自然属性。但这不是爱情的本质，爱情的本质是社会性，因为，人的本质特征在于社会性，人是社会的动物，人类对爱情的追求不是以简单的自然方式，而是以社会方式进行的，是要受到诸如社会的物质生活条件、各种社会思想和习俗等等的制约的。在爱情的两种属性中，社会属性具有决定意义。人类社会越发展，人的两性关系的社会属性越丰富，它的作用就越大。

西方宣扬“性解放”“性自由”。它把性欲只看作是人的“天然的”欲望，主张在两性关系上“一切都听任其自由”。这种混淆人和动物的本质区别，把人降低到动物地位的滥言，正是追求个人享乐，不顾社会及他人利益的极端纵欲主义，其危害是相当大的。有关数据显示，到1999年底，全球艾滋病感染者已超过4 730万人。性传播、性乱交是艾滋病传播最大的途径。艾滋病的预防措施首要的一条就是遵守性道德。

正如列宁所说的，“我认为这个杯水主义完全是非马克思主义的，并且是反社会的”。“在性生活上，不仅应该考虑到单纯的生理上的要求，而且也应考虑到文化上的特征，看它们究竟是高等的还是低等的。”[①]它将爱情的自然因素和社会因素有机地统一了起来。

恩格斯认为，爱情就是“人们彼此间以相互爱慕为基础的关系”。恩格斯说：“现代的爱，同单纯的性欲，同古代的爱，是根本不同的。第一，它是以所爱者的互爱为前提的……第二，性爱常常达到这样强烈和持久的程度，如果不能结合和彼此分离，对双方来说即使不是一个最大的不幸，也是一个大不幸。”恩格斯的论述揭示了爱情的本质及其历史演变，为我们科学地理解爱情提供了科学的依据。

综上所述，所谓爱情，是指在一定经济文化状态下，两性间以共同的生活理想为基础，以平等的互爱和自愿承担相应义务为前提，以渴求结成终身伴侣为目的，在各自内心中形成的对另一个异性最真挚的仰慕和最强烈、稳定、专一的感情，并按一定道德标准自主地结成的一种具有排他性和持久性的特殊的社会关系。

这个定义比较科学地揭示了爱情的较完整内涵。爱情作为两性之间的一种特殊的人与人之间的关系，是主观情感和客观义务的有机统一，具有不同于其他的人与人之间关系的显著特点。

二、爱情的特征

爱情关系具有以下四个特征：

第一，爱情具有自主性。男女之间应该在当事人自愿的基础上，建立爱情关系，而不能有其他外来因素的干预。在某些特定情况下，可以通过他人（媒人）的中间作用，也不排除听取父母及他人的意见，但是，最终必须是完全出于当事人的自愿，由当事人自主决定。一切包办婚姻、买卖婚姻，都是错误的，是违背《中华人民共和国婚姻法》的行为。

第二，爱情具有平等性。列宁说过，“爱情是不可以强求的”，而只能是以当事人双方的互爱为前提。男女双方相互爱慕、相互追求，爱情才能够发展。倘若一厢情愿，是不能称之为爱情的。一方爱上了另一方，同时又得到了另一方的同样的

---

① 蔡特全. 列宁印象记［M］. 北京：生活·读书·新知三联书店，1979：69.

爱，才能成为爱情关系；不能因自己爱对方，要求对方必须爱自己。任何一方的自作多情，都只能是毫无结果的“单相思”。在发展爱情关系的过程中，男女双方必须处于平等地位，甚至表达爱情的方式也应是对方所愿意的。

第三，爱情具有排他性。恩格斯曾说：“性爱按其本性来说就是排他的。”爱情的排他性就是指爱情的专一性和纯洁性。男女两人之间一旦形成爱情关系，就要求男女双方绝对忠贞，不允许有第三者插入，也不允许其中的任何一方同任何第三者发生暧昧关系，同其他异性建立和发展友谊不能超过同志和朋友的界限。

第四，爱情具有持久性、统一性。真诚相爱的男女，渴望结成终身伴侣，强烈要求达到精神和物质生活的高度、持久的统一。爱情所包含的感情因素和义务因素，不仅存在于婚前的整个恋爱过程，而且存在于婚后的夫妻生活和家庭生活之中。在这个过程中，恋爱者双方的倾慕热情和对相应义务的责任感，不论对婚前还是婚后而言，都应该是持久的。正是由于这种持久性和统一性，所以，爱情不是志同道合的同志之间的感情；爱情不能像财产、物品那样被占有；爱情不是同情和怜悯。

真正的爱情是人的自然因素和社会因素的完美结合，是物质和精神上的高度统一。如果恋爱双方或一方，对爱情采取朝秦暮楚的态度，或把婚姻看作爱情的坟墓，那么，这种爱情就不是纯洁的、持久的。

三、青春期异性交往的特殊心理发展过程

一些心理学家和社会学家对个体性意识发展的调查表明，个人对异性的态度上，有一个从不关心、反感、对异性的一般向往到对一定异性的追求的过程。这个过程往往同个人社会生活经验、两性情感和对社会责任的了解、深化程度，有着极为密切的关系。一个人如果能比较顺利地度过这四个阶段，他才有可能真正获得爱情。

从青年个体来看，青春期男女的两性交往一般有这样三个发展过程。

第一，性疏远期。

青春期（13~14岁）的男女，生理和心理发展尚未健全，难以真正理解现实生活中的两性爱情关系。男女之间总是持一种惊惧乃至反感的疏远态度，界线分明，互不相干。在中小学这个年龄段的男女同座的桌面上往往刻有一条分界线。因此，这一时期被形象地称为“三八线时期”。“三八线时期”标志着性的觉醒。

第二，性亲近期。

进入青春中期（14~18岁）的男女青年，对自己的容貌和体态十分注意，追求爱情的心理逐步产生，异性之间有一种自然的亲和力和吸引力，有8%的男女青年喜欢把年龄相当的异性作为向往的对象，男女之间已开始相互吸引，双方都希望异性注意自己，对异性之间的交往甚为敏感（表现在十四五岁的男女之间）。但同时又有一种不自然的退避和疏远，表现出男女间的拘谨、胆怯和腼腆，有些人则故意表示漠不关心，“轻视异性”，或者装出一副神圣不可侵犯的姿态（表现在十七八

岁的男女之间)。

这些行为，都表现出这一时期青年人深刻的内在矛盾的心理特点（既有对异性的向往，又胆怯、腼腆)。

这个时期，男女都为能和异性同伴共同参加集体活动而备感乐趣，在各种集体场合有意无意地在异性面前显示自己的特长和优良的品性。这一时期，由于青年男女对性的好奇、无知，很容易造成性失误和性犯罪。因此，有些专家把13～14岁或15～16岁看作危险年龄阶段。在这一时期进行科学而又有艺术的性教育，使青年男女的性亲近得到合理调节，男女两性的性心理得到健康的升华，是极为重要的。所以在初、高中开设“性知识教育课”是有必要性的。

第三，恋爱期。

恋爱期处于青春晚期（18～25岁)，是性亲近的自然延续。在男女交际过程中，逐步地将异性作为结婚对象加以选择。这时候，男女交往逐渐从外在转向内在，高尚的思想品德，广博的文化知识，健康的兴趣、爱好，丰富细腻的情感等等，对异性都具有巨大的吸引力。从而，男女双方会产生爱的情感，逐步发展为恋爱阶段。相互之间有着密切的书信“隐私”关系和不断的直接接触，不断交往，积极发展恋爱关系。

什么是恋爱?

所谓恋爱，就是指男女双方在婚前爱慕不舍，互相追求，渴望对方成为自己终身伴侣的感情行为。它是培植爱情，并实施爱情的过程。

恋爱期可分为初恋和热恋两个阶段。

初恋，是由接近异性自然而然发展起来的，具有新奇、纯洁、隐秘的特点，它不直接接触异性，而是以特长、风度、情操来吸引对方，彼此心领神会，而周围的人几乎很难察觉。

热恋，是爱情走向成熟的标志。这是人的最美好的感情所能达到的、最辉煌的境界。热恋中的青年人，他们往往把爱的一方当作未来的妻子或丈夫，全心全意地倾注感情。这种感情如果发挥得当，将会给男女双方的学业和事业及人生带来幸福和欢乐。也正像一位学生自己所体会到的，他说：“我已有了意中人，我们彼此在学习上互相帮助，感情上息息相通，产生了高度的责任感，时刻推动我们奋斗!”

据有的大学里的学生干部反映说：“我们班谈恋爱的十几名同学，他们关心班级，是班级各项活动的倡导者和组织者。他们的学习成绩都名列前茅，可以说，爱情是他们的‘核动力’。”

这说明这些同学爱情发展得比较好，有的双双考上研究生。如果感情发展得不好，将会给自己带来无尽的悲哀。

一位尝过失恋苦涩的大学生毫不隐讳地说过：“当时我考虑的是‘先下手为强’。其实，她长得并不美，但我想，随着时间的推移，她的心灵也许能弥补她外表上的不足。在热恋中的日子里，我们的爱像炭一样烧起来，无法冷却。逛公园，看电影，遛大街，业余时间大都在花前月下逝去。她两天见不到我就四处打听。后来，我们之间常常因一些烦琐小事而争吵，并由‘君子动口’发展到‘小人动手’，不得不分道扬镳。回想起来，这实在是一种浪费。”

正因为如此，心理学家们认为，一个青年先经过纯洁的初恋，然后才进入热恋阶段是必要的。初恋阶段的隐秘性，可以使我们青年男女较长时间地相互观察、相互考验，又不致过分分散精力，这样就可避免匆匆结合而造成不幸，其效果往往是令人满意的。

为什么说效果是令人满意的？怎样才能处理好恋爱关系？其关键是如何去把握。

第三节　理智在恋爱中的地位和作用

一、爱情的产生

爱情的产生，必然首先经过感觉感情，再达到理性感情。所谓理性感情，就是在理智作用下形成的一种细腻的、浸透心灵的感情。这种感情有它产生和发展的过程。我们考察爱情发生的全过程，有利于我们青年理智地把握恋爱时机，更明智地、深刻地、正确地对待爱情生活，这是爱情成功与否的关键。

爱情首先经过感觉感情阶段。

所谓感觉感情，就是指人与人见面之后，对方的面容、形象、言语、动作，给人的一个最初的好、坏的感觉印象。

感觉印象，从认识论的意义上说，它并没有达到对事物本质的认识，尤其对具有复杂的社会性的人来说，感觉印象离对人的本质的认识很远。这种感觉感情仅仅是人类的一种低级感情，它仅仅是在对人的外表的直观印象的基础上产生的。在这个阶段青年的情感，极易受当时情境气氛的感染，往往缺乏自知之明，是不易把握住爱情发展的，是不成熟的。

例如：20世纪80年代末的某一个春天，在鲜花盛开的季节，某高校一位女大学生，因失恋投进一条小河，匆匆结束了她的青春年华，这是一位刚刚19岁的女大学生。

由这桩悲剧引发，某报社记者在几所高等院校，就大学生恋爱问题邀请部分师生座谈，看法是各式各样的。

有的同学认为，爱情是“孤独和寂寞的产物”，一位中文系的女同学说：“在家时，跟前有父母和兄弟姐妹，生活很快乐。上了大学，心中常常感到孤独和寂寞。为了寻找精神寄托，就想交朋友，同性和异性的，而异性的很容易发展到恋爱。”

有的同学认为，爱情是“核动力”；有的认为，大学不谈恋爱“吃亏”，得赶“第一班车”，不然人家把好的选走了，剩下的全是等外“次品”；好多同学还认为，大学不谈恋爱，毕业后就进入大男大女的行列，会给社会增加负担等。我们认为这些想法是对爱情的内涵缺乏深刻的理解，爱得虽然狂热，但是很幼稚。

还有的同学认为，大学生谈恋爱是“喜剧开始，悲剧结束”。有位同学说：“我们班有六对同学戏剧性地明确了恋爱关系，沉溺于爱情的漩涡。本来，爱情应是奋进的动力，自新的鞭子，美好情操的催化剂，可对他们来说，竟成了没顶的江河。他们的学习成绩直线下降，考试大都不及格，有一名姓徐的学生科科不及格，最后被开除学籍。现在六对已有五对挥手再见，剩下的一对也是勉强维持。”

一位女同学又接着说：“据我所知，我校大学期间谈恋爱的‘成活率’不超过20%，造成这种悲剧的原因是多方面的。从学生自身看，主要是盲目，为了这种盲目的爱，好多学生相互间一见钟情，但并不真正了解，结果往往埋下不幸的种子。另一个原因是相互间不道德，玩弄别人的感情，不理智，突破最后一道‘防线’，以致到了不可收拾的地步。当爱情失败以后有些学生一蹶不振、万念俱灰，或行凶报复，或自寻短见，以致酿成悲剧。”

另外还有一个重要的原因就是现代青年生理成熟前移，从而导致生理与心理的不同步发展，把握不住感情的分寸，以理智控制感情的能力较弱，往往感情超越理智，因为恋爱而忘记了一切，以致达到后悔莫及的地步。

由此看来，在感觉感情阶段确定恋爱对象，显然是不够成熟的表现。

感觉感情继续向前发展，达到理性感情的程度，才能产生真正意义上的爱情。上升到理性感情阶段的男女双方，已有能力把自己的感情置于理智的控制之下，对自己及相识的人达到本质的了解，对双方的学识、气质、生活目的、价值观念、道德水准等都有了较全面的认识。只有这样，才能在冷静的思考中，确定自己爱情的方向，明确知晓自己爱的性质，掌握自己爱的分寸，以恰当的方式表达自己的感情。当一个人有可能清楚地判断自己究竟因为什么而爱上了对方，能判断出双方的适应程度时，这种爱情才可能是发自肺腑的、浸透心灵的，由于彼此理解而心声相连、命运交融，所以也是很难转移的。

从爱情发展的两个阶段考察，我们青年人及大学生在把握恋爱时机的问题上，与我们的人生观和恋爱观形成与否及正确与否有密切关系。只有当我们的人生观逐渐稳定时，才可能对自己的终身伴侣做出正确的、理智的选择。

要重视理智的作用，即当选择了恋爱对象以后，在恋爱中，对待爱情就应当讲究道德责任。

果实应摘于成熟的时辰，时辰未到，你却伸手，到手的是青涩的苦果。

二、爱情的道德责任

爱情从来也不是个人孤立的心理活动，爱情必须受到当事人整个社会生活的影响，受到他人的和社会行为规范的制约，因而，必然会产生爱情的道德责任问题。

（一）表现在对所爱者方面

爱情表现在对所爱者方面应做到：忠贞专一，而不见异思迁，应持谨慎的态度。

“恋爱的原则是给予，是利人。”黑格尔曾说：“爱情里确实有一种崇高的品质，因为它不只是停留在性欲上，而是显出一种本身丰富的高尚优美的心灵，要求以生动活泼、勇敢和牺牲精神和另一个人达到统一。”黑格尔所说的“统一”，也就是要求对方负起道德责任来。

所谓道德责任，就是社会所赋予的义务，这种义务通过良心的作用变为忠贞不二、始终如一的行为，爱情一经确定，就要自觉自愿地、尽心竭力地、矢志不渝地去爱对方，对对方的命运负责一辈子。这种爱决不只是口头上的海誓山盟、如胶似漆。

一个人如果只顾追求自己的“幸福”，置自己的幸福于别人的痛苦之上，事实上他就不可能拥有真正的爱情生活。强调爱情必须专一，友谊不同爱情，朋友可以广交，但爱情必须专一。

（二）表现在处理爱情和事业（学业）的关系方面

在处理爱情和事业、学业的关系方面我们既反对“爱情至上”，又反对“独身主义”。我认为，没有爱情的人生虽然是不完整的人生，但不能说是没有意义的一生，也是有一定价值的。

别林斯基说：“如果我们生活的全部目的仅在于我们个人的幸福，而我们个人的幸福仅仅在于爱情，那么，生活就会变成一片遍布荒茔枯冢和破碎心灵的真正阴暗的荒原，变成一座可怕的地狱……”当然，爱情是人幸福生活的一部分，但它不是生活的主要内容，更不是生活的全部。人生的主要意义在于为人类社会的发展和进步作出贡献。这才是人生意义之所在。

那么我们青年学生呢？在承担繁重而又艰苦的学习和工作的同时，爱情也伴随而来。在人生这一重要时期，是否有能力同时唱好学业与爱情这两出戏，对青年来说是一个严峻的考验。

青年人对爱情的追求与层次也很复杂，态度各异。据调查，青年中约有20%属于事业型。他们一般把事业作为支撑爱情的杠杆，有明确的奋斗目标，在紧张的学习、工作中相互安慰，相互帮助，相互鼓舞。这部分人的自制力比较强，能理智地控制感情，学习成绩优异，工作勤奋，一般都有希望实现事业和爱情双丰收。

然而，也有相当一部分恋爱中的男女青年，把爱情看作重于一切，一旦坠入情网，便完全沉醉在新鲜的甜蜜中不能自拔，整天絮语缠绵、魂不守舍，无心学习和工作，过分狂热，失去节制。整天忙着写情书，赴约会，看电影，逛公园，下饭店，形影不离。整天考虑穿什么衣服，梳什么发式，送什么礼物，如何讨对方欢心等，而把学习、工作、理想、抱负抛在一边。一旦失去了爱情，便感到生活空虚，悲观厌世，痛不欲生，有的甚至被淘汰。这正是“只为了爱，盲目地爱，而将别的人生的要义全盘疏忽了（鲁迅语）”，结果往往是事业不成，爱情尽失。

时有春、夏、秋、冬，人有幼、青、壮、老，万物皆有其时。而青年时代恰如四季之春，是获得智慧将来成才的关键时期，我们理应把努力学习、工作放在首位。培根说：“一切真正伟大的人物，没有一个因为爱情而发狂的人，因为伟大的事业抑制住了这种软弱的感情。”伟大理想是人生的崇高目标，爱情只能从属于它。有志的青年一定要处理好爱情与事业的关系，要以事业、学业为重，达到事业、爱情双丰收的最高境界，以实现未来的美好生活。

（三）表现在爱情的表达方式方面

在表达爱情的方式上，应该做到理智而不轻浮。

高尚纯真的爱情不仅要求恋爱双方志同道合，而且要求在表达爱情的方式上讲究文明。如果不分时间、地点、场合任意放纵自己的感情，举止轻浮，就可能给人以很不愉快的感觉，甚至会使对方产生极大的反感和厌恶（会让人感到恶心）。男女之间表达感情的方式有高雅与粗俗、健康与庸俗、含蓄与放荡之分。高雅、健康和含蓄的感情表达方式给人以美的感受，使双方的人格更加崇高，使一个人成为真正意义上的人。粗俗、庸俗，有的用小刀扎腿以示忠贞的感情表达方式，不仅是不尊重自己，而且也是不尊重对方的表现。马克思主张男女之间必须保持一段距离来谈恋爱，当他发现拉法格同他的女儿劳拉在恋爱中有过分亲密的事，就写信给拉法格进行指导。马克思说：“如果您想继续维持同我女儿的关系，您就应当放弃您那一套求爱方式……过分亲昵很不合适……在我看来，真正的爱情是表现在恋人对他的偶像采取含蓄、谦恭，甚至羞涩的态度。而从不是表现在随意流露热情和过早亲昵……明白人，只要半句话就会懂的。”我们青年人、大学生们当然更会明白的。

苏霍姆林斯基在《给儿子的信》中对这种现象做了尖锐的批评，他说：“许多青年人轻率放荡行为使我不安。在光天化日之下，在熙来攘往的人流中常常见到青年男女又搂又抱又亲嘴。一次，我问一个很年轻的姑娘：周围这么多人你不感到害臊吗？她却回答说：难道需要掩盖友情吗？这个姑娘回答得很不高明。她虽然在生理上已有做母亲的资格，但在道德上还没有。一个人把应该藏在内心深处的、隐秘的、不可侵犯的感情拿出来示众，是一种愚蠢和下流的行为。”在恋爱中，过分亲昵的粗野方式、超越现阶段的非礼行为，都是缺乏道德情操的表现。越是纯洁高尚的爱情越是受人尊敬，越是品行高洁、行为端庄的人越能获得对方的尊重和爱。言语粗俗、行为放荡容易使对方感到厌恶，只能破坏爱情，甚至走入歧途。

（四）表现在爱情的动机方面

广大青年朋友在爱情的动机方面应确立正确的择偶标准。

高尚纯真的爱情是建立在共同理想的基础上的，是对所爱的人的爱慕。

在现实生活中，以钱取人自食其果的、以貌取人自寻烦恼的、以门第取人而遗恨终身的悲剧，并不少见。

因此，选择终身伴侣，首先，必须将良好的思想品德放在首要地位，把心灵美好、情操高尚作为择偶的首要标准。男女双方情投意合，才能在生活的征途中风雨同舟、患难与共，才能真正给自己带来爱情的幸福，给新一代、给双方的家庭带来生活的欢乐，给社会也带来稳定。

另外，我们也并不排斥其他条件的考虑。在择偶时，适当考虑外貌也还是合情理的。契诃夫说过："人的一切，面貌、衣裳、心灵和思想都应该是美好的。"古人说："娶妻娶德不娶色。"这些都是有一定道理的，不能排斥其他条件，但也要反对单从容貌上来选择对象。有的人相貌堂堂，如花似玉，但常给人一种"金玉其表，败絮其中"的感觉。例如，德国女革命家罗莎·卢森堡在布累斯劳的监狱中看到一名女犯人，她惊讶地发现，这名女犯人具有女王般高贵的容貌，就以为她情操也那样高尚。哪知两天后她立刻发现在此人美丽的容貌下却掩盖着卑劣愚蠢的思想，她的举止相当丑恶，以致从那天起，这位女革命家卢森堡再也不想多见她一眼，同这种人生活在一起是不会有什么爱情的。而内在的气质和风度却是长久不衰的，才能使爱情永驻长存。

如普希金的爱情悲剧，他一见钟情于"莫斯科第一美人"，在与贵族军官的决斗中，不幸中弹身亡，年仅37岁。我国古代唐明皇"不爱江山爱美人"，既失江山又失美人。

因此，我们选择伴侣，在不排斥其他条件的情况下，首先是以共同理想、事业，共同的情操为条件的，而不是别的。其次，不要苛求条件，客观上的条件是可以争取的，主客观方面的条件都是能够互补的。所以，择偶的标准，不能苛求条件，而是双方的条件具有相互补充的关系。

（五）表现在理智地对待失恋方面

爱情表现在理智地对待失恋方面：要做到心脑宽阔，失恋不失志、不失德。

伴随着恋爱而来的，还有一个"失恋"问题。失恋的情况是复杂的，也是常见的。失恋是痛苦的，失恋者由于思想水平、文化修养、生活经验、性格脾气等各种因素的差异，在感情上也就有不同的表现。大多数人随着时间的流逝，炽热的感情慢慢地平静下来，淡薄往事，医治心灵的创伤，以至重新结识新的伙伴。

少数人却驾驭不了自己的感情，陷入无法自拔的痛苦泥坑中。有的意志消沉，看破"红尘"，对生活失去信心，无所事事；有的羞愧难言，悔恨交加，以死"抗争"；有的自认"被人遗弃"，丢了"面子"，"你给我痛苦，我也让你吃点苦头"，想方设法报复对方，甚至"孤注一掷"，走上犯罪道路。

失恋期间的感情处理，应本着对对方负责和对社会负责的态度。具体处理方法是：

首先，必须认识恋爱是当事人双方自觉自愿的感情活动，当一方缺乏甚至完全没有这种感情基础的时候，切不可勉为其难。

其次，应冷静地分析整个恋爱过程，双方是否存在盲目性？双方的感情变化有无道理？如果一方发现恋爱对象并不理想，缺乏结成终身伴侣的基础，于是想在爱情的路途上寻找新的伴侣，那么对另一方来说，应当将对方终止恋爱的行为，看作是对自己的爱护，友好地与对方分手，并祝愿她（他）的爱情生活幸福、成功。

献给大家一首爱情小诗：

她（他）说：
不爱你是因为瞧不起你，
是么？好呵！
这无异于——逼着你前进。
待你送走许多不眠之夜，
迎来事业成功的黎明时，
（她）他眸子里的星辉就会夹
在那欢欣的晨曦里，
重新落到你的眉梢。
——这并非失去爱情；
——这是赢得了真爱。

如果对方见异思迁，玩弄他人情感，不道德地终止恋爱关系，受伤害的一方也应当从宽容的一面和真实的一面去看待恋爱挫折，并且应该想像到和这种人一起生活是不会有什么幸福的！现在对方既然主动提出终断爱情关系，则正是好事一桩！更不要感到有什么大的思想压力和负担。那种失恋后退避三舍，或者视对方为仇敌的行为，都是一种缺乏理智、缺乏道德修养的表现，更不是当今21世纪青年学生所应做的事。用一首短诗来描述一下：

她（他）离开了你。
你就要离开人世？
其实，
是不道德的她（他）
已离开了人世的道德，
你在人世里
还能找到讲道德的她（他）。
她（他）既然无情，
你又何必痴情？

失恋者必须化痛苦为动力，吸取教训，在学习中充实自己的精神生活，在工作中寻找乐趣，在集体生活中得到安慰，在与同事交往中获得友情，在大自然中获得精神、身心之抚慰，学会转移注意力，在奉献中获得愉快感，及早摆脱困境，享受人生之快乐。

值得注意的是，亲属、同学、朋友、同事对失恋者应能善意劝告，热情安慰，决不能讥讽嘲笑，更不能煽风点火，旁观者的议论将构成对失恋者的压力。舆论正确，可以使失恋者根据社会公益、社会公德来理智地控制自己的情感，调节自己的行为；舆论错误，会加深失恋者的痛苦，是使他们产生不良行为的潜在因素，会给他人和社会及家庭带来极大的危害。

我们广大青年学生要注意做到：失恋不失志，失恋不失德。对于失恋的烦恼，俗话说："提起千斤重，放下二两轻。"用事业和丰富的社会活动充实自己的生活，就会早日摆脱痛苦。要认识到失恋问题对每个人都可能有，是人生征途上难以避免的正常现象，不必有更深的痛苦。

我们提倡"恋爱不成友谊在"。那种"恋成了是爱人，恋不成是仇人"的想法，是一种狭隘心理的表现。在这个问题上，要有坚强的自制力和坦荡的胸怀。

三、早恋与爱情

爱情与早恋不是一个概念。早恋是在情感不成熟时期，过于盲目地把友谊和一般性的青年人之间的交往误认为是爱情关系。无论是从年龄、生理或是心理上看，都不成熟。

第一，青年学生人生观正处在形成时期，对事物的看法及对社会的认识还不够深刻，特别是对人的认识缺乏理智的情感基础，更缺少实践经验，不能完全有把握地进行理智的选择。

第二，年龄小。生理上虽然成人，但不完全成熟；心理上很不成熟。因此感情是不稳定的，缺乏自控能力。从社会心理学讲，应对资源还不够充足，因此难以承受情感方面的挫折。

第三，从效果看，弊大于利，利少弊多。大学期间学习任务较重，谈恋爱会分散精力，使人情绪不稳，易胡思乱想，影响学习，也不利于身心发展，更不利于为事业打下良好的业务知识基础，并且易出现问题，伤害感情，造成自身的痛苦，对今后的人生会带来很大的影响。

第四，不宜过早地明确（确定）爱情关系。正如某一位恋爱三年而失恋的女大学生谈到的："学生时代谈恋爱是一种幼稚的表现，是一种极大的浪费，浪费时间、浪费精力、浪费感情……失去的东西太昂贵了。"

望大家在处理爱情关系时，在理性感情的指导下取得成功，从中体验到人生真正的爱与爱情的幸福！

第八章

互联网与大学生心理健康

互联网（Internet），又称网际网络，或音译为因特网、英特网，是网络与网络之间所串连成的庞大网络，这些网络以一组通用的协议相连，形成逻辑上的单一巨大国际网络。这种将计算机网络互相联接在一起的方法可称作“网络互联”，在这基础上发展出覆盖全世界的全球性互联网络称为互联网，即互相连接在一起的网络结构。互联网互通，已成为人们日常生活和工作中越来越重要的交往手段和通信媒介。中国互联网已经形成规模，互联网应用走向多元化。互联网越来越深刻地改变着人们的学习、工作以及生活方式，甚至影响着整个社会进程。当前，在大学生面前最突出的问题是网络心理问题，这必须引起高校广大师生的高度重视。

第一节 互联网与大学生

一、互联网的发展

互联网始于1969年的美国，是美军在ARPA（阿帕网，美国国防部研究计划署）制定的协定下，首先用于军事连接，后将美国西南部的加利福尼亚大学洛杉矶分校、斯坦福大学研究学院、加利福尼亚大学和犹他州大学的四台主要的计算机连接起来。这个协定由剑桥大学的BBN和MA执行，在1969年12月开始联机。

目前，我们日常生活中使用的因特网，实际表示的意思是互联网，在这个网络中有交换机、路由器等网络设备，各种不同的连接链路、种类繁多的服务器和数不尽的计算机、终端。使用互联网可以将信息瞬间发送到千里之外的人手中，它是信息社会的基础。

中国互联网络信息中心（CNNIC）发布的《第35次中国互联网络发展状况统计报告》（以下简称《报告》）显示，截至2014年12月，中国网民规模达6.49亿，增幅明显收窄。其中，手机网民为5.57亿，占网民总数的85.8%。《报告》称，

2014年新网民最主要的上网设备是手机，使用率为64.1%，由于手机带动网民增长的作用有所减弱，故新网民手机使用率低于2013年的73.3% 。由于2014年新增网民学生群体占比为38.8%，远高于老网民的22.7%，而学生群体的上网场景多为学校、家庭，故新网民使用台式电脑的比例相比2013年上升明显，达51.6%。

研究表明，互联网已经成为许多大学生学习和生活的重要组成部分，对其身心发展产生了重大影响。据市场调查公司Strategies集团统计，64%的上网者上网后看电视的时间减少，48%的上网者的阅读时间也少于从前。尤其是Kraut等人研究发现，互联网的使用会造成网民社会卷入的减少以及心理幸福感的降低，表现出孤独感和抑郁感的增加。长期痴迷上网，可能导致各种网络疾病。

大学生始终是新生事物的促进派，站在时代的前列，代表着事物的发展方向。在网络大潮汹涌而来的网络时代，大学生们自然也不甘落后，抢先进驻互联网忠实追随者的角色。2002年，上海市信息辅导服务公司的调查显示，上海各高校的在校大学生中，接触过网络的人数高达77%，其中经常上网的（指平均每周上网6小时以上）将近35%。这些事实都表明，网络逐步成为大学生生活的重要组成部分。

大学生具有创造性强和接受新技术的能力强、适应性快的特点，但由于涉世不深、追求刺激、喜欢娱乐，自我控制力较弱，这些特点不但使他们成为互联网的极大受益者，也容易使他们沉迷于网络，在心理健康方面受到很大的负面影响。可以说，互联网对大学生来说是一把双刃剑。

二、互联网的特征

互联网具有开放性、全球性、虚拟性、身份的不确定性、平等性和个性化等特征。

（一）开放性

互联网的本质是计算机之间的互联互通，以便能够做到信息共享。而且，计算机之间互联互通的程度越深，共享信息就越多；开放性越高，互联网所起的作用就越大。互联网的这种开放性主要体现在以下几个方面：一是对用户开放。互联网是一个对用户充分开放的系统。在这里，不分国家、种族、贫富、性别、职位高低、年龄大小，只要你具备上网的硬件条件，就可以上网，去体会网上冲浪的乐趣。二是对服务者开放。从系统论的角度来说，互联网是一个无限的信息系统。互联网上的信息来自不同的提供者，没有哪一个国家或组织能够独揽互联网的信息服务。互联网正是通过对服务者开放，为用户提供一个开放的接入环境，从而使互联网上的每一个节点，都可以自愿地、轻而易举地为互联网提供信息服务。互联网的开放性，是互联网强大的生命力和活力之源。三是对未来的改进开放。互联网的这一特点，使得互联网上的子网在遵循TCP / IP接入协议的前提下，可以有不同的风格和体系，可以根据不同的需要随时对任何一个子网进行更改而不影响整个互联网的运行。在《互联网简史》中，互联网的缔造者们明确地强调："互联网的关键概念在于，它不是为某一种需求设计的，而是一种可以接纳任何新的需求的总的基础结构。"

（二）全球性

网络拓展了人类的认识和实践空间，"老死不相往来"、终生难以相见的人们瞬间变成了近在咫尺的网友。庞大的地球在不知不觉中变成了地球村、电子社区，人人都可以进入这个地球村成为这个电子社区的一员；人人都可以在网络上使用最新的软件和资料库，不同的观念和行为的冲突、碰撞、融合就变得直接和现实；网络化还把异质的宗教信仰、价值观、风俗习惯、生活方式呈现在人们的面前，经过频繁洗礼和自主的选择，不同国家、不同民族、不同生活方式的人们通过学习、交往、借鉴，达到共识、沟通和理解。总之，当互联网以其传播方式的超地域性将地球连接成地球村时，每个网民成为地球村的平等公民，互联网无论在广度上还是在深度上都在我们无法想象的空间中蔓延、伸展着，它突破了种族、国家、地区等各种各样的有形或无形的疆界，真正体现了全球范围内的人类交往，体现了人与人之间的无限互联及无限关涉。

（三）虚拟性

网络世界是人类通过数字化方式链接各计算机节点，综合计算机的三维、模拟、传感、人机界面等一系列技术生成的一个逼真的三维的感觉世界。进入网络世界的人，其基本的生存环境是一种不同于现实的物理空间的电子网络空间。这样，一方面，网际关系的虚拟性是与实体性相对的。交往主体隔着面纱，以某种虚拟的形象和身份沟通、交流着，交往活动也不再像一般社会行动那样依附于特定的物理实体和时空位置。另一方面，网际关系的虚拟性并非与虚假性等同，尽管由于人的恶意操作使它会堕落变质为虚假。在人工构造的虚拟情境中，网络赋予人一种在现实中非实在的体验，从功能效应上说这是真实的，所发生的虚假关乎交往者的德性，而与网络的上述功能无关。

（四）身份的不确定性

在现实世界中，网民的社会关系，如亲戚、朋友、同事、邻里、师生等在很大程度上是一种熟人型的，而其交往活动依附于特定的物理实体和时空位置，并受着较为稳定的社会价值观念文化的支撑和规约。而在网络世界里，尽管计算机专家可以将一切信息还原为数字"0"或"1"，换言之，信息在其构成上是确定的，但是信息的庞杂性、虚拟性和超时空特征使得作为行为目的、意义和情感的传播通道并不是清晰可辨的。同时，网络世界是一个开放多元的世界，它跨越了时空的地理界限，却无法聚合历史文化的差异。这些都使得发生在人与人之间的网络交往易变、混沌，网络世界中的人际关系也因此充满了不确定性。不仅如此，在网络社会这个崭新的信息世界，主体的行为往往是在虚拟实在（virtual reality）的情形下进行的，在网络技术的帮助下，每个人都可以成为隐形怪杰，其身份、行为方式、行为目标等都能够得到充分隐匿或篡改：一个白发老翁可以发布电子信号将自己伪装成红颜少女，强盗亦可自称警察而难被发觉，甚至就像比尔·盖茨的那个玩笑：“在Internet上没人知道你是一条狗！”

（五）平等性

Internet作为一个自发的信息网络，它没有所有者，不从属于任何人、任何机构，甚至任何国家。因而也就没有任何人、任何机构、任何国家可以左右它、操纵它、控制它。在这里，没有政府机构的监督和管理，所有的用户都是自己的领导和主人，因为每个人都拥有网络的一部分；在这里谁都没有绝对发言权，但同时，谁又都有发言权。这样，网民可以充分感觉到自由性与主体之间的平等性。网民可以阅读来自许多外信息源的消息，可以自由选择议论话题，而不必受编辑、新闻出版机构的控制，不必担心自己的言论是否离经叛道，只有平等的网上公民，没有至高无上的网上统治者；只有网络公民之间的平等交流，没有一味的说教者、灌输者或者固定的受众。总之，网上的信息不为某一个人独有，而是平等地属于每一个网民。互联网的这种特点，使网民的意识和思维进一步走向平等和双向沟通，思维方式更加多样化，从而也更加具有个性和创造性。但是，Internet既是一个彻底民主（或无政府主义）的地方，也是一个无法无天的地方。在这里，任何人可以按照自己的原则（或不要原则）说任何话、做任何事。在Internet上，一个人不需要承担自己的义务和责任，因此可以滥用自己的权利，导致无政府主义的泛滥。

（六）个性化

互联网是世界上最大的计算机网络的集合，它将世界上数以万计的计算机、网络互联在一起，既互通信息、共享资源，又相互独立、各自分散管理，没有人比其他人享有更多的特权，权力、阶级、阶层甚至地理位置、国家、民族在网络中都失去了意义，每个网民都有可能成为中心，人与人之间趋于平等，不再受等级制度的控制，个体的个性意识逐渐增强。网络呈现出的分散性、自主性和隐蔽性等特点正是网民生活的个性化的表现，这种表现包括上网时间和地点带有很大的随意性和不确定性，上网目的、浏览内容的多样性以及上网身份的不实性。在网上，每个网民的目的不同、需要各异。可以说，网络为人的个性发展提供了广阔的空间，使个体的创造性能够获得极大的张扬。

三、互联网的影响

互联网的发展，对人类的影响是深刻的、多方面的，不仅改变了人类的工作方式，也深刻影响着人类的生活方式。首先，互联网的发展，使空间距离在很多时候已经毫无意义。地理位置相近曾经是建立友谊的基础，而网络时代的青年则完全不受空间距离的束缚，他们通过网络跨越国界，彼此互相了解。与此同时，网民也可以坐在家里，通过网络完成自己的工作，在家进行移动办公成为现实。其次，互联网不仅是网民工作的帮手，也是娱乐的工具。互联网的开放性、交互性、隐蔽性等特点和丰富的图文、声音、动画、软件等形式多样、取之不尽的海量信息，不仅可以帮助网民完成手头的工作、案头的文章，也成为网民闲暇之余的娱乐胜地。在互联网上，不同性别、年龄，不同兴趣爱好者都能够找到自己喜欢的内容，结识自己喜欢的朋友。通过互联网，网民的交往范围显著扩大，选择性明显增强，生活习惯相互语码转换、相互影响，世界各地区、各民族之间的生活习惯逐步趋于一致。

随着计算机技术的迅速发展，互联网为网民提供了海量的信息和全新的通信方式，这更增加了其使用的不确定性。绝大多数研究者相信，互联网的迅速发展，正逐渐改变着网民的社会生活。

（一）互联网：一把双刃剑

历史证明，"技术是一柄锐利的双刃剑"。正如英国历史学家阿诺尔德·J.汤因比所说："技术每提高一步，力量就增大一分。这种力量可以用于善恶两个方面。"

对于计算机网络技术的发展，斯波洛尔（Sproull）等人认为，网民把互联网作为从事社交活动的工具，他们可以通过电子邮件和同事、朋友、家人进行沟通，或者在虚拟社区、聊天室和网络多人游戏中与他人组成团队，这在一定程度上增加了网络网民与他人的交往与沟通。卡兹（Katz）等人的研究结果也表明，互联网的使用能使网民从时间和空间的限制中解脱出来，从疾病、社会称许效应中解脱出来，网络还允许网民基于自己的兴趣加入感兴趣的群体，而不是机械安排，从而会产生更多、更好的人际关系。另外，麦肯纳（McKenna）等人对网络虚拟群体的研究也发现，一些网络中的虚拟群体（virtual group）允许网民以匿名的方式与其他网民交流，这样网民可以把原来受社会称许效应影响而不能说出来的情感表达出来，同时还可以找到很多和自己在行为和想法上相似的个体，网民产生群体的归属感，增强了自我接纳。

在看到互联网给人类带来巨大好处的同时，我们也应当看到，其负面效应正在影响着人类的生活。斯多尔（Stoll）和特克尔（Turkle）等人通过研究证明，当网民坐在网络终端之前，通过缺乏社会交往（socialty impoverished）的媒体与匿名的陌生人交流时，他们会变得社会孤立（social isolated），与真实的人际关系切断开来。

克劳特（Kraut）等人对93个家庭的169个用户第一、第二年使用互联网的情况进行了纵向研究，发现互联网会使网民的社会卷入（social involvement）减少、心理幸福感（psychological well-being）降低，表现出孤独感（loneliness）和抑郁感（depression）的增加。Kraut将心理幸福感降低的原因，解释为社会活动的替代（displacing social activity）和密切关系的替代（displacing strong ties）。所谓社会活动的替代，简单地说，就是网民用专注上网的时间取代了本来应该用来进行面对面社会活动的时间，从而导致社会卷入的降低，根据这一解释，互联网就像看电视、阅读、听音乐等非社会性的娱乐活动一样，会减少社交活动并导致心理幸福感的降低。所谓密切关系的替代，简单地说，就是指网民用低质量的网络人际关系取代了高质量的现实人际关系，同样会导致幸福感的降低和孤独感、抑郁感的增加。

互联网带来的比较突出的问题及消极影响：

1.网络犯罪；

2.传播色情信息；

3.网络文化侵略；

4.破坏国家安全。

世界上存在着对立的政治制度和意识形态，并不是到处充满祥和与善意，一些国家通过Internet发布恶意的反动政治信息，利用信息炸弹攻击他国，破坏其国家安全，甚至出于一定的政治目的，想出各种办法，突破层层保密网，直接进入核心的计算机系统的神经中枢，进行无声无息的破坏。

（二）网际人际关系

网络社会中的人际关系简称网际关系，就是以网络和数字符号信息为中介，在超文本多媒体链接中实现的在“人-机-人”互动的基础上形成的人际关系。大学生作为易感人群，网络人际交往给他们的生活方式、价值观念带来的挑战和改变是前所未有的。

网际空间好比一个巨大的城市，有图书馆、大学、博物馆、娱乐场所，也有各种各样的人。无论什么人都可以到这个城市去逛逛。在这个空间里不仅可以获取和发布信息，还可以通过E-mail（电子邮件）、ICQ（网络寻呼）、IRC（网上聊天室）、BBS（电子公告板）、网络虚拟社区等方式进行聊天、交友、游戏、娱乐等网络人际交往。网络人际交往的主要特点是：

一是交往角色的虚拟性。用户只要随便填写一个E-mail、IRC或是BBS的注册表或者登记表，就可以获得一个相应的身份，并以这个身份在网上进行人际交往。这种虚拟的角色，使交往双方都没有任何心理负担，而有一种为所欲为、肆无忌惮的心理。

二是交往主体的平等性。互联网的发明者宣称，网络提供了一个自由、平等的世界。无论你在现实生活中的身份是何等显赫，但到了网上，你只不过是一个网民而已，同其他任何人一样无任何特权，大家都是平等的。

三是交往心理的隐秘性。网上人际交往虽然可以通过文字来传情达意，但这种文字交流大多是经过刻意加工的信息，交往的心理也是经过包装的，这种网交无论持续多长的时间，网友之间也很难明白对方的真心真意。

四是交往过程的弱社会性和弱规范性。在现实人际交往中十分看重身份、职业、金钱、容貌、家世等交际主体的社会特征和社会地位，而在网络交往中可以全然不顾这些；在现实交往中要遵守的一些社会规范，在网络交往中也不必遵守，只要按照网络技术要求去操作，就可顺利完成网上人际交往。这种弱社会性、弱规范性的网络人际交往，容易使一些人暂时摆脱现实社会诸多人伦关系的束缚和行为的约束，甚至放纵自己的道德行为规范，从而造成非人性化的倾向。

五是交往动机多样性。异性间的情感交往是大学生网上交往的主旋律。异性效应在网上交往中不仅存在，而且表现得很明显。不少人上网聊天、浏览的潜在动机在于寻找异性，在追求休闲娱乐和心理享受的同时，也有很多人抱有伺机觅友和调情的目的。

网络人际交往对大学生的健康成长既有正面效应，也有负面效应。

大学生处于一种渴求交往、渴求理解的心理发展时期，良好的人际关系是他们心理正常发展、个性保持健康和寻求安全感、归属感、幸福感的必然要求。大学阶段是大学生个性品质形成和发展极为重要的时间阶段，如果大学生与集体、同学、教师、朋友、家人维持良好的人际交往，保持良好的人际关系，便会感到被人理解、被人接纳，感到安全、温暖、有价值，心情会更加舒畅，性格会更加开朗，兴趣爱好会更加广泛，智慧会更加活跃，从而逐渐形成良好的个性品质。在大学校园里建立良好的人际关系，形成一种团结友爱、朝气蓬勃的环境，将有利于大学生形成和发展健康的个性品质。

一方面，网络世界的人际关系有与现实社会人际关系所不同的新内容、新特征。网络社会中的人际关系，大大突破了现实生活中人的社会阶层、地位、职业、性别等差异，意味着个体间的真正平等；增强了主体的道德选择、自我评价的行为能力；使道德个体的个性化和主体性得到提升和确认，从而拓展、延伸和强化人性中的品德结构和伦理气质，促进了人的完善和发展。

另一方面，网络通过全方位、多层次的信息传输为社会成员提供了更方便的人际交往和群体关系，拓展了人们交往的手段和空间，使人们根据自己的兴趣加入到某一网上群体，而且每个人都是以平等的身份进入网络的，拥有平等的交流权利，从而会产生更加协调的人际关系。由于网络技术创造了一个个体可以任意选择同时共享又彼此分离的宽松环境，缓解了面对面的交往方式给人们带来的心理压力，加上交互性的重要媒体特色，能“使人们以极高的效率进行交流”。

第二节 大学生网络心理

网络已经成为大学生活不可或缺的部分，与之相关的大学生上网的心理动因及网络心理障碍都应引起足够的关注，当前网络成瘾现象在大学生中存在很严重的问题。

网络成瘾是指在无成瘾物质的作用下的上网行为冲动失控现象，它主要表现为由于过度和不当的使用网络而导致个体明显的社会、心理功能的损害，并伴有和上网有关的耐受性、戒断反应以及强迫性行为等。国外研究表明，大学生是网络成瘾的高发人群，成瘾率在5%～10%，尤其以男性大学生居多，美国一项针对本科生的研究发现，8.1%的人有网络成瘾倾向，其中男性成瘾率是女性的4倍。网络成瘾严重影响大学生的身心健康、学习和生活，有时甚至还会危及他们的生命。

一、大学生上网心理

从整体上了解大学生上网心理，是开展大学生网络心理健康教育的重要前提。我们从整体上将大学生上网心理分为积极的心理需求与消极的心理需求。

（一）积极的心理需求

1.强烈的求知欲与好奇求新心理

互联网以其信息快、内容新、手段先进等优势极大地吸引了大学生的好奇心，引起了他们的特别关注和兴趣，激发了他们学习和掌握网络知识和应用技能的欲望。

2.自由平等的参与意识与自我实现欲望

网络平等自由的氛围适应了当代社会中对自由、平等呼声最高的大学生群体。在网络这个虚拟空间里，种种现实社会的限制都消失了，只要参与进来，任何人都是互联网的主人，都可以在网上按自己的意愿和口味，虚拟社会，做自己想做的事。

3.追求开放性和多元性

网络是一个开放的信息源，各种文化、思想、观念都可以在这里争鸣。这就为大学生追求开放性和多元性的文化、观念提供了平台。

（二）消极的心理需求

1.追求感官刺激的猎奇心理

很大一部分大学生上网的目的是猎奇，即追寻一种在现实生活中难以了解，通过正当渠道难以获得的奇、艳事物或信息，并借以获得感官刺激。他们往往会出于好奇或冲动的心理刻意去寻找一些色情、暴力信息。

2.急功近利心理

网络信息的丰富与快捷使许多大学生把上网当作通往成功的捷径和有利条件。在他们眼里，网络就是商机，网络就是生财之道。同时，一定程度上的社会误导（包括网络上基于商业目的的信息误导）也使大学生对成功的理解产生了偏差。于是，电子商务、留学资讯、成才捷径、求职之路就备受一部分大学生的关注。他们渴望凭借这些信息省一些力气，走一步先棋，成为网络时代的成功人士。

3.发泄欲求

在互联网上，大学生们可以比在学校里、家庭里更随便地发表自己的高见，抒发自己的爱与憎，表达自己的思想信仰，而不必担心会受到限制或承担责任。平时对学校不敢提、无处提的意见可以贴到BBS上去，平时对女同学不敢表达的感情则可以在聊天室里淋漓尽致地抒发。

4.逃避现实的解脱心理

大部分学生在大学生活中都会遇到这样那样的挫折和危机，诸如学习上的、感情上的、人际关系上的。同时，复杂的社会生活也会使思想相对不成熟的青年学生感到难以应对。但遗憾的是，部分学生在现实中受挫时，往往愿意到虚幻的网络空间去倾诉，互联网成了他们逃避现实、寻求自我解脱的一个良好的渠道和环境。

5.虚拟的自我实现心理

强烈的自我意识是大学生群体的一个显著特征，虚拟的网络可以成为大学生实现自我的一个理想王国。在网络上，大学生可以享受到网络特有的平等、自由、成功、刺激的感觉，学习与就业的压力、社会与家长的希望所造成的心理上的压抑与孤独在网络上一扫而光；他们可以突破社会及他人对自己行为的匡正与评价，轻松地实现从小的梦想成为侠客、富翁，可以在模拟战争中指挥千军万马搏杀疆场……部分大学生上网为了玩游戏，在游戏获胜后有一种成就感，这是因为网络游戏能够部分地满足他们的自我实现需要。

虚拟的自我实现心理还会导致一些不道德的行为甚至是犯罪行为。有些大学生不能很好地理解自我实现、自我价值的真实含义，往往企图在网络中大展宏图，他们为了能展示自己的能力，大胆地制造网络病毒、盗用他人电脑信息，刺探他人隐私，通过银行和信用卡盗窃和诈骗，给社会和他人带来严重的损失。如1999年4月，我国台湾地区一大学生将自制的CIH病毒输入国际互联网，造成全球3 000多万台电脑失灵，给全球造成的经济损失难以估量。

6.焦虑心理

一方面，由于网络技术的迅速发展，使大学生担心自己的知识更新赶不上网络的发展而被新技术淘汰，从而产生心理焦虑；另一方面，网络通道拥挤，传输速度缓慢，网上人际关系的不确定性与隐匿性，内容庞杂无序、良莠不齐，访问速度太慢等缺陷，使大学生上网者无所适从，连连碰壁之下产生焦虑心理。

7.自卑心理与抵触情绪

自卑是不信任自己的能力而用失败衡量自己及未来的一种心理体验，它来源于心理上消极的自我暗示。这种心理常见于那些初次尝试的大学生，当他们怀着兴奋与好奇的心理来到网上，但由于缺乏系统的网络知识和检索技能，操作不熟练，英语水平有限，与身旁那些操作娴熟、进出自如的用户相比，差距甚远，从而在羡慕的同时会产生出某种无形的心理压力，初始的兴奋、喜悦之情自然被自卑心理所代替。还有一些人，他们习惯于传统的文献检索、查阅程序，当他们面对上网查询这一全新的检索方式时，可能会产生一种以往的经验被抛弃、自己会落伍、被置于自动化系统之外的不安，因而产生一些抵触情绪。

也有人认为，迷恋上网实际上是大学生内心寻求理想化状态的一种途径，他们认为大学生活与想象中有较大的出入，面对现实与梦想的冲突，他们找不到自己的位置和坐标，盲目寻求自己的精神寄托，一部分学生就开始触网。随着其上网时间不断延长，记忆力开始下降，对学习也逐渐产生厌烦感，而对于上网的渴望却逐渐加深。随着网络性心理障碍的加重，这些学生对网络的依赖更加严重，其表现为逃课上网，导致学业的荒废；对大学生活中的各种活动漠不关心，进取意识减弱；性格孤僻，与周围同学关系紧张。同时，在现实生活中受到打击或者遭遇挫折的大学生，其自我控制和调节能力较弱，而网络的理想化和成就感恰恰弥补了现实的缺憾。随着这些学生上网时间的增加和对现实的漠视，其精神世界由于得不到充实，造成了对网络依恋的进一步加深。

应当指出的是，过多地依赖网络，将使亲自阅读书本、亲身实践、面对面交流弱化。因为网上提供的知识是有限的，它只给出何时、何地、何事等基本信息，这些都是结果，无法代替人们去思考和解决问题，这必然造成知识匮乏、文化落后。而且，网上获得的知识是一种快餐文化模式，网络技术的高速发展使得网络知识具有高度的综合性、声像多维一体化和高度图像化等特点，其结果造成人的思维能力、实践能力、表达能力、抽象能力和阅读能力下降。这对大学生的成长是不利的。

二、上网内容的影响

当然，从网龄和上网时间的角度来考察互联网对网民心理健康的影响并不充分。一般而言，网龄和上网时间长的网民接受更多负面信息可能性较大。大学生心理健康的影响主要是指大学生的上网内容。所谓“上网内容”，是指大学生在上网时选择的不同网站。由于互联网是开放性的、跨国界性的，其内容特别丰富，有信息类的，有游戏类的，有互动交流类的，有商务类的等，不同的上网内容对大学生心理健康会产生不同的影响。

（一）网络内容对大学生心理产生消极影响

1.网络灰色文化

网络灰色文化，是指那些通过网络连续不断地向受众传递的经过渲染的文化信息，尤其是那些经过包装和夸大的低俗的意识形态、价值理念。它对我们构建的真善美的标准，对大学生树立正确的世界观、人生观、价值观产生了巨大冲击。

2.网络黄色文化

网络黄色文化，是指大学生在网络中得到的含有色情内容的图片、数字影像、文字的丑陋文化。根据美国统计，互联网上约有50万个黄色网站，平均每7次点击，就有1次点到黄色网站。这对好奇心强且正处于性欲冲动期的大学生来说可谓贻害无穷。

3.网络暴力文化

网络暴力文化，是指互联网中宣扬的用武力或暴力手段来解决人们日常生活问题的文化观念。暴力文化的特征主要是绑架、有组织犯罪等。有人做过统计，在互联网上的非教育信息70%涉及暴力，美国校园枪击事件的不断上升，就是有力的例证。

4.网络博彩文化

网络博彩文化，是指互联网中宣传博彩的信息。网络博彩游戏是近几年不少青年人的新宠，现在网上超过400个提供赌博的网站，只需要有一张信用卡，就可以24小时在家中狂赌。以2002年世界杯的博彩为例，全球总投注额就达125亿美金。

（二）网络诱发部分大学生心态失常

1.网络成瘾

网络成瘾，是指上网行为冲动失控过度使用互联网，导致个体的心理与功能的损害。北京大学心理学系钱铭怡教授抽测的结果表明：大学生中存在6.5%网络成瘾者。成瘾学生一般主要使用聊天室、新闻组、网络游戏等偏向网络的双向沟通功能。上网时感到心理满足和快感，精神极度亢奋，下网后感到无所适从。

2.网络交往障碍

网络交往障碍，是指因使用网络而引发的现实生活中的社交障碍。人们的行为在社会交往中，是受社会道德规范的，而在网上他们不遵守现实社会人际关系和角色扮演的规则，没有必要履行角色的义务。这种匿名效应使他们在网上与陌生人交往幽默、浪漫，而在现实生活中不善言谈、沉默寡语，网络锁住了他们在现实世界的各种情感之门，他们对虚拟的网络空间“一网情深”。

3.网络自我的迷失

在网络交往中，人的真实姓名、性别、年龄、身份等被掩蔽，并且在网络中的角色缺乏责任感，这使触网者渐渐失去了对周围现实的感受力和积极的参与意识，忘记了自己的社会责任和社会地位。网上网下行为缺乏同一性，人格缺乏相应的完整性、和谐性，从而导致部分学生产生偏执性人格、自恋性人格、边缘性人格和多种人格冲突等问题。

4.网络孤独

他们通常缺乏睡眠和过度疲劳，在离线时变得冷漠、紧张或易怒，与朋友关系冷漠，脱离所有的校园社交活动。

5.网络自我约束力降低

由于网络使用者的言行不留下任何痕迹，可以按自己的意愿干自己想干的事，于是他们猎奇和挑战自我的心理极度膨胀，从而导致他们网络价值观念模糊，网络言行随意放纵，还有一部分人将猎奇和刺激作为网上生活的重要内容。

第三节　消除网络影响的对策

一、大学生的网络心理障碍

（一）大学生网络心理障碍的类型

网络心理障碍是指因无节制地上网导致行为异常、人格障碍、交感神经功能失调。其症状为：开始是精神上的依赖，渴望上网；随后发展为身体上的依赖，不上网则情绪低落、疲乏无力、外表憔悴、茫然失措，只有上网后精神才能恢复正常。大学生网络心理障碍大多数表现为感情上迷失自我、角色上混淆自我、道德上失范自我、心理上自我脆弱、交往上自我失落。大学生网络心理障碍主要包括五类：网络恐惧、网络依恋、网络孤独、网络自我迷失与自我认同混乱、网络成瘾综合征。

1.网络恐惧

大学新生特别是来自经济落后地区的农村学生，几乎没有接触过互联网或接触很少。当他们进入大学面对色彩斑斓的网络界面，看到层出不穷的各种网络书籍、电脑软件，瞧着周围的同学熟练地使用电脑，自由地浏览、聊天时，一部分学生感到害怕和迷茫。“怕”是怕自己学不会或学不好计算机操作，以至于不能有效利用网络来学习和生活，甚至可能成为网盲；怕自己学不好计算机而被他人嘲笑为无能或赶不上他人而落伍，无能感油然而生。“迷茫”则是因为五花八门的电脑书籍和软件使得他们眼花缭乱，不知道学什么。由此产生对网络的畏惧感。另外，一些对网络比较熟悉的大学生也有这样的障碍，他们对网络的畏惧主要是害怕跟不上网络的快速发展，怕掌握不了新的网络技术而被淘汰。

2.网络依恋

长时间地沉溺于网络游戏、上网聊天、网络技术（安装各种软件、下载使用文件、制作网页），醉心于网上信息、网上猎奇，造成对网络的过度依赖和依恋，导致个人生理受损，正常学习、工作、生活及社会交往受到严重影响。网络依恋心理障碍包括这样几种类型：网络色情迷恋——迷恋网上所有的色情音乐、图片以及影像；网络交际迷恋——利用各种聊天软件以及网站开设的聊天室长时间聊天；网络游戏迷恋——沉迷于网络设计的各种游戏中，他们或与计算机对打，或通过互联网与网友联机进行游戏对抗；网络恋情迷恋——沉醉在网络所创造的虚幻的罗曼蒂克的网恋中；网络信息收集成瘾——强迫性从网上收集无关紧要的或者不迫切需要的信息，堆积和传播这些信息；网络制作迷恋——下载使用各种软件，以追求网页制作的完美性和编制多种程序为嗜好。在这六种类型中，网络交际迷恋者、网络游戏迷恋者、网络恋情迷恋者及网络信息收集成瘾者占大学生网络迷恋群体中的多数。

3.网络孤独

网络孤独主要是指希望通过上网获取大量信息、网上娱乐、网上人际交往来提高或改变自己，但上网未能解除孤独（甚或加重了原有的孤独），或反而因为触网而引发孤独感这样一类不良心理状况。一些大学生（女生居多），由于性格内向、自卑，惯于自己承受心理负荷，心思敏锐，不愿意或不善于与他人交往，厌恶社会上那种虚情假意的人情来往。当互联网走进他（她）们的生活时，他们青睐于网上交往这种匿名、隐匿性别和身份的形式。常上网向网友发泄自己的不良情绪，排解忧虑，讲自己的“心情故事”，这时他们觉得心情得到一定的放松，从网友那里得到了一定的心理支持。可下网后他们发现自己面对的依然是四壁空空的孤独，并且，由于人与人之间的交往中80%的信息是通过非语言的方式（身体语言）如眼神、姿势、手势等传达的，当那些善于通过这些身体语言来解读对方心理的性格内向者，试图借助网络来发泄自身的孤独时，网络所能给的只能是键盘、鼠标和显示器所造就的书面语言，这使得他们感到网络对孤独抑郁的排解只是隔靴搔痒。

4.网络自我迷失和自我认同混乱

在以计算机为终端的网络中，由于匿名性而隐去了身份，许多现实社会中的规范、规则、道德在虚拟世界中被冻结，大学生上网者在表现个人自我时，把社会自我抛得越来越远，甚至企图借助网络在现实社会中凸显自我，将自我凌驾于社会之上，如网络黑客、网络犯罪就是这方面的典型例子。此外，某些大学生对一些社会现象愤懑不满，他们想通过上网发泄不满、逃避社会，希望在网上有一个清洁的交往环境，构建一个良好的自我。然而网上充斥的色情图文、脏话、无聊的贴子、庸俗的话题，使他们在对社会产生失望之后又对网络产生了失望。

5.网络成瘾综合征

网络性心理障碍与以上因长时间上网而产生的生理现象又统称为互联网络成瘾综合征。匹兹堡大学的Kimberly Young最早对互联网成瘾现象进行了研究。研究表明，依赖型和非依赖型上网者的不同，并不仅仅指网民每周上网的时间，更主要的是其在网上利用时间的方式。在依赖型上网者中，35%的时间用于聊天室，28%的时间用于多用户互动游戏；而在非依赖型上网者中，55%的时间用于接发电子邮件和万维网，24%的时间用于查阅网上图书馆、下载软件等其他信息的收集。

（二）网络性心理障碍的特点

1.病症发现的隐蔽性

网络性心理障碍是人类在进入以互联网为标准的信息时代后，在高科技环境下的产物，是伴随着计算机科学的发展和网络的普及而出现的新疾病，是网络用户在现实环境和网络的虚拟环境的巨大反差下形成的特殊心理状态。因此，对于网络性心理障碍的认定本身就存在诸多的困难。患者自身也很难意识到自己已经患有此种病症，其周围人员也无法在患者患病初期进行确认。一般网络心理疾病患者的发现都是在中后期，而网络性心理障碍一旦发展到一定的程度，患者的心理就会发生严重的扭曲，极易做出对自身健康和社会安全构成危害的行为。

2.生理疾病的并发性

网络性心理障碍是由于患者长期处于网络的虚拟环境中而形成的心理疾病，是以长时间上网为基础的。上网持续时间过长，就会使大脑神经中枢持续处于高度兴奋状态，引起肾上腺素水平异常增高，交感神经过度兴奋，血压升高。这些改变可引起一系列复杂的生理和生物化学变化，尤其是植物神经紊乱、体内激素水平失衡，会使免疫功能降低，诱发多种生理的并发疾患，如心血管疾患、胃肠神经官能症、紧张性头痛等。同时，由于眼睛长时间注视电脑显示屏，视网膜上的感光物质视紫红质消耗过多，未能及时补充其合成物质维生素A和相关蛋白质，就会导致视力下降、眼痛、怕光、暗适应能力降低等。

3.治疗手段的模糊性

网络性心理障碍产生的根源在于人脑的潜意识发生了病变，其特征业已突破了传统心理疾病的特点，因而现代医学的各种医疗手段和心理学的理论并不能彻底地治疗此种病症。同时，网络性心理障碍涉及计算机科学、医学、心理学和思想政治学的范畴，所以，很难单纯地依靠医务人员或心理专家单方面来对此类疾病进行治疗，而医学界和心理学界对此种疾病的认识也只处于起步阶段，尚需深入的研究和探讨，必须结合思想政治教育达到标本兼治的目的。而现实是，部分教育工作者由于没有受到系统的计算机和心理学教育，面对飞速发展的计算机和网络科技往往不知所措，加上繁忙的工作和家庭负担，不少人很难抽出时间进行系统的学习，因而对此也就无能为力。

4.预防和治疗的紧迫性

许多心理障碍（包括网络性心理障碍）都是文化抑制的结果，也就是说，一个人受教育程度越高，所受的文化禁忌越深，内心的冲突也就越强烈。因此，大学生上网过多，很容易形成网络性心理障碍。随着网络在高等院校的普及，网络性心理障碍的患者将出现快速增长的趋势，如果采取的措施不及时、效果不理想，就会导致网络性心理障碍的蔓延。

（三）大学生网络心理障碍的克服

1.正确的网络认知

Internet的出现宣告着人类信息时代的真正到来。它消除了人类跨地域沟通的时滞，拓展了人类的交往空间，深刻地改变着人与人、人与社会的关系，给人类带来了一个全新的时代，在家办公、网上学校、电子商场、电子银行等新生事物的出现，使人类的生活方式发生着深刻的变革。但是，互联网是一把双刃剑，网络世界既是一个充满自由、开放、平等的世界，也是一个充满诱惑与陷阱的危险之地。对于大学生而言，应该看到网络只是一个工具，网络资源是人类社会不可缺少的财富，对网络的破坏与滥用就是对社会正常秩序的极大破坏，会危及我们每一个人；应该认清网络社会并非真实的社会，网上暂时的成功并非真实的成功，虚拟的情感的宣泄与满足也不能得到真正的快乐，应该认清网络带来的并非鲜花与美酒，也会给自己带来苦涩的恶果。那些迷恋上网而不能自拔的大学生，随着上网时间不断延长，他们的记忆力下降，对学习也逐渐产生厌烦感，进而出现逃课上网、对各种活动漠不关心、进取意识减弱、与周围同学关系紧张等现象。

夸大网络的功能进而认为网络是解决一切问题的灵丹妙药或认为网络是带来人的自我迷失、人与人之间的相互欺骗、社会秩序紊乱的症结而否定网络的作用都是错误的。大学生只有对网络树立正确的认知，才有可能正确地面对网络，合理地使用网络资源，准确地把握自我，认清自己的真实需要，处理好现实社会与虚拟社会的关系，避免网络心理问题的产生。

2.自律与自我管理

自律有两层含义：其一，自律总是与自由和理性联系在一起的，即要体现出人格尊严和道德觉悟，而不是被内在本能和外在必然性所决定；其二，自律是指自我主宰、自我约束、自我控制。对于一个人来说，只有自律才能既充分体现其自尊、自主与自由，又充分培养其自我控制力，养成良好的慎独习惯。一方面，在网络社会里，由于信息含量十分巨大，各种文化与价值理念交织纷纭，各种论断莫衷一是，各种诱惑比比皆是；另一方面，网络社会又是一个充满自由的社会，缺乏非常强大的外在约束。面对这一虚实难辨、是非难断却又无明确而强力约束的多彩世界，大学生会因认知偏差或侥幸心理而产生心理困惑与矛盾，以致产生各种各样的网络心理问题。

但是，过多地沉迷于网络是对现实的一种逃避、一种退缩，也是一种社会责任感的淡化，它不仅不能真正地解决大学生正在面临的现实问题，反而会更多地产生自我迷失、生活重心丧失、人际沟通能力障碍，产生非理性的甚至是反社会的行为。如大学生中流行的网恋与网婚现象。由于网上情缘不需要任何承诺，也没有任何约束，大学生的风花雪月就能通过网络实现。然而，大学生从网络世界的虚拟婚姻得到的快感又迫切希望回到现实中来，现实生活中，这样的理想容易破灭，于是，大学生又不得不回到网络世界，造成空虚的心理更加空虚，导致大学生在现实情感交往中出现冷漠与抑郁，在交往上自我失落，造成心理上自我脆弱。据报道，一位大学生在其网络妻子突然掉线后，终日不进食，心情焦虑地苦等了五天四夜后，不顾同学的劝阻和老师的教育，不辞而别到另一个城市去寻找其网络妻子。

在缺乏较强他律或几乎难以感受到较为直接的他律影响力的网络社会，自律的重要性与意义显得尤为突出。一个缺乏自律的人不可能是一个自尊自重的人，也是一个不能获得自由与自我价值实现的人。大学生应合理安排好自己的日常生活，保持正常的生活、工作、学习规律，控制上网时间。同时，要勇于直面现实、直面人生，积极面对现实，应多参加有益的社会活动，从网络的迷恋中解脱出来。

3.团体心理辅导

团体心理辅导是由心理辅导者指导，借助团体的力量和各种个体心理辅导理论与技术，就团体成员面对的心理问题与他们共同商讨，提供行为训练的机会，为团体成员提供心理帮助与指导，使每一位团体成员学会自助，以此解决团体成员共同的发展问题或共有的心理障碍，最终实现改善行为和发展人格的目的。

团体心理辅导把求询者放入辅导与治疗团体中，建构一个群体环境。在团体中，网络心理障碍者发现自己的心理问题并不是独一无二的，团体中的其他人有着相似的忧虑，甚至比自己还要严重，从而降低心理上的担忧与焦虑程度。由于同病相怜，他们的心理认同感很强；群体归属感也增强；他们感受到社会和心理上的支持，服从群体的从众行为增加，群体的稳定性提高。在团体中，网络心理障碍者在讨论、交流等相互辅导活动中，意识到他们不论是在交流解决问题、探索个人价值、人格形成，还是在发现他们共同的情绪体验上，同一团体的人都可以提供更多的观点，并分享团体中的共同资源。而且，在团体辅导的环境中，求询者之间潜在地存在着情绪、态度和行为意向的互动、相互感染的群体氛围和群体压力，存在着成员之间的模仿与监督，这些有利于网络心理障碍者健康心理的获得与稳固，有利于障碍者坚持行为的改善。更为重要的是，团体是社会的缩影或反射，是一个微型社会，因而它为网络心理障碍者提供了一个人际交往行为训练的练习场所。在团体相对安全的氛围里，网络心理障碍者共有的或相似的情感、人类行为以及一些态度，如对抗、恐惧、怀疑、孤立都可以被辨别出来并加以讨论；辅导者所提供的行为训练的理论与操作技巧指导可以在这里得到检验、反复练习和强化，这样，健康的态度和行为更加容易被习得和稳定下来，并在日常生活中运用。

网络心理障碍的团体心理调适的内容至少要包括以下几个方面：

一是缓解求询者的心理紧张和焦虑情绪，利用成员的相互介绍和成员共同参与度高的游戏活动转移他们对心理障碍的过度关注，放松心情，初步拉起一道心理安全网；二是在此基础上，让成员讲述各自的成长经历，并做自我评价，使其他成员获得“和别人一样的体验”，产生情感与心灵的共鸣；三是开展网上信息认识的讨论交流，引导他们正确评价网上信息，共同为提高自身的信息素养出谋划策；四是展开网络与网络技术的研讨，使他们明白网络的两面性、技术中立性和网络技术的工具性；五是运用头脑风暴法让求询者把网上人际交往与网下即现实中的人际交往的异同、在二者交往中的困顿一一列举出来，并进行归因，之后，再让全体成员倾诉各自在人际关系上的困惑，成员间进行互相辅导，帮助对方寻根究源，寻找人际关系改善的途径；六是设定基本的人际交往的情境，辅导者做交往行为示范，求询者模仿学习；七是小组讨论上网行为的自我管理，彼此订立互相监督上网的契约。

4.改善网络环境

随着计算机网络技术的不断发展更新，网络环境将会成为人们生存和发展环境的一个重要组成部分，人们将越来越难以离开网络。网络环境不仅造就了人们崭新的学习和交流环境，而且会改变人，甚至改造人。良好的网络环境培育健全的人格，恶劣的网络环境造就有缺陷的人格。为了保障大学生网络心理的健康发展，还需要社会、学校等多方力量共同关注大学生的成长，优化网络环境，为大学生提供一个良好的发展平台。

首先，加快网络信息控制技术研究，净化网络信息。净化网络信息，必须对网络及网络信息进行有效的管理，从技术上解决网络管理的难题。网络信息的控制在于对信息的过滤、选择。通过对信息的过滤来净化信息，从技术上保证大学生免受互联网上非法内容的侵害，为网络心理健康发展提供技术保证。加强信息的控制还需要建立网络行为监督机制，将道德监督和法律约束机制引入电子空间，健全有关电子信息网络的法律规定，对违规者进行必要的处罚。

其次，积极组织优秀传统文化与先进文化上网，这是优化网络环境的积极态度。随着国际互联网的发展，全球化不可逆转地挺进，东、西文化将受到全方位的巨大的碰撞、冲突、交流、消融和吸收，会对大学生原有的价值观念带来许多影响，使其产生认知偏差与心理矛盾。改革开放的中国，不仅要与世界进行经济与物质的双向交流，更要进行文化与精神的双向交流。只有用进步的思想与文化教育大学生网民，才有可能塑造出健康成长的大学生。

再次，适应网络时代特点，改进高校教育与管理。高校教育与管理工作的重点是培养大学生鉴别是非的能力，积极开展各种网络活动，自身装备网络心理健康防火墙，使大学生自觉地维护和保护自己的身心健康。高校应该帮助建立各种团体，在学生参加团体组织的活动过程中，满足他们被接纳、被关爱和归属感的需要。为了加强大学生的网络责任意识，高校还应制定《上网学生行为规范》及《大学生上网违章行为处罚条例》，加强法规制度的宣传教育，一旦发现网络违法行为则严加处罚。

最后，开展网上心理咨询。开展网上心理咨询应从以下几个方面入手：一是利用网络快捷、保密性好、传播面广的优势，开设网上心理咨询。如设立心理咨询网站，传播心理知识，进行网上行为训练的指导，开设在线心理咨询。二是抓好学生上网的心理、网络人际交往的心理特征、网络心理障碍、虚拟与现实的人际关系的比较等大学生网络心理问题的研究，确立一套可操作的、有效性强的网络心理障碍咨询方案。

二、学校解决网络心理问题的对策

1.建设网络道德教育网站，占领网上教育阵地。高校必须主动出击，在深刻把握学生特点的基础上，建立大学生网络道德网站，拓宽网络道德建设的工作空间，将网络道德网站以学生喜闻乐见的方式融入到校园网中。网站既要坚持思想性、知识性、娱乐性相统一的原则，开辟网络道德建设专栏，进行集中、系统的网络道德教育，又要开辟党和国家重大方针和国际国内重大要事的栏目，把学生思想引向现实生活中，还要开辟知识性和娱乐性栏目，以降低学生接触不良网站的概率。

2.加强法制教育，遵守网络规则。法律教育可以增强公民道德养成的约束力度，形成一种有力的控制机能。法律教育是通过对违反法律的不道德行为实施惩罚和制裁的生动教育，以抵制和压制不道德的行径，净化社会道德空气。

3.矫正不良的上网习惯，提高心理素质。对大学生加强心理健康教育，能够让他们明白网络诱发心理变态的有关知识，明白过多上网和沉溺虚拟时空的有害影响，提高他们的心理健康素质，帮助他们进入校园社交领域，让他们学会管理时间的技巧，把充分的时间和精力主要集中到学习上去。

4.注意网络资源的利用与限制，提高信息内容的健康程度。网络的日常管理要加强信息的检查与监控，使信息文化健康有序；安装电子邮件过滤系统，堵截不良信息的侵袭；设立防火墙，对网上信息进行检查，防止黄毒的侵袭，为校园营造良好的氛围。

5.提高对文化自觉的认识，倡导健康文化。网络属于社会、生活的一部分，网络对大学生心理健康的影响其实质是它影响了大学生对社会、生活的认识。因此，高校需要加强大学生对现实社会和生活认识的教育，先入为主，占领大学生的思想空间，从而达到对网络不健康因素的抵抗力。

6.强化校园文化，丰富业余生活。这不仅能让大学生在现实中体会到生活的乐趣，认识社会和生活、积极参加有益的校园文化活动，还可以把大学生的上网时间大大缩短。

第九章

环境应激和心理压力

人们在适应环境的过程中会面临一系列外部世界的刺激，而这些刺激无疑是产生应激和压力的导火线。在实际生活中，具有高成就定向的人和高度竞争意识的人，常常向自己提出更高的目标，而实现目标需要付出更大的代价，于是在环境中会遇到更多的麻烦和挫折，这样就不可避免地产生应激和压力。人们怎样才能使自己从应激和环境压力中摆脱出来呢？怎样才能使自己在同样的环境下避免同样的应激，而增强对应激的反应能力呢？应激并不是以同样的方式影响每一个人的，不同的个体对环境压力的体验和反应有所不同，并且对压力源（物理性刺激，如噪声、空气污染、温度与拥挤；社会性刺激，如重大生活变故等等）的评价和认识也存在差异。这里，我们将着重阐述应激的意义、类型，环境压力的性质、来源和个体对环境压力的反应，以及人们对应激和环境压力的控制，从而为个体有效地适应环境做好准备。

第一节 环境应激

环境应激或紧张（stress）是常见现象，它是指个体在生理或心理上感受到威胁时的一种紧张状态。这种紧张状态常常伴随着一系列的情绪反应，使人产生不愉快甚至痛苦的感受。各种环境问题往往是应激的重要来源。

一、环境应激的意义

近年来，随着社会进步和科学技术的不断发展，现实环境日益复杂，人们面临的各种应激越来越多。人们在工作和生活中普遍地抱怨紧张，有时甚至非常刻薄地谴责紧张。为了应对诸如此类的应激，人们在生理和心理上付出了很大的代价，例如，车间的严格管理已经使应激扩散到工人工作的每个角落。在现代社会中，应激已经成为人们生活中的一个重要组成部分。

（一）应激的含义

应激就像经常被人们作为某些客观现象谈论的那样，如面对陌生环境时感受到的压力，担任领导工作时所面临的困境等。基于这种情况，人们容易对同样的压力作出不同的反应，从而使理解表面化，认为压力就是应激，实际上，这是不确切的。有的学者认为，人们体验到的应激，必须依靠这些产生应激的客观力量的人为作用。一般来说，人们对应激的理解包括刺激和反应两方面的内容。从这个意义上说，应激不是简单地把某事“施予”或者“作用”于人、环境，它还应该包括人与人、人与环境之间的相互关系。因此，心理应激包括人的知觉、对应激采取的措施和事件三方面的内容。这种理解为大部分人所接受，并且与心理学对应激研究的有关结果相吻合。

鉴于此，应激可以定义为：人们采取某种反应方式时的任何调节要求。应激作为人们日常生活中不可缺少的一部分，它与人类认识环境、改造环境的活动息息相关。一般来说，当人们遇到紧张、危险情景而身体与精神负担过重却又需迅速采取重大决策时，就可能导致应激状态的产生。近年来，应激已成为心理学中的一个重要概念，而环境心理学家用它来解释当环境刺激超过个体适应的应变能力限度时，对行为和健康产生的影响。例如，当人们睡觉时，身体的各种内脏器官的活动始终处在应激状态中：心脏必须保持跳动；大脑活动产生了梦；血液循环必须畅通无阻；呼吸系统正常运行；调节系统必须保持整个身体处在一种平衡状态。事实上，人们一旦没有应激就会死亡。自从应激闯入人们的生活后，生活就变得更加绚丽多彩。应激在生活中占据的位置，迫使人们对应激进行一番反省。事实上，无论人们是否体验到应激，无论应激的形式、种类、数量如何，以何种面貌出现，应激总是客观存在的，并且有肯定或否定的价值。习惯上，当人们说某人面临着一系列应激时，言下之意是过度的应激所导致的否定的价值。然而，一个令人鼓舞的情景也可能同样源于应激，例如结婚和旅行，这种应激具有一定的肯定价值。为了弄清应激的确切含义，伯纳尔（J.Bernal）（1968年）认为，我们必须用两种不同的方式来区别应激给人类带来的结果：一种方式是令人痛苦的应激，这种应激引起有害的结果，注意和知觉的范围缩小，言语不规则、不连贯，行为动作紊乱等等，具有否定价值。例如，过度的应激不但令人耗尽精力，并且将会使人们对疾病也失去抵抗能力。另一种方式是令人愉快或者是有益的应激，具有肯定价值，使人精力旺盛，思路特别清楚，动作机敏，推动人化险为夷，转危为安，这种应激产生有利的结果。换言之，应该区分来自外部环境的不同刺激，有的刺激导致的应激对人们产生有益的结果，有的则是有害的结果。

（二）应激效应

个人生活方式的重大改变可能是创伤性的，而且长期积累会产生压力。大多数人认为个体处于剧烈的应激状态会引发疾病。这个观点来自于人们对日常生活的观察和总结。但是，并不是任何应激都会导致疾病。研究表明，疾病恰恰是来源于消极的应激和恶性的应激，或来源于脱离社会环境需要的应激。许多应激和日常生活事件有关，例如，订婚、结婚、搬家和换工作等。十分明显，这些事件中的某几件联系起来产生的影响，才会真正加剧人们的应激，从而导致疾病。

霍尔姆斯（T.H.Holmes）和雷赫（R.H.Rahe）在1967年编制了一个社会再适应等级量表（SRRS）（见表9-1），这个量表可以用来对许多生活环境事件引起的应激程度进行评价。尽管个体存在着年龄、性别和种族差异，但是，霍尔姆斯和雷赫发现人们仍具有某种一致性，高度应激会影响人们面对生活事件时的反应。在这里，最重要的因素是应激对这些生活事件的冲击，这个冲击与人们原来的需要强度有关，因而产生了不同的应激程度。他们将生活环境事件对个人影响的大小依次排序，每个生活环境事件所针对的数值称为生活改变单位（LCUs）。个体通过回想自己在过去12个月中是否经历过SRRS中所列举的事件，用来检验目前面临的生活环境压力。当量表的得分在150～199 LCUs之间时，则个体处于轻度生活危机状态；当量表的得分在200～299 LCUs之间时，则个体处于中等程度的生活危机状态；当量表得分在300 LCUs，甚至更高时，则个体处于严重的生活危机状态。随着LCUs的增加，个体因应激而发病的概率逐渐增大，应激程度也变得更加强烈。从表9-1中可以看到，生活事件与人的心理变化的关系是十分密切的，不同的生活事件会使人们处于不同的心理应激状态，因而会对人的心理产生不同的影响。

表9-1　**社会再适应等级量表**

序号	生活事件	压力指数
1	配偶死亡	100
2	离婚	73
3	婚姻失败（分居）	65
4	监禁	63
5	家庭亲密成员死亡	63
6	受到伤害或疾病	53
7	结婚	50
8	被解雇	47
9	与配偶重修旧好	45
10	退休	45
11	家庭成员健康状况改变	44
12	怀孕	40
13	性生活障碍	39
14	家庭中新成员的增加	39

续表

序号	生活事件	压力指数
15	职务的重新调整	39
16	收入状况的改变	38
17	亲密朋友死亡	37
18	改行	36
19	与配偶争吵次数改变	35
20	负债超过一万美元	31
21	贷款或契据取消	30
22	工作中职责变化	29
23	儿子或女儿离开家庭	29
24	姻亲带来的麻烦	29
25	个体杰出的成就	28
26	配偶开始工作或停止工作	26
27	入学或毕业	26
28	生活环境改变	25
29	个体行为习惯改变	24
30	和老板发生冲突	23
31	工作时间或环境改变	20
32	搬家	20
33	转学	20
34	娱乐形式改变	19
35	宗教信仰改变	19
36	社交活动改变	18
37	负债或贷款不到一万美元	17
38	睡眠习惯改变	16
39	家庭聚会人数改变	15
40	饮食习惯改变	15
41	假期	13
42	圣诞节	12
43	较轻微的侵犯法律行为	11

有的学者以在国外的三艘巡洋舰上的2 500名美国军官和士兵作为研究对象，观察并分析他们的日常生活及工作情况，从而考察他们的应激程度。结果表明：在第一个月里，巡洋舰上那些喜欢冒险的成员（300 LCUs甚至更高），比那些不喜欢冒险的成员（150 ~ 199 LCUs之间）的得病率高得多，并且在以后的每个月中，喜

欢冒险的成员比其他成员会继续增加更多新的疾病，类似的结果已被其他人的研究所证实。当然，有机体某些状况的改变，诸如细菌感染和工作疲劳过度等，也可能引发疾病。研究表明：当人们面临环境的一系列急剧变化时，更容易产生疾病。从这里可以得到一个推测的结论：剧烈的活动或生活环境变化，将会降低个体的防御能力和免疫能力，从而产生疾病。

（三）延缓应激

当人们在一个时期内体验到剧烈的应激时，这意味着什么呢？塞尔耶（H. Selye）在1956年提出的理论的基础上，于1974年概括了应激的三个阶段。他认为，在应激条件下，人们的反应将会出现三个逐步递进的阶段：警戒反应阶段、抗拒反应阶段和衰竭反应阶段。

1.警戒反应阶段

这是人们对令人烦恼的应激动因的最初的能动反应，即生物水平上的应激，包括复杂的机体生理变化。例如，呼吸、血压、肌肉张力和皮肤电的变化等，这些变化是由于不注意应激源的类型而产生的简单症状，这些症状逐步积累而引起疾病。因为这个原因，人们常常把不同的疾病理解为共同的症状，诸如感冒和头痛、肌肉酸痛和关节炎、食欲减退和一般的疲劳感等等。当应激更多地指向心理方面时，警戒反应就包括高级心理活动方面的内容，如焦虑感、挫折感等，它会激起和动员人们全身的防御机能。其结果表现为忧虑，不能集中精力或失眠，并且有可能产生自我同一性的混乱。

2.抗拒反应阶段

当有机体成功地适应了应激后，抗拒反应阶段开始出现。警戒反应阶段的症状常常是不易觉察到的，并且有机体要进行抗拒，使得警戒反应维持在一个正常的水平上。抗拒阶段的反应包括增加腺体的分泌量，对有机体进行有效组织，以降低对抗的消极影响。长期焦虑者、具有呆板的防御系统的个体、神经质个体或者其他的竞争谋略者，往往在这个阶段会产生心理紧张，其特征是疲倦、抑郁，并且很可能会生病。

3.衰竭反应阶段

如果个体存在着持续性的应激，就会引起衰竭反应，这时就进入了应激反应的第三阶段：有机体的防御机制被破坏，适应能力大大减弱，并且具有生物学意义的警戒反应又重新出现。因为当应激进一步加剧时，除了衰竭阶段的有关症状外，还有更多的可逆性现象出现。所以，这个阶段的持续性应激就像第一阶段的一样，会导致死亡。当延缓应激已达到心理能感受到的水平时，会出现幻觉、妄想和其他异常的行为特征，从而扰乱人的正常生活。如果这种状况长期延续下去，就会产生严重的后果，使个体接近一种心理性的死亡。

（四）影响应激的环境和个体因素

作为心理学意义上的应激，受许多因素控制。一般来说，我们认为个体因素和环境因素联系起来才决定了个体心理应激的水平。

在霍尔姆斯和其他人的研究中，已经明确指出了影响应激的许多联系在一起的重要因素。刚刚离婚接着又失业的人，肯定比遭遇其中之一的人产生的应激程度更大些。严重的应激还必须考虑到情境因素，死亡事件的发生比没有足够的钱支付账单所产生的应激来得更大些。出现恐吓性的伤害也会加剧应激。

另外，你死我活的战斗比打网球所产生的应激会更强烈些，突然发生的事件或出乎意料的事件也会导致应激。有些学者的研究表明：一方面，由于恐惧、惊吓、伤害而导致的紧张，是产生身心疾病的主要原因之一，并且这种应激会影响人们的正常社会适应能力。另一方面，生活中的酒精中毒、个体常见的问题行为，都会日复一日地加剧应激，使人厌烦和激怒，这是一种折磨，或者是一种慢性自杀。同时，如果个体在生活中常常形影相吊，没有同伴， 也会更忍受不了应激的煎熬，情感变得更为脆弱；相反，如果个体有朋友的支持、亲人的关心，就能采取一些有效的措施应对应激的挑战。

个体因素对个体应激的影响是各式各样的。根据弗里德曼（D. Freedman，1974）的一项研究，具有强烈进取心、高度事业心、抱负水平高、有侵犯性和竞争性行为的个体，他们为了实现预定的目标，承受的压力更大些。因此，这些人在中年期比其他没有这些行为特征的人更容易患心脏病、高血压等疾病。这样，有一个问题摆到了面前，那就是人们怎样才能依靠自身所具有的智慧、个性去克服过度的应激呢？许多个体都已经理解和认识了应激事件对问题解决的作用，更多的个体都在运用他们成功的方法来应对应激。那些具有低水平自我尊重的人可能会发现自己对现代社会中的工作产生高度恐惧心理，而那些具有高水平自我尊重的人则可能会发现自己所处的现代社会会帮助自己，能更好地发挥潜能，觉得自己的社会适应能力比较强。

每个人都会发现最适宜自己的应激。这在现代社会中是一种特殊的需要，它强调了个体的社会责任感和社会成就感。人们在日常生活中会面临一系列刺激和兴奋，这些东西成为激起兴趣和实现需要的一种方式。但是，由于过多的刺激会使人们受到伤害，因此，有些人就试图从各种各样的应激情境中寻找更好的保护自己的办法，选择一个最低程度的紧张。其他人则在设法使自己处于紧张之中，因为他们的需要是在针对应激的实际行动中得到满足的。但是，大多数人对待应激的态度是介于两者之间的。太少的应激会使人们冷漠、无聊、厌烦和无所事事，而太多的应激会使人们整天疲于应付，生活在忧虑和眼泪之中，愁眉苦脸，垂头丧气，情感更为脆弱，产生疾病甚至缩短寿命。对此，重要的是把握好应激的“度”。无论怎样，对生活在社会中的每一个人来说，把握合适、恰当的应激水平是非常重要的，它将使人们在社会中更好地发挥自己的作用。

总之，每个人的个性特点、认知特点、过去的经验、经受的锻炼和训练在应激的调节过程中起着重要作用。信念、事业心、责任心和献身精神等，都是在应激状态下防止心理与行为紊乱的重要因素。

二、环境应激的类型

由于人类有机体是把环境刺激作为一个整体进行反应的，因此，人们就可以明确地区别一系列不同形式的应激。在应激中占支配地位的生理性因素会影响机体的防御功能，另一种对应激影响比较大的因素是心理因素，如由于失败而产生的挫折感。一般地，生理因素和心理因素是一种交互作用的关系。人们在开始时往往关心个体适应的过程，而在这里，将把注意力集中在环境应激的三种主要类型上：压力、挫折和焦虑。

（一）压力

无论是从内部环境、外部环境，还是两者兼而有之的环境，人们都能体验到压力。个体的抱负水平是内部压力的一个来源，为了实现某个高抱负，个体常常含辛茹苦，不懈努力，并承受巨大的内部压力。有时候因为年龄和时间的限制，实现既定目标的成就动机所造成的压力会进一步加强。一般地，人们需要这种内部压力，以帮助他们把事情做得更好，但是有些人对自己提出过分苛刻的要求，因而产生了自我挫败行为。例如，有个学生不断地向自己提出连续跳级的要求，给自己施加大量的压力，最后跳级没有成功，对自己彻底失去了信心，而且学习成绩落后于原来年级中一般同学的水平。这说明施加压力时不能没有科学规划而一意孤行！

在现代社会中，人们面临的一个共同压力是环境造成的压力。竞争贯穿生活中的每一件事，如工作、收入、成就、升级或者寻觅配偶等。如果人们的愿望没有实现，那么，在下一次将会感受到更大的压力。甚至当人们成功的时候，也同样会有经常性的压力随之而来。在每天的生活中，人必须和其他人，如父母亲、同事、领导和朋友打交道，于是就不可避免地产生另一种形式的压力——由于比较产生的压力。当人们参加一场考试或者支付赊账的账单时，还会面临最后期限所带来的压力。所有这些都表明，一种情境或另一种情境都会产生压力，甚至在某些特殊情况下，一种情境比另一种情境会产生更大的压力，如飞机失事的救护工作所面临的情境，就会比一般的飞机飞行准备工作产生更大的压力。压力越大，个体面临的应激程度也会越大。

（二）挫折

挫折是个体在从事有目的的活动过程中遇到障碍或干扰致使个人动机不能实现、需要不能满足时的情绪状态。挫折一般源于人们的动机受到阻碍，或者寻找目标失败，或者个体的努力未果时。例如，当人们在百忙之中挤出时间一心一意等一个人，而这个人最后却没有来，其内心就会体验到挫折感。挫折还可能发生在人们追求的目标没有暴露之前。例如，当人们非常饥饿但没有任何食物出现的迹象时，内心也会体验到挫折。因此，挫折的出现与人们的动机密切相关，并且它可以由一个人以不同形式传递给另一个人，使面临这个情境的整个群体产生群体挫折感。然而，同一件事情对一个人来说可能是挫折，对另一个人来说就可能不算是挫折。挫折具有多种不同的表现形式。挫折是任何人在任何时候都会遇到的，因此从严格意义上说，没有一帆风顺的人。

延误是导致挫折感的另一个根源。对于生活在信息化社会的人们来说，时间意识的社会化是人们在新时期面临的一个特殊课题。每天，人们都能感受延误带来的挫折。等公共汽车时，公共汽车误点；等朋友的电话，电话没来；试图对某些问题理解得更清楚、更深刻，而问题偏又非常模糊。所有这些，都可以使人产生挫折的感受，甚至都市的不断发展、生活环境的拥挤现象等，也会给人们带来挫折感。

人们遇到的许多挫折能够用社会障碍来解释，失败就是一个最基本的例子。在竞争性环境中，当一个人获胜，另一个人就失败了；当一个人得到一个机会时，另一个人就失去了这个机会。这样，失败将会使人们遭受双倍的挫折。如果人们能在令人不满意的情况或挫折发生之前，对其能有一定的思想准备，那么，挫折引起的心理应激水平就会大大降低。正如一位医生告诫的那样："如果人们想要减轻自己的体重，就必须尽量少吃东西。"这个经验之谈告诉人们，要减少应激，应该在应激产生之前就有心理准备。这实际上是一个社会适应的过程。日常生活中个体的社会适应，包括要学会忍受各方面的一系列挫折，特别是自我感觉良好的人们，一个人在某方面可能是强者，但在另一方面就可能是弱者。

同时，挫折还有许多不同的个体原因。例如，个体没有足够的能力去实现成就目标，对学校缺少责任感、缺少自信而带来对职业的不满意，也会产生挫折感。以任何形式表现出来的个体特征，如年龄、性别和职业，都可能使人们产生挫折的感受。

挫折还常常来源于愤怒和攻击性行为。那些挫折-攻击理论假说的支持者坚持认为，挫折常常会导致攻击性行为。近期的研究表明，现实生活中的挫折并不都是如此，它依据影响挫折因素的数目而定。那么，究竟具有怎样强度的挫折才能产生攻击性行为？或者说，体会到多少次的挫折感，才能产生攻击性行为？反过来说，达到怎样的水平，个体才能理解和忍受挫折而不产生攻击性行为呢？显然，这个理论对这些问题的解答是苍白无力的。但人们从它那里得到启发，挫折的忍受水平越低，那么个体就越有可能产生攻击性行为。

（三）焦虑

焦虑是个体由于不能达到目标或不能克服障碍的威胁，致使自尊心和自信心受挫，或使失败感和内疚感增加，形成一种紧张不安、带有恐惧的情绪状态。如果个体是一个比较粗心大意的人，那么，往往不易觉察到已经来临的危险。心脏跳动速度的加快，肌肉收缩速度的加快，额上及其他部位渗出的冷汗等，这些都表明个体已经面临危险，这就是人们习惯上所谓的焦虑症状。过去，人们都倾向于把焦虑作为应激的一种形式，具有否定作用。但是在今天，心理学家们认为焦虑是人们正常生活的一部分，它有可能促使个体的潜能得到最大限度的发挥。

一般地，焦虑作为一种警告信号，告诫人们已经面临危险，要求引起足够的注意。例如，当人们认识到调味品中有化学物质，长期食用会对身体产生影响时，就会产生足够的注意。也就是说，对化学物质可能产生的副作用，人们心里有底了。许多事情会引起焦虑，使得人们把心理上的满足和生理上的安全放在一起权衡。当个体被告知调味品中的化学物质对健康没有什么危险时，他们仍然充满焦虑，并采取自我保护的措施。

在一个比较稳定的现代社会中产生的焦虑，实际上可以刺激人们更加灵活和敏感，用这种随机应变的能力去应对所面临的社会情境，集中注意力去适应社会生活环境。但是，在现实生活中，众多的焦虑往往会影响行为的结果。一些研究表明，某些焦虑可能会提高人们完成任务的水平，而另一些焦虑则对人们完成任务起阻碍和干扰作用。那么，究竟怎样的焦虑水平才能有效地影响人们的活动呢？关键问题是要对焦虑把握好一个“度”，在学习、工作、生活中，使焦虑处在适度的水平上。换言之，让人们的心理承受能力能抵挡住这种焦虑，从而提高工作效果。另一个问题是，处在有压力的情况下，是否有利于人们工作得更好？答案是肯定的，对于人们的日常工作来说，一定的压力是需要的，它可以使人们神经系统的活动始终处在一种比较积极的状态，这样有利于个人潜能的最大限度发挥。

第二节　环境压力

环境是个体赖以生存、活动的场所，不同的环境会直接影响人们的物质生活和精神生活。环境中的重大变动、压力性生活事件、潜在环境中压力源的过度刺激等，都会造成某种压力，对人类的生存和发展产生影响。

一、环境压力的概念、类型和性质

（一）什么是环境压力

压力是工程领域的一个概念。最初用“压力”一词来解释有机体对环境刺激反应的是生理学家坎农（W. B. Cannon，1871—1945），他认为有机体对环境压力的反应，要么是与压力抗争，要么是逃避压力，无论何种反应，均与有机体生理上的唤起有关。同时，有机体的平衡机制参与了这种反应，使其在压力消失后能很快恢复到最初的生理状态。显然这是从生理学角度对有机体与环境压力两者关系的阐述。

压力来自环境，压力与环境有着密不可分的关系。但从心理学角度看，环境压力是指个体觉得某种环境状况超出可以应对的能力范围，而感受到威胁的心理体验。环境压力一般发生在环境的要求超出个人所能应对的范围时，它既包括个体感受到的现实的环境压力，也包括个体感受到的潜在的、可能的环境压力。在压力情形下，人不但从生理上对环境威胁产生反应，而且会从心理层面上对环境威胁的影响作出评价。这说明压力会产生生理和心理效应，也会影响工作业绩。这种环境威胁的压力源一般包括噪声、空气污染、高（低）温与拥挤。环境压力对个体可能是有害的，也可能是有益的，两者都会引发相应的反应，而大脑网状系统则是特定环境刺激下压力诱发的生理基础。

多年来，环境压力一直受到研究者的重视和青睐，现在仍是心理学、社会学、生理学和环境科学等学科关注的中心论题之一。但由于环境压力的复杂性，今天尚无一种公认的压力理论，这也表明需要各有关领域的研究者加强交叉学科研究。从文献资料看，20世纪80年代后关于环境压力的研究主要从下面三个相互联系的方面展开：一是多个压力的综合效应。个体通常在同一时间内面临着环境的多个压力，在多个环境压力中，个体最终产生的是一种整合反应。二是相倚压力方面。对此的许多研究是基于这样一个基本假设，即积极的或消极的重大生活事件，累积起来会提高个体的易感受性。因此，可以用“压力生活事件”对环境压力作出评估。三是寻找训练处理压力的最佳策略。正因为环境压力是不可避免的，所以重要的并不是去消除压力，而是训练人们应对压力的技能，寻找最佳的处理策略。总之，目前对环境压力的研究既有基础研究，又有应用研究，且侧重点逐渐向直接造福于人类过渡。

（二）环境压力的类型

环境压力多种多样，个体感受到的实际环境刺激压力是现实的环境压力；个体感受到的潜在环境刺激压力是可能的环境压力；个体的身体对环境威胁产生的反应是生理压力；在心理层面及对压力源意义的评估是心理压力。此外，还有长期的环境压力或偶发和短时存在的环境压力。有的研究者对压力源进行分类：大规模的变动事件（自然灾害和战争）、压力性的生活事件（重大疾病或家庭问题）、日常生活中的琐事（拥挤）、潜在环境的过度刺激（温度和噪声）等（Baum，et al，1982）。无论何种环境压力，都可以把它纳入以下三个方面：生态学方面的压力、社会学方面的压力和本人造成的压力。

由外部环境中物理事件所产生的压力，属于生态学方面的压力。例如温度（高温或低温）刺激引起的环境压力。过去，常被研究的生态学方面的压力是寒冷和酷热。现在，空气污染、日光和灯光照射、听觉和嗅觉刺激、重力作用、大气压和温度等也开始引起研究者的重视。除个体生活的物理环境所造成的生态学的压力外，另外一些生态学方面的环境压力可称之为相倚压力，即因对有机体产生重大影响的外部事件而存在的环境压力，如生活在潮湿的房屋中导致关节炎而造成的环境压力，或两辆汽车相撞造成某种伤残所造成的环境压力。

由社会、文化、风俗习惯等对个体的影响所造成的压力，属于社会方面的压力。它包括社会政治经济状况、交通安全、生活水准、工作情况、居住条件、受教育水平、福利待遇、文娱设施等等。研究表明，社会的机构、阶层、组织和体系，事实上已构成了某种压力。如重点中学和普通中学就会对学生造成不同的环境压力，在人们心目中，重点中学的学生一条腿已经跨入大学的门槛，因而他们会比普通中学的学生体验来自学校、社会、家庭等生活环境更大的压力。道奇（D. Doyge）和马丁进一步指出，社会的机构、阶层、组织和体系的维护或改变也会产生某种压力。一位厂长治厂无方，宣告破产后自己也成了待业人员，可想而知，他的环境压力因其从管理阶层到待业阶层也会发生改变。此外，其他的社会学方面的压力还有偏见、时尚、舆论和规范准则等。

第三类是本人造成的压力，它因个人人格特点、生活方式所致，也包括自愿摄入所导致的压力，如独特的人格特征（如A型行为模式）、兴趣爱好、婚姻观念、价值体系和职业选择等所带来的压力，抽烟、酗酒、怪僻嗜好以及某种药品依赖等的副作用所引起的压力。

尽管环境压力多种多样，但是，所有的压力对个体都具有特定的和概括化的双重作用。不同的环境压力会使个体作出不同的特定反应，这种反应与某一特定环境压力相对应。同时，个体对不同的环境压力具有普遍的、共同的生理和心理方面的变化，这种变化是面临不同的环境压力时的共同特征，即概括化作用。最早提出身体对长期压力的一般性描述的学者塞尔耶（1956），把这种环境压力与相应的生理心理相互作用的变化称为一般适应症候群（general adapation syndrome，GAS），它包括了下丘脑、胸腺、肾上腺活动的变化，黏液分泌和胃肠道活动的变化等生理变化。一般适应症候群中的心理变化与应激时的情形大体相似。

（三）环境压力的性质

从环境压力的概念和类型分析中可以看到，环境压力总是发生在环境的要求超出个人所能应对的范围时。有时，环境压力的产生源于信息负荷超过个体有限的注意力；有时，环境压力是个体对环境的不可预测性和无法控制的反应，它使个体体验到威胁且无助，因而无法适应环境。总之，当环境对个体的要求与个体满足这个要求的能力不符时便会产生压力。

如前所述，塞尔耶对环境压力进行了卓有成效的研究，他把一般适应症候群或环境压力引起的身心变化过程划分为三个阶段：第一个阶段是警戒反应阶段，在这个阶段，身体聚集能量来处理导致环境信息负荷过高的事物，生理反应表现为心跳加快、呼吸急促、血压上升、肌肉紧张、皮肤电升高。但这个阶段只持续较短时间，如个体面临车祸时的情景。第二个阶段是抗拒反应阶段，身心感到倦怠、无力，并伴有不愉快的心境。此阶段可能会感到不适甚至患病。第三个阶段是衰竭反应阶段，这时不但生理上因压力而衰竭，心理上也会体验衰竭感。如果个体长期面临环境压力，既会导致生理疾病，也会引发药物依赖、抑郁症和性格障碍等心理问题。科恩和威廉森（S.A.Cohen&C.M.Williamson，1991）甚至认为，环境压力干扰了个体免疫系统的功能，使得人们更加依赖于社会网络，而且与他人的互动变得更频繁也更亲近。它是伤风、流行性感冒和细菌感染等流行病的病因。最近的研究表明，在长期的环境压力下，人们患感冒的概率增加两倍。

格林（B.L.Green，1990）不同意塞尔耶的观点，他认为压力不只是生化物质的改变或心理衰竭，还必须将个人对压力源的知觉和评价包括在内。为此，他把环境压力划分为三个主要部分：第一，必须有一外在事件发生，例如地震、车祸、离婚或丧偶；第二，个人必须知觉和评估这一事件，对事件的重要性作出判断；第三，个体出现相应的心理反应。因此，环境压力源于外部刺激、认知和情绪三者之间的互动。

一般来说，个体所体验到的环境压力性质会受到压力持续时间的影响。长期压力（chronic stress）因持续时间较长，所以其效应比短期压力（acute stress）更大些，也更复杂些。但是，要把压力区分为长期压力和短期压力实际上较为困难。例如车祸时间很短，可归为短期压力，但人们对这件事的心理反应则是长久的。因此，假如车祸受害者一直反复回忆压力事件，则短期压力源的持续时间也可能会延长。

按照格林的模型，每一个阶段都可以区分为短期或长期，而按照塞尔耶的模型，则很难把短期压力分离出来。换言之，塞尔耶的模型是针对长期压力而言的。有研究指出，无论短期压力还是长期压力，都会延长激发状态升高及内分泌失调的持续时间，导致脑部机制的永久性改变（Ver Ellen & Van Kammen，1990），也可能使性激素浓度改变，肾上腺皮层的脂肪减少，并且使淋巴细胞的活动减少（L. Weiss & A.Baum，1989）。在心理上，持续接触相同的压力源会引发某些心理疾病。长期持续的压力源会侵蚀社会资源，显著减弱个体对心理障碍的防御能力（S.J.Lepore，C.W.Evans & M.L.Schneider，1991）。可见，长期接触任何过于强烈的压力源都会使激发状态升高，从而干扰作业表现，影响心绪和身体健康。

无论如何，周围环境的压力常常是经常性的且难以处理，它们往往超过了个体适应的限度，使个体负担过重，因而产生消极的影响。例如，噪声、极端的气温、污染、拥挤和高密度等都可能产生环境压力。近来的研究强调认知等心理因素在这种影响中的中介作用。

二、压力源：自然灾害、环境污染和空气污染

正常物理环境的压力性质已经在前边进行了讨论，对于拥挤将辟专章进行阐述。这里讨论环境压力源中的自然灾害和环境污染等因素，这些因素都会对个体造成重大的或潜在的危害，以致影响人类的生存。

（一）自然灾害

自然灾害包括水灾、旱灾、火灾、地震、山崩、雪崩、海啸、台风、冰雹、泥石流、火山爆发等等。在我国，人们对唐山大地震至今仍记忆深刻，一个百万人口的工业城市瞬间被夷为平地，23万人丧失生命，20万人致残。这是自然灾害的典型一例。据统计，在全世界各地，每年约有250万人死于自然灾害。研究表明，自然灾害会在个体的心中留下创伤，因为它在现实生活中是强烈的、不可预测的和罕

见的，所以会导致受害者的恐惧、焦虑和退缩（R.J.Ursano & C.S.Fullerton，1990）。

环境心理学家感兴趣的是：为什么有人会忽视来自环境的灾害？为什么在事后才有所反应，而不在事前主动加以防范？为什么人们总是无法觉察到威胁，而且相信它对自己不会有影响？班茨（R.W.Kates，1962）曾探讨了遭受水灾的平原地区居民如何理解洪水的危害，结果表明，如果个人亲身体验过水灾，则较可能预期将来仍有可能再度发生水灾，因而采取预防工作；但是，许多未经历过水灾的人们不相信将来会发生水灾，他们的根据是对神的信仰或未来的防洪措施可以保护他们。显然，人们常常错误估计未来灾害发生的真正概率（T.F.Saarinen，1966；P. Slovic，1978；T.Kudmir，1982）。现在，研究者正尝试寻找使人们错估风险，以及倾向于事后反应而不是事前准备的各种因素。费塞夫、斯文森等人（B.Fischoff & O.Svenson，1987）详细探讨了个人处于环境危机时的决策过程。他们认为，人们进行这类决策的主要困难是在不确定的条件下作出决定，而任何良好的决策模型都必须考虑不确定的程度、可接受的风险程度以及所拥有的信息量。进一步的研究指出，由于人们对环境危害的风险估计会因为研究中问题的形式而受到影响，所以事情又变得更加复杂了（J.R.Eiser & F.Hoepfner，1991）。

无论如何，个人对自然灾害所采取的行为模式都可归结于个人的知觉和性格，这可以用工具来加以评估。1989年，施密特和吉福德（F.N.Schmidt & R.Gifford，1989）设计了一份环境评估量表（environmental appraisal inventory，EAI），用来评估人们对环境危害的知觉。这个量表由72道题目组成，分别测量对自我的威胁、对环境的威胁以及个人对威胁的控制等知觉。虽然EAI是环境知觉的一般性客观测量工具，但研究环境危害的知觉还有其他方式，如观察法、访谈法等。泰勒等人（J.G.Taylor，et al，1988）曾以深度的个人晤谈来研究美国农民对20世纪30年代在平原西部旱灾的知觉。结果表明，农民最容易回忆起著名或严重的旱灾、最近的旱灾以及他们经历的第一次旱灾；中等的、轻微的旱灾容易被遗忘。这说明个体对自然灾害的知觉是造成环境压力的一个重要原因。当然，这里也存在着文化背景和种族的差异。

值得注意的是，自然灾害所导致的问题并不仅仅是生命和财产的损失，同时还包括诸多心理问题。许多研究指出，自然灾害改变了个人生活的许多方面，而且这些改变会带来压力。鲁博尼斯和比克曼（A.V.Rubonis & L.Bickman，1991）的研究表明，当自然灾害发生后，心理病理程度会显著提高，而且灾害的死亡率上升时，病理程度也同时增加。亚当斯（P.R.Adams，1984）在圣海伦火山于1980年爆发后，考察附近居民的压力反应，结果发现幸存者在家中的酗酒、感染疾病和家庭暴力事件大大增加了。

（二）环境污染

环境污染大多属于人为环境灾害，包括有害物质对大气、水源、土壤和食物的污染，以及噪声、恶臭、放射性物质、核废料对环境的损害，这些都会对人类的身心健康产生直接或间接的影响。随着我国经济的高速发展，工业生产中的“三废”（废水、废气、废渣），城市内大量的生活污水、垃圾等，都是环境污染的来源。

一般来说，当环境部分地被污染物侵蚀时，如果污染程度较小，那么，由于环境的自净作用，仍可保持环境的动态平衡，不会给人类造成危害。但是，如果污染物的数量很大，远远超过了环境自身的承受能力时，就有可能破坏生态平衡，给人类带来灭顶之灾。例如，由于城市中汽车大量增加，汽车排放的尾气使得空气中二氧化碳的浓度大大增加，当浓度达到一定程度时，就会造成严重的后果，历史上著名的伦敦烟雾事件就是一例。通常，污染物总是小剂量、长期作用于人体，其消极影响是逐渐积累的，短期内不一定显现出明显的危害作用，但在这种有污染的环境中长期生活，则会引发相应的疾病，如城市大气污染造成居民感染慢性支气管炎、肺气肿、哮喘等疾病，给人们的身心带来很大的压力和痛苦。

在环境污染中，较为严重的是由高科技所带来的环境灾害，例如漏油事件、辐射外泄、有毒废料渗流和大规模的爆炸等等，这都会给环境和人类造成极大的危害。如苏联切尔诺贝利核能灾害造成了重大的生命损失和财产损失。国外环境心理学家对1979年3月发生在美国宾夕法尼亚州三里岛的核能电厂事件（这次意外使受污染的水和辐射气体由建筑物外泄到大气中达一年之久）进行了研究，布罗米特（E.J.Bromet，1990）指出，三里岛事件发生10年后，在一群当年生活在附近的妇女中，有60%的人承认她们仍会想到那次意外，62%的人担心悲剧重演，42%的人仍担心自己的健康，51%的人担心孩子的健康。迪尤（M.A.Dew，1987）等人的研究发现，在事件发生6年后三里岛的设备再度启用时，居民承受压力程度甚至高于1979年意外发生之时。有些研究表明，在三里岛事件之后，较年轻、教育程度较高的人特别觉得有压力，他们认为这与个人的应答策略有关（M.K.Goldhaber，1983；S.Carnes & R.Bolin，1987）。最近关于三里岛事件受害者的研究表明，对事件的反应与不同年龄的人们对压力的感受都和压力指标有关，但他们并不认为老年人承受的压力比年轻人要小（S.Prince-Embury，J.F.Rooney，1988，1990）。研究者认为个人所体验到的压力程度与事件发生前对核能设备的态度无关（W.R.Freudenburg & T.R.Jones，1991）。总之，在较为严重的环境污染面前，人们觉得对生活缺乏控制，在需要持续力的作业上表现较差，而且会出现多种压力症状。这说明应对环境污染进行立法管理控制，并积极治理，以确保生态平衡和人们的身心健康。

（三）空气污染

环境污染中人们较为熟悉的是空气污染。对于研究者来说，空气污染对人们心理与行为的影响是一个新的课题。

呼吸受污染的空气究竟对人体有何影响呢？研究表明，空气中的某些有害物质一旦吸入人体会产生危险，有的甚至是致命的。例如，炼油厂的空气中存在着燃烧过的化学残留物，如烃等，在这些区域里生活的人们，与远离炼油厂的人们相比较，肺癌、鼻咽癌、鼻窦癌和皮肤癌的患病率明显升高。同时，污染了的空气也影响人们的行为，并且以一种较为直接的方式影响行为。在英国进行的两项研究表明，当被试呼吸了从繁忙的公路上空38.1厘米处搜集来的空气后，普遍感到烦闷、疲倦，作业成绩受到了消极影响。在另一项研究中，让被试处在不同条件下的实验室里。一种情形下实验室里的空气是通常的空气，另一种情形下实验室的空气受到污染，混有令人不舒服的化学气味。结果表明，与正常的实验室里的被试相比较，在空气受污染的实验室里的被试产生了更多的消极情感，并对周围环境和他人表达了消极的感受。这说明空气污染会对人们的生理和心理产生双重影响。

空气污染的另一个方面不是由机器或工厂造成的，而是由个体直接造成的，这种空气污染源自吸烟。越来越多的人呼吁保护非吸烟者的利益。人们发现，如果不吸烟的人被迫与吸烟者交往，前者往往报告了更多的消极感受，对吸烟者也以消极的方式进行评价。无论吸烟者是小心谨慎、体贴地努力把烟吹开，还是把烟直接喷向对方，不吸烟的人总是感到压抑、焦虑和愤怒。

值得注意的是，除噪声、温度、拥挤、自然灾害和环境污染等威胁性的物理刺激环境外，如前所述的某些社会性的紧张刺激也会构成环境压力，如生活平衡被破坏、社会需求未被满足、团体压力和角色压力、重大生活变故等。为了更好地适应环境，在环境中更好地生活和工作，人们需要了解环境压力对人类的影响，它会促使人们自觉地创造和保护一个健康的、令人幸福的环境。

第三节　环境应激与预防方法

通过前面的阐述，人们已经知道，环境压力会对个体身心健康产生影响，那么，如何减轻这种影响呢？有两种方法：一种是减少压力意识或者减轻反应的症状；另一种是帮助人们获得一个最佳的反应途径。最佳的反应途径有助于人们更好地认识压力，同时，也有助于人们透彻理解应激反应。这里以社会性刺激为主，集中讨论应激的防御机制，以及减轻应激和压力的策略。

一、环境应激的防御机制

在人类生活的早期，人们往往只是用本能反应来面对应激，这些本能反应被研究者称为防御机制。在各种环境下，人们常常利用防御机制，利用自我作为中介，从有威胁的情境中摆脱出来，获得自我保护。虽然这些保护的方式常常受个体文化背景、教育水平的影响，但是，他们已经能够使用适合自己的保护方式，并使之成为习惯化的行为和本能的反应。防御机制一般通过焦虑的途径来唤起，正像人们日常生活中所看到的那样，挫折和冲突也常常蕴含在防御机制里面。在一般情况下，虽然个体没有清楚意识到防御机制，但是它的保护作用使得人们在突发事件或威胁情境面前泰然自若，应对自如。同时，伴随焦虑而来的烦恼意识也消失得无影无踪。因此，在应激和环境压力面前，防御机制的作用是不可低估的。

处于激烈紧张环境下的人们常常利用防御机制，使他们从应激和环境压力中得到解脱。人们的实践活动依靠这些防御机制，从而保证个体的正常生长发育和成熟。

（一）压抑（repression）

压抑是把不能被意识所接受的想法、情感和行动在不知不觉中抑制到潜意识里去。这是心理防御机制的最根本方式。一般来说，它常常是一组令人恐惧的冲动或思想，这些冲动和思想来自于人们的自我意识。尽管人们很少或没有意识到那些被压抑的欲望和思想，但是它们仍保存在人们潜意识的范围里，使人们受到折磨，并且力图使人们的行为改头换面，间接地表现出来。例如，一位女性，她压抑了对她的管理者的敌意情绪，因为她非常害怕被解雇。但是她可能会诚实地说："我不能忍受这个管理者任何形式的嫉妒。"这样，她就会无意识地在行为上表现出来，上班迟到或者还忘记管理者布置的任务，从而影响工作效率的提高。甚至她有时还明确表现出不高兴，终日郁郁寡欢，对周围领导极端仇视。而她的喜悦情绪则往往在与同事的接触中表现出来。换句话说，她更愿意和同事交往。事实上，无论人们面临怎样一个情境，大概都能猜测出个体所压抑东西。因为一般的情境总能自然地激起他们的恐惧冲动，并且同时在他们的行为中表现出来，只不过表现形式会采取间接的方式。

压抑给人们恐惧的痛苦意识带来了某种慰藉，但是也在某种程度上阻塞了人们的意识，从而引起了意识刻板现象，导致了许多无效行为。另一方面，也应该看到，某些压抑是个体正常发展的一部分，因为个体总是生活在现实社会生活中，而人们所处的社会有一系列公认的道德规范、行为准则，人们会压抑某些可能与这种规范、准则相违背的东西。作为社会化的主要内容，人们必须自觉接受社会的规范、准则，进而与社会发展保持协调关系，也有利于个体社会适应能力的不断发展。因此，所有个体的发展都符合社会的要求。正是由于把压抑运用于社会实践活动，才使人们形成了熟练化的防御行为，使人们在环境中可以避免很多无谓的烦恼和痛苦。

另外，应该注意，当个体内心有一种强烈的欲望，并由于这种欲望的存在引起高度焦虑时，应该有选择地对这些欲望采取意识控制，并且在选择决定后，把要表达的欲望尽可能快地向外发泄，所谓"一吐为快"就是这个道理。这里关键的问题是要看这种欲望是否与社会公德、道德准则、行为规范相一致。如果是一致的，就可以寻找一个场合或某一个人，把内心压抑的东西发泄出来，只有这样心里才会产生非常痛快、轻松等不可言喻的感觉。众所周知，毫无理由地抑制内心的矛盾、冲突、需要、欲望，把自己与外部世界隔绝开来，对身体健康和个体发展是有害的。适度的发泄能提高健康水平，有利于个性全面、和谐的发展。

（二）否认（denial）

否定是一种比较原始而简单的心理防御机制。它与“压抑”极为相似，其方法不是把已发生的痛苦与不快有目的地忘却，而是否定它，就像它根本没有发生过。究其实质，否认就是拒绝看到或听到事件的真实方面。这方面的内容往往不是令人愉快的，而恰恰是一种令人感到威胁和恐惧的东西。这里要看到，压抑是一组个体内心世界的现实，而否认则是拒绝知道真正的社会现实。因此，它们作为一个问题的两个方面，有着较明显的区别。例如，当个体不希望死亡事件发生却要其正视死亡时，就会普遍地引起否认反应。当第一次听到某人的死讯时，特别是这个人是你非常关心的人时，开始的时候往往倾向于否定这个事实。“我无论如何也不能相信。”你很可能会这样说。然而过了几小时或几天后，真实的死讯普遍传开后，才开始感觉到这是一件多么令人悲伤的事。

（三）文饰作用（rationalization）

文饰作用又称为合理化，它指的是人们以合理的和社会可接受的方式，为不可接受的行为进行辩护，从而用一种“自我”能接受、“超我”能宽恕的理由来代替自己行为的真正理由。虽然这些理由常常是不正确的，在第三者看来是不客观或不合逻辑的，但本人却强调这些理由去说服自己，以避免精神上的苦恼。所谓酸葡萄心理，即把得不到的东西说成是不好的；所谓甜柠檬心理，即在得不到葡萄并只有柠檬时，就认为柠檬是甜的。文饰作用是用似是而非的理由来证明行为的正确，掩盖错误或失败，以保持内心的安静。因此，文饰作用包含了自我欺骗的因素。当人们采取文饰作用的办法时，往往试图使自己确信其他人也有和自己一样的感受。

无论什么时候，当个体做错了某件事或者深刻体验到失望和失败的环境压力时，往往采取文饰作用的办法，使心理取得相对平衡。例如，一个学生在考试时作弊，他在向别人解释这件事时往往会说：“这是你能对付这种愚蠢的考试的唯一办法。”而另一个人可能会说：“你做得对，你确实需要这样做。”用这种方式代替了作为一个“朋友”的忠告。一个被男朋友抛弃的女孩子则往往会这样说：“在各方面我越来越不能忍受他的行为举止和交谈方式了。”以这种精神胜利的方式来报复她的男朋友，并获得心理平衡。这些例子实际上是按照社会可接受的方式，对自己所受的挫折进行合理化解释。

因为文饰作用常常包含一定道理，所以，当某人在行为中表现出文饰作用时，人们不太会去批评、说服他。然而，当有人怀疑他们的文饰作用时，他们又会变得非常敏感，并且顽固地拒绝承认批评中的任何合理性因素，人们总是对自己所信奉的文饰作用确信无疑。文饰作用能够帮助人们改善由于不愉快所带来的不协调。人们总是试图找出体面的理由来掩盖自己行为的错误，就像为考试作弊找出正当理由来一样，用自己内心最能接受的方式，为自己不光彩的动机或行为进行辩护。

（四）反应形成（reaction）

反应形成又称反向作用，即以“矫枉过正”的形式处理一些不能被接受的欲望与行动。生活中人们通过夸大他们所反对的那些情感和行为，来对待不可能接受的欲望和行动。在反应形成中通过意识的作用，那些基本的压抑得到进一步加强，从而行为中表现出熟练化和习惯化的倾向，在他人眼里，这些行为都是非常自然产生的。

反应形成倾向的关键在于意识化的情感和行为的夸张程度。过分要求个体掩盖这种倾向，其结果必然会使其内心产生混乱，在外部行为上表现为不知所措。那些过分粗暴、信誓旦旦的男人在与女人交往时，很可能把他对女人的兴趣、喜新厌旧的特征等情感反应倾向掩藏起来，从而在女人面前表现出文质彬彬、有涵养、有“绅士”风度。那些富有魅力、过分轻浮的女人在与男人交往时，则很可能把她对男人的兴趣、对自己的诱惑力充满信心等情感反应倾向也同样掩盖起来。强迫自己快乐的人肯定会竭力避免抑郁感，然而；压抑的欲望往往是以一种或另一种间接的方式，在人们的行为中表现出来，结果是使自己变得更加沮丧。

（五）无意识行为（unconscious behavior）

无意识行为是指人们对自己的身心状态不能清楚知觉情况下的行为。无意识行为常出现在人们不能接受的紧张强度时，它直接或象征性地表达了人们的欲望、需要。那些具有不适当自我控制的人们和清醒认识自己良心的人们，肯定会选择无意识行为，并把它作为处理应激的最方便的方法。

那些在行为上显示无意识行为的个体，常常说这样一句话：“我不知道为什么我这样做。”这是一个诚实的承认。因为无意识行为帮助个体从不能接受的、冲动的痛苦意识中获得暂时的安慰，但是这样并不会导致自我顿悟，从而解决问题。

（六）幻想（fantasy）

幻想主要是指以想象的方式来满足现实中不可能实现的欲望。当个人遇到现实困难时，因无力处理这些问题，便以幻想的方式使自己脱离现实，在幻想中处理心理上的纠纷，让欲望得到满足。一般来说，人们常常通过幻想来减少紧张。从严格意义上说，幻想是与生活愿望相结合，并指向于未来的想象。幻想分为两种，即理想和空想。然而，并不是所有的想象活动都具有紧张的防御功能。在白日梦中，人们运用了想象，并且使人坚信所处的世界能像小说和戏剧中所写的那样。事实上，近年来的研究已经表明：白日梦贯穿于全天，大概每过90分钟便达到最高峰，在现实中不可能得到满足、实现的欲望，都可以在梦中得到实现。幻想的功能在于防止过分紧张，但是，当幻想过多时，往往会代替人们所面临的现实情景，使人们对现实生活熟视无睹，整天显得恍恍惚惚，异想天开，从而影响人们正常的学习、生活和工作。正确的态度应该是：第一，幻想是不可避免的；第二，对幻想要正确利用。积极的幻想是学习和工作的巨大动力，只有在幻想中看到自己还没有取得的成果，才会去战胜困难，迎接胜利。积极的幻想是构成创造的重要因素，常常成为科学发明的先导，而消极的幻想却会使人长时期沉醉在虚无缥缈的幻境中，松懈人的意志，麻痹人的思想，对工作、学习显然是有害的，严重的甚至使人产生精神疾病。

上面，我们已经分别描述了应激的各种防御机制，但是在现实生活中，人们并不是把它们割裂开来以应对紧张情绪，而是把多种防御机制联合起来使用（见表9-2）。虽然人们有时也部分地使用防御机制中的一种或几种，但都是依据个体的具体特点和当时面临的具体环境才作出某些选择。一个社会适应能力比较强的个体，能随机应变、合理取舍。一般来说，一个有效的防御机制模式应具有普遍性。显然，表9-2对有些应激类型无能为力，即使这样，作为防御机制的一般属性，这张表格仍是有用的。

表9-2　**防御机制的联合使用**

应激种类	共同防御机制
失败	合理化、投射、补偿
内疚	合理化、投射、解脱
敌意	幻想、压抑、反应形成、移置
歧视感	自居、补偿、幻想
生活中的失望	合理化、幻想、隔离、孤立
个体的局限性	否认、幻想、补偿
被禁止的特性	合理化、投射、压抑

二、减轻环境压力的方法

除了上面所说的防御机制能减缓紧张、减轻环境压力外，还有许多其他方法能够减轻环境压力带来的忧虑和痛苦。值得注意的是，人们所获得的大多数习惯化的压力反应模式都是依据人们过去对同样的压力所采取的方法，当人们在一个新的环境中面临新的压力时，就需要打破常规，根据实际情况设计有效的应对压力的办法。

（一）替代（vicariousness）

替代是指刺激与刺激间或反应与反应间彼此替代的情形。例如，那些令人舒适的触觉、食物和饮料，对人们来说是非常熟悉的，并且人们都愿意接受它。在日常生活中，经常可以看到，一个小孩是怎样寻找触觉，增加他和母亲的身体接触，并把它作为在面对紧张或压力时获得缓和的一种令人放心且安全的有效方式。成年人面对悲伤时，也同样依靠和其他人的接触、交往而获得安慰、同情和帮助，避免使自己陷入极端紧张的情况。所以培根说：当痛苦被另一个人理解时，对你来说，痛苦好像减轻了一半。在面对环境压力的时候，某些食物和饮料的心理价值能够使人们暂时离开他们紧张的状态，使压力得到一定程度的释放，在这个意义上，食物和饮料成了应激的代替品。对于处于环境压力中的人们来说，这是一个极其有效的方法，这就像母亲的乳房对于婴儿来说，它的存在是安全的象征，它的价值在于使他放心。当人们处于一定的压力下，服用一些饮料，或者抽支烟，都有利于使人们的心境恢复到宁静的状态，情感变得稳定下来。在这种情况下，分析问题和处理问题就会变得更加得心应手，左右逢源。

（二）发泄（abreaction）

发泄又称宣泄，即采用语言、动作、感觉甚至想象等活动，使个体的情绪放松，使其原来的心理冲突或压抑的各种不愉快的体验宣泄出来，以减轻心理紧张所带来的痛苦。例如，笑、哭、骂等方式都会减轻面临的应激与压力而产生积极的影响。不知你是否注意到，当人们经历了一场考试或战斗后，往往会高声大叫，放声大笑。其实，道理非常简单，人们这样做的目的无非是为了缓解由于考试或战斗带来的紧张。如果人们能够用笑声去迎接烦恼和痛苦、厄运和挫折、打击和失败，那么他就能够生活得乐观、豁达，在学习、工作上能排除障碍，更好地适应环境。一句话，他是生活的强者！在压力面前，一筹莫展，整天紧锁双眉、忧心忡忡、提心吊胆，不但不利于工作的正常开展，而且对身体也是有害的。笑声是驱除忧虑的良药，因此，人们在生活中要多笑。俗话说：笑一笑，老人也变俏。这句话充分强调了笑声对人的生理和心理的双重作用。而哭在一般人眼里被认为具有消极作用，其实未必如此。从个体的发展历史来看，哭首先是被小孩子所采用，孩子痛哭，与其说是种“自发的本能反应”，不如说是为了减轻应激或环境压力，通过哭来要求成人的照顾，通过哭来满足他的需要。因此，对小孩来说，哭是一种缓解紧张的有效方法，他们热了、冷了会哭，饿了、痛了也会哭，即使是尿床、打破了玩具而感到紧张，采取的方式还是哭。从某种意义上来说，小孩是伴随着紧张和用哭的方式应对紧张的过程长大的。实际上，哭是小孩意识到自己违反了社会化要求的反应。通过儿童期、青年期，他们适应环境的能力将不断发展，这也是一个实现个体社会化的过程。对成人来说，哭的意义与小孩又有所区别。研究表明：在压力面前，成人比儿童更少采用哭的方式来减轻压力，男人比女人更少采用哭的方式来消除压力，但是现在有的男人发现哭确实是减轻压力的有效办法，于是，他们就偷偷地关起门来，一个人在房间里号啕大哭。一般来说，男人减轻压力更常用的方法通常是高声咒骂，咒骂使他不顺利的环境，咒骂使他倒霉的某个领导。总之，他咒骂一切使他忧虑、失望、痛苦、失败的人或事。咒骂完了之后，心境逐渐趋于平衡，其实，最紧张的时期也就过去了。

（三）转移（displacement）

因为对某一对象的情绪、欲望和态度是不可能为自己的理智和社会所接受的，所以在潜意识之中把它转移到另一个可以代替的对象上，使心境恢复平衡。

例如，谈论某事或周密地思考某事，这是人们在日常生活中面对过大的压力时缓解紧张的一个比较常用的方法。当人们遇到麻烦的时候，与别人谈论其他的事，并发现对方在认真倾听自己的谈话，此时谈话的兴趣就更大了，这是人们转移压力的有效办法，同时也是面对环境压力时人们所能做的、对自己最有帮助的事。一大群人围着你，听你高谈阔论，并不时对你的谈论作出积极的反应，能够使你的注意力全部集中到这件事上，从而达到移情或入神的效果。这比对应激问题的思考、争论等效果要好得多。人们可以在与其他人的谈话中获得对所面临紧张情况的放松，或者从朋友那里得到减轻环境压力的某些启发。因为人们常常不知道自己真实的思想或情感，只有当别人提醒或表达出来时，才意识到。当然，人们还需要花费时间去周密考虑头脑中的紧张问题，因为只有解决这些问题，压力才能真正得到消除。

在工作或玩耍中消除紧张，是人们释放压力、转移应激状态的另一种办法。虽然这样做并不能改变引起应激的那些情境，但至少可以转移目标。例如，参加活动强度较大的网球比赛，或者从事某项工作，能迫使人们放弃头脑中的那个问题，专心致志地从事目前的工作。这实际上是把使人们应激的问题暂时搁置起来，进行“冷处理”，待回过头来解决这个问题时，能够保持敏锐的思维和冷静、沉着的态度。这时候要解决问题、消除紧张就会显得容易些。有时候，人们也可以通过寻找和异性交往的机会，跳舞、聊天、喝咖啡，使身心得到充分的放松，来取代所面临的应激，但这显然不是一个长久之计。然而，它可以使人们从当前的压力困境中走出来，然后再精神抖擞地投入消除应激与压力的工作中去。

在日常生活中，人们每时每刻都在利用这些方法来消除或缓解我们所面临的紧张。从人们的实践活动看，上面所列举的这些方法显然比其他方法用得更普遍些。有的人可能更多地通过语言来释放紧张，而其他的人可能更多地通过工作或玩耍来消除心理上的紧张。有的人通过吃、喝或情绪表现等活动来调节压力，还有的人是通过白日梦或沉思等方式来减轻紧张感。你很可能会问：“究竟我应该采用哪一种方式呢?”一般来说，人们应该利用最适合自身特点和所处环境的那种方式来消除紧张。在选择消除应激与压力的方法时，最危险的做法是照搬别人的策略，以此作为自己的唯一方法。因此，在选择方法时，应该把他人消除应激的方法作为选择时的参考，选择的主要立足点要放在对自己当时所处情境和自己个性特征的分析上。因为任意两个人不可能同时、在同一地点遇到同一种应激和压力，所以，必须具体情况具体分析。

总之，个体对环境压力的控制应该具备三种能力：一是行为控制的能力，即在环境中选择行为，直接处理环境刺激，获得预期结果的能力；二是认知控制的能力，这是一种对环境状况的解释、预期及了解结果的能力；三是决策控制的能力，即对反应的选择与决断的能力。只有这样，才能真正减轻环境应激和环境压力，掌握处理环境应激和压力的技能、技巧和策略。

第十章

社会环境适应与职业发展

对于大学生而言，告别校园、步入社会，是从“学校人”到“社会人”的转变，是人生过程中最重要的转折，是每一个毕业生都必须而且应该积极主动面对的现实问题。“纸上得来终觉浅，绝知此事要躬行”，完成这一转折并非易事，甚至可能充满艰辛，需要在实践中不断摸索、感知与总结。适应社会、走向成功，不仅需要智慧，而且需要具有一种永不言败的勇气与执着。

第一节 角色转换与社会环境适应

由学生角色转换为职业角色，是每一个就业大学生必然要经历的过程，这一过程同时也是对社会及工作岗位的适应过程。

一、社会角色与角色转换

（一）社会角色及其特点

所谓社会角色，顾名思义，就是一个人在社会中“扮演”的角色。简单地说，就是一个人的身份，具体而言是指人们所处的特定社会地位和身份所决定的一整套规范与行为模式，是人们对具有特定地位的人的行为的一种期望，是社会群体的基础。社会角色的本质是社会赋予人的社会权利与承担相应社会义务的统一体。它反映了每个人在社会中的地位和在人际关系中的位置，是个人身份的显示。社会角色有以下三个特点：

（1）社会角色的多重性，即每个人在同一时间都可能身兼数职、具有多重社会角色。这些角色是由个体在不同时间、场合、环境占据不同的社会位置，享有一定的权利、履行相应的社会义务，遵循着不同的社会规范而确定的。比如，对于一名警察而言，在维护国家公共安全、社会秩序方面，在每个公民面前他是警察，在妻子面前是丈夫，在医生面前是患者，一个人同时具有警察、丈夫、患者等多重社会角色。也就是说，社会角色对于每一个人都是相对的、多重的。

（2）每个人的社会角色都具有主次之分，即有主要角色和次要角色之分。比如，对于学生而言，学生角色是其主要的社会角色，而在售货员面前的顾客角色就是次要角色。主要角色往往是一个人主要的社会权利与义务的体现，社会对一个人的评价往往以其是否满足主要社会角色的要求作为依据。一位品学兼优的学生，即便他的一些次要角色表现不理想，也不会影响社会、老师、家人给予他的评价与赞美。

（3）社会角色的转换是个不断变化的过程。每个人在其一生中所承担的主要社会角色往往是发生变化的，从一个角色进入另一个角色，这也就是所谓的角色转换。角色转换的根本变化是社会权利与义务内容的变化。大学生完成学业，辞别校园、步入工作岗位，这一过程实际上就是一个人的主要社会角色由学生角色向职业角色转换的过程。

（二）角色权利和义务及规范

社会角色的内涵就是社会赋予角色的权利及要求角色承担的义务，也就是社会责任，而权利与义务是通过行为规范进行约束调整的。因此，职业角色与学生角色的不同主要体现在权利、义务（责任）及规范方面的不同。

十几年的校园生活使毕业生对学校的行为方式、规章制度都十分熟悉并有较深的理解，也就是很清楚学生这一角色的内涵，而对于职业角色的内涵，它的权利与义务就相对很陌生。因此，比较一下学生角色和职业角色在权利、义务和规范方面存在的不同，对毕业生顺利实现学生角色向职业角色的转换是十分必要的。

（1）角色权利是指承担社会角色而拥有的相关权利。学生角色的权利主要是接受教育及要求得到教育的权利。具体表现在，一名学生有要求父母支持其到学校接受教育的权利，在家庭经济状况不好时，还有请求资助的权利；而职业角色的权利则是依法行使职权及获取劳动报酬及其他的权利。比如，公司的职员有依据法定或约定获取劳动报酬、休假的权利，国家机关的工作人员有依法行使相应职权的权利等。两种角色在权利的具体内容上显然是不同的。

（2）角色义务是指因承担角色而应担负的对于社会的责任与义务，也就是我们通常所说的社会责任。学生角色的主要责任是遵守纪律、勤奋学习，同时有限度地参与社会实践，力争德、智、体全面发展，为成为对社会有用的人打下基础。这是一个接受教育、储备知识、培养能力的过程。而职业角色的责任是运用知识、经验、智慧与技能为社会服务，完成某个事项、履行某项职责，从而对社会有贡献的过程。两种责任的履行产生的后果也是有区别的。学生角色责任履行得如何，主要关系到知识掌握的多少和能力培养的强弱程度。学习成绩好，会得到人们的一致赞扬与褒奖；学习成绩不好，父母会处心积虑地想办法督促，老师也会耐心地批评教育。也就是说，学生不会因未能履行角色责任而承担严重的后果，而且往往还会得到帮助与指点。而职业角色责任履行得如何，则影响较大，人们在评判职业角色时总是和工作单位密切联系在一起的，总是将其作为身负重任的工作人员来看待。例如，认真履行责任的医生不仅可以有效地救死扶伤，而且会为医院赢得荣誉，为医疗工作者树立风范；反之，既影响个人，也会影响到医院甚至医疗队伍的形象。

（3）社会规范是指社会为角色提供的行为模式。学生规范多是从培养、教育的角度出发，引导学生德、智、体全面发展，健康顺利地成长为合格人才的行为模式。社会赋予职业角色的规范、提供的行为模式，则因职业的不同而不同，这些模式既具体又严格，违背了就要承担一定的责任，甚至法律责任。比如，国家工作人员玩忽职守、收受贿赂就要受到法律的处罚。

（三）角色转换

正是因为两种角色之间存在很大的不同，因而才需要在实践过程中进行角色的转换，角色的转换不是瞬间发生和完成的，而是一个渐进的过程。角色的转换，就其过程而言，包括获取角色和承担角色。

（1）获取角色。对于大学生而言，所谓获取职业角色，其实就是择业。通过毕业生与用人单位的双向选择，找到自己满意或相对满意的工作，双方签订雇佣合同。毕业后，毕业生到新的工作单位报到，从此走上工作岗位、步入社会，从这一刻开始，毕业生就已经获取了职业角色。

（2）承担角色。如果说获取角色是角色转换的起点，那么，承担角色就是角色转换的目标。承担角色包括形式上的承担和实质上的胜任。

形式上的承担就是接受一定的工作任务并开始工作。大学生在校园中主要是学习书本知识，较少接触社会，缺乏解决实际问题的能力，因而在工作的初始阶段必然会遇到困难与挫折，还不能自如恰当地处理问题、高效地工作，这时，只是在形式上承担了职业角色，还没有胜任这一角色。只有在不畏艰苦、勇于开拓的精神激励下，虚心求教、勤于实践并积极探索，使自己具备承担职业角色的素质与才能并得到领导与同事的认可时，才能称之为胜任工作，只有到这一阶段，角色的承担或说角色的转换才算完成。

在角色转换的过程中，不可避免地会遇到困难、挫折和冲突，对于新的工作与生活环境、陌生的人际关系，必然会出现一些心理或生理上的矛盾与不适应。一些人容易出现自我封闭、眼高手低、心浮气躁、自负与自卑、希望竞争但又害怕竞争等失调现象。学生角色到职业角色的转换过程是因人而异的，有的人很短，有的人很长，有的人甚至终其一生也未能完成，对于这样的人而言，人生无疑是一场悲剧。因此，我们有必要帮助大家认真做好充分的思想准备，以积极主动的心态去面对角色转换，尽快适应职业生活，在激烈的人才竞争中脱颖而出，为今后的成才与发展打下良好的基础。

二、职业角色的适应

学生角色向职业角色的转换往往是一个艰苦而漫长的过程，所谓“冰冻三尺，非一日之寒”，对此，毕业生应有充分的思想准备。在行动中，需要以积极的态度和坚持不懈的努力来实现职业角色的进入与承担。在适应职业角色的过程中，应注意如下几点：

（一）摆正心态，树立信心

步入工作岗位，心态是很重要的，只有摆正心态，才能减少陌生感，发挥自己的聪明才智。而摆正心态的关键有两点：一要摆正自己的位置；二要充满信心。摆正位置，就是要正确地认识、评价自我，既不能目空一切，又不能自惭形秽，畏缩不前。而应该把自己当作社会大学的小学生，树立终生学习的理念，把实践的过程看成是不断充实完善自己、增长才干的过程。充满信心就是不要因为在工作中遇到了困难而怀疑自己，而要相信自己的能力与毅力，树立战胜困难的信念。当遇到困难或挫折时，要冷静地排查问题，分析原因。总之，只要摆正位置、充满信心，就能心态平衡，就能发挥出自己的最佳水平。

（二）善于观察，勤于思考

要进入职业角色，还要开动脑筋、善于观察、勤于思考。只有善于观察，才能发现问题，并运用自己所学的知识努力实践进而解决问题，才能掌握大量的第一手资料，才能真正掌握职业对象的内部规律。同时，只有勤于思考，在工作中才会有自己的见解，逐步具备独立开展工作的能力，更好地承担角色责任。

（三）大不惧大，小不厌小

步入工作岗位，需要完成的工作总是有大有小，既有很重要的大事，也有微不足道甚至鸡毛蒜皮的小事。对于重要的工作，不要心存畏惧，而应拿出应有的勇气和工作热情去完成，应该知道，任何人都不会强求一个新手在工作的初始阶段就会有非常出色的表现。因此，如果表现得好，就会脱颖而出，即便表现不好，也不必负担太重，因为你还有机会，只要正确调整，从失败中吸取教训，你就会离成功更近。而对于小事，同样应该重视，不能按照自己的兴趣与意愿去挑剔或选择，而应该遵照领导的要求去做。强迫自己去做自己所不喜欢的或不感兴趣的事情，并做得很好，才是一个人走向成熟的标志，也体现了一个职业人严谨的工作作风。当一个人认真努力地将别人不愿做的琐碎小事做得很好的时候，领导的赏识与发展的机遇就会悄悄降临。

（四）学会沟通与尊重

在工作中要学会尊重他人，尊重你的同事，包括一些地位相对较低的人。别忘了见面打个招呼，离开道声“再见”。尤其要尊重你的上级，多请示、多请教，学会沟通与汇报，及时反馈你工作的进展情况。

（五）第一件事要做好

做好第一件事是今后完善职业人格、事业成功的基础。要想以积极的态度快速地适应工作环境，就必须以积极的态度把交给你的第一件事做好，领导往往会从你所做的第一件事来判断你各方面的能力，包括工作态度与品质，并且会以这种判断作为以后任用你的依据。所以，做好领导交办的第一件事，对于领悟职业角色的内涵，顺利适应工作岗位是至关重要的。首先要仔细聆听领导的指示，并领会其意图，没有听清或听懂一定要虚心请教，直到弄清楚为止。其次要了解工作对象的情况和特点，多设计几种方案，虚心学习，求助于人，在做第一件事的时候这一点尤为重要。总之，一定要以百分之一百的热情来做好第一件事。因为一个人得到的机会是有限的，第一件事没有做好，第二件事就很难再落到你的头上，或者说第二件相对重要的事情就很难再有机会去做了。积极地做好第一件事，是积极适应职业角色的第一步，也是至关重要的第一步。总之，态度总是有积极和消极之分，积极去适应，就是积极主动地找问题、寻求解决的办法，这样，适应的过程就会缩短。反之，就会步履蹒跚。在适应职业角色的过程中，要不断地总结和探索，以积极的心态与行动来获得领导与同事的认可，完成对职业角色的领悟与适应。

三、社会环境的适应

刚刚走上工作岗位的大学毕业生，由相对轻松宁静的校园踏入较为复杂的社会，难免会产生种种的惶惑或不适应感。这就要求大学生尽快调整心态，尤其要注意树立良好的第一印象，努力建立和谐的人际关系。这对大学毕业生顺利度过适应期和以后的迅速成长具有重要意义。

（一）现实的自我与社会的和谐

社会是复杂多样的，刚刚步入社会的毕业生了解社会是需要一个深入社会、努力实践的渐进过程。刚毕业的大学生了解社会，最重要的是要了解社会发展趋势及其对人才的要求及标准，这样才能更好地驾驭环境，适应社会。了解自己最重要的是为了发现自己的优势和劣势，找出自己的能力倾向，目的是要在工作中用己所长，并根据社会的需求改变、充实、完善自我，从而适应社会的要求。了解社会、了解自己是适应新环境、适应社会的前提。其实所谓适应社会就是适应社会的要求，这一过程实际就是找出自身条件与社会要求之间存在的差距的过程，只有清楚地知道自己存在的差距，才能有目的、有计划地去改变、去缩短差距。这一过程越短，由学生角色向职业角色转换的时间就会越短，转换的过程也就会越顺利。

（二）人际关系的和谐

人际关系是人与人之间心理上的关系和距离，是以一定的群体为背景，在互相交往的基础上，通过认识调节、感情体验、行为交往等手段形成的，是人们长期交往的结果。人际关系是社会关系的一部分，在交往的过程中，需要得到满足时，则产生友好、亲近的关系；得不到满足时，就会产生疏远、厌恶的关系，这就是人际关系。

学会处理人际关系是毕业生积极地适应社会、为自己创造良好的外部工作环境的需要。不可错误地将搞好人际关系与社会上的“拉关系”等不良习气和现象画等号，也不可将搞好人际关系看作是走仕途、做行政、搞管理的人的事情，而与从事科研、技术工作的人不相关。关注自己的人际环境，让工作与生活有个良好的开端，是每个毕业生无法回避的课题。

正确处理好人际关系，既要遵循一般人际关系的处理原则，也要看到不同企业、组织文化在人际关系上所体现的不同特点，还要把握人际交往中的三个效应，即新奇效应、互爱效应和沉默效应。新奇效应是指人们接纳新成员时一般会抱有的新鲜感，对其充满希望。互爱效应是指人们在交往中情感具有互动性。沉默效应是指面对新的环境应适时三缄其口，以免陷入复杂的人际纠纷。

1.影响人际关系密切程度的因素

（1）时空接近程度。常言道："远亲不如近邻。"这说明时空距离是决定人际关系亲疏的一个重要条件。接触机会较多，相互间容易交流感情并建立友好关系。

（2）交往频繁程度。通常情况下，交往多，彼此之间的感情沟通就多，容易互相理解；交往少，情感交流自然也少。但是交往频率高不一定质量就好，只有以诚相待、肝胆相照、相互理解，才能建立起更深层次的友好关系。

（3）个性相容程度。个性相容主要指人们在气质、性格、兴趣、爱好等个性上的相互容纳。个性相近时，容易互相吸引、相互促进。个性差异时，虽然不易互相吸引、互相促进，但如果能够互相容忍、互相理解也能做到相互补充，甚至相得益彰。性情宽厚豁达、谦和热情的人易受欢迎，易建立良好的人际关系。相反，心胸狭窄、性情孤僻的人，人际关系必然紧张。

（4）态度相似程度。俗话说："物以类聚，人以群分。"态度是个体对事物的评价及行为倾向。人与人之间的态度相似，观点一致，具有共同的理想、信念和价值观，易在感情上产生共鸣，易建立亲密的人际关系。

（5）需求互补程度。人际交往本身是人的一种需要，人们在交往中能够获得归属感、满足感。人们在需求一致时，容易互相帮助、互相促进，得到情感上的满足；在需求不一致时，难以获得满足感，但只要互相配合，取长补短，也可以促进人际交往。

2.建立和谐人际关系的意义

（1）可以尽快消除陌生感，适应人际环境。大学生到工作岗位后，父母、亲人远在他乡，同学、朋友各奔异地，生活和工作环境发生了变化，人际关系比较陌生。如果大学生一开始就注意建立良好的人际关系，主动交往、热情待人、豁达处世，尽快与大家融为一体，便可顺利打开局面，消除陌生感，摆脱孤独的笼罩，顺利度过适应期。

（2）可以使工作顺心，生活愉快。良好的人际关系，可以使人感到工作顺心、生活惬意。当工作还不熟悉时，人们会热情地给予帮助；当工作遇到困难时，人们会给予信心和勇气；当工作不慎失误时，人们会给予理解、安慰和指导；当生活遇到挫折时，人们会给予温暖和帮助；当工作取得成绩时，人们会告诫其戒骄戒躁、继续努力。良好的人际关系，还会提高工作效率，使人觉得生活在文明的群体里，感受到集体的温暖和他人的爱心，使人不断从集体中间汲取营养，充实自己，健康成长。

（3）可以保持心情舒畅，心理健康。人际关系的适应是人类心理适应的重要内容。一些大学生工作后感到不顺心，其中一个原因就是人际关系紧张，同事间相互猜疑，工作中矛盾丛生，在心理上与大家产生隔膜，思想包袱沉重。良好的人际关系可消除隔阂，打破封闭，使大家处于一种互相理解、互相尊重、平等友好的关系之中，当人苦闷的时候，宣泄一下情绪而不必顾虑；愁苦的时候，可以一诉衷肠，从而保持心情舒畅，身心健康。

3.把握建立和谐人际关系的原则

在对人的态度及做人的原则方面，应注意以下几个方面：

（1）尊重他人，不自恃清高。共同的理想、共同的目标、共同的事业，使不同的人结为一个共同的群体。到了新单位，尽管每个人秉性各异、爱好不同，但每个人都是自己的老师，因为他们都可能掌握了丰富的工作经验、娴熟的业务技能。要像尊重老师那样尊重他们，尊重他们的劳动和劳动成果，尊重他们的人格和感情，虚心向他们求教，不自恃清高，不要妄自尊大甚至摆架子。对人的尊重，不要以财富的多少、年龄的大小、分工的不同作为区分的标准，而要以对社会的贡献为标准。尽管人们分工不同，能力有大小，但在人格上都是平等的。因此，不能嘲笑和歧视他人，不要以己之长比人之短，应该谦虚待人。如果自满而轻视他人，就会损伤他人的自尊心，造成人际关系的疏远。在相互交往中尊重他人，也要尊重自己。自尊自重，才能在尊重他人的同时，也赢得他人的尊重。总之，尊重他人、谦虚谨慎，善于和群众打成一片的人容易建立和谐的人际关系。

（2）平等待人，不厚此薄彼。平等地对待身边的每一个人是做人的原则，在工作单位，应当以平等的态度对待每位同事。不要以职务的高低、工资的多少来决定对待他人的态度；不要亲近一部分人，故意疏远另一部分人；不要认为某人对自己有用就打得火热，某人暂时不用就疏远不理；不要见了领导就点头哈腰、满脸堆笑，见到群众就置之不理，甚至冷若冰霜；不要卷入是非矛盾，拉帮结派、搞小团体，而应该尽力与所有同事发展平等互助的友好关系。

（3）待人以诚，言而有信。待人以诚，就是真心实意，不口是心非，不当面一套、背后一套。诚实是做人的基本要求，也是建立良好的人际关系的重要条件。言而有信，就是说话算数、言行一致、说到做到，不做说话的巨人、行动的矮子。诚实守信，才能在交往时肝胆相照、互相信任。在交往中，即使发生一些误会，只要诚实守信，误解也会冰雪消融，和好如初；有了矛盾，彼此真诚，也能互相谅解、互相容忍，甚至和解。

（4）主动随和，平易近人。谦虚随和、平易近人，就会给人一种较亲近的感觉，大家会乐意同其交往，觉得彼此之间愉快舒畅。切忌孤陋寡闻而又自命不凡。古语道："独学而无友，则孤陋而寡闻"。说明交往少，就会学识陋、见闻少。大学生到了新的工作单位后，应主动交往，不要故步自封。只有主动交往，才能获得各种知识，找出自己的不足；才能学到别人的优点，拓宽自己的知识视野，增长见识，不断提高自身素质和水平。

在具体的交往过程中，还应注意克服几种不良的心理状态：

①沉默寡言，性格内向。具有这种性格的人，不太愿意主动与人交往，容易给人以高傲、冷漠、难以接近的感觉，久而久之，与他人之间的关系必然疏远冷淡，在这种情况下，应打破自我封闭，把一个真实的自我交给大家。

②多疑，自我保护意识过强。这是一种不成熟的心理，缺乏安全感，常常觉得自己受到别人的伤害，往往会误解别人，甚至愤愤不平，对别人缺乏信任感。一个不信任他人的人是很难赢得别人的信任的，而没有信任就没有沟通，没有沟通就无法建立良好的人际关系。具有这种心理的学生应注意多去交往与经历，自我保护意识过强的原因是过于害怕受到伤害。事实上，不怕受伤害反倒很难受到伤害。

③心胸狭窄，嫉妒心强。这同样是十分有害的一种心理状态，具有这种心理的人容不下比自己强的人。然而，世界上不存在各个方面都比别人强的人，所以，这种人的心理往往是不平衡的，而这种不平衡又会表现在言谈举止之中，这样就会断送朋友间的友谊。具有这种心理的人，应该说克服起来比较难，只能通过时光的流逝、一次次的教训与启迪来改变。

无论是建立和谐人际关系的原则还是应该克服的一些不良心理，对于建立良好的人际关系而言都非常重要，但最根本的还是要树立正确的世界观、人生观和价值观，培养良好的道德品质，只有这样，才能真正赢得良好的人际关系。

（三）积极适应新的社会环境

适应新的社会环境，首先要树立新的意识，最主要的是树立新的角色意识。除此之外，还应树立独立意识、责任意识、协作意识与打造个人职业品牌意识。

（1）独立意识。学生在校学习，主要依靠教师讲授，生活来源主要靠家人供给，无形中养成了依赖心理。工作后，大学生要承担一定的社会责任，有些任务需要独立完成，人们也开始把大学生作为一个独立的社会人对待。这些客观要求都需要大学生强化自己的独立意识。

（2）责任意识。学生在校期间，很少承担社会责任，而到了工作岗位，作为一名职业人，要根据职业的规范承担更多的社会责任。例如，医生作为“白衣天使”要担当起救死扶伤的责任；教师作为“人类灵魂工程师”担当着传道、授业、解惑的责任等等。没有责任心的人不可能对工作投入，也不可能受到单位和社会的欢迎。因此，大学生要及早树立和培养责任意识，积极适应新的社会环境。

（3）协作意识。从某种意义上说，学生在校学习是一种单纯的个体活动。随着科技的高速发展，社会分工越来越细，部门与部门之间、个人和个人之间的协作关系日益密切。科研项目的完成、工程计划的实施、工作的组织管理等，都离不开协作精神，也就是所谓的团队精神。因此，刚刚走上工作岗位的大学生要树立团结协作精神。

(4) 个人职业品牌意识。企业、产品需要在市场竞争中建立品牌，个人更需要在职场中建立个人职业品牌。美国管理学者华德士提出，21世纪的工作生存法则就是建立个人职业品牌。个人职业品牌最基本的特征是质量保障。它体现在两方面：一方面是个人业务技能上的高质量；另一方面是人品质量，也就是既要有才更要有德。一个人一旦建立了个人职业品牌，在工作中就会事半功倍。个人职业品牌的形成是一个循序渐进培养和积累的过程，一定要注意在日常工作中做到谦虚谨慎、言行一致、脚踏实地、严谨务实、勤奋好学、爱岗敬业。

所谓适应社会，就是使自己与社会融为一体，被社会所接纳，成为其中和谐的一员，这样才能心情愉悦，从而为社会做出应有的贡献，而只有对社会做出贡献的人才能被社会认可，被社会肯定，也才能实现个人的理想与目标。

(四) 树立良好的第一印象

第一印象是某种客观事物首次作用于人的感官，在人的头脑中产生的对事物整体的反应。因为第一印象具有先入为主的特性，某个人在人们心目中的印象一旦形成，就很难改变，因而在人与人相互认识和交往过程中，第一印象十分重要，对刚刚奔赴工作岗位的大学毕业生而言，应当以自身良好的道德品质和文化素养作为树立良好第一印象的基础，但一些实用性技巧的作用也不应低估。

1.尽快融入企业文化

每个企业都有自己的企业文化，它包括企业理念、企业精神、价值观、规章制度等。步入工作岗位的毕业生，首先要了解所在单位的历史、价值观、目标与工作期望，掌握企业文化的灵魂，理解制度形成的背景，使自己的价值取向与企业的价值观相吻合，了解企业的生存法则，尽量及早融入企业文化。

2.衣着整洁，仪态大方

衣着服饰是一个人文化素养的外在表现，一定要同自己的身份相符，同工作单位的组织文化要求相一致，着装应始终保持干净整洁。男士应定期理发刮须，不宜油头粉面；女士适度化妆，不宜浓妆艳抹。待人热情坦诚，与人相处不矜不盈、不卑不亢。

3.举止得体，虚心求教

初到工作单位，不能不拘小节、不修边幅，一定要注意举止文明、彬彬有礼、落落大方。文明礼貌的谈吐，谦虚诚恳的工作态度，必将会有助于在同事中树立良好的第一印象。

4.守时守信，主动工作

遵守时间，讲求信用，与人交往不失约、不失信，这既是工作关系中的纪律要求，又是人际交往中的一种美德。初到工作单位，提前上班，稍后下班，严格遵守单位的规章制度，积极主动地做好自己力所能及的工作，这些无疑会有助于树立良好的第一印象。初到工作岗位，在工作不紧张的情况下，切不可呆坐不动，应让自己积极行动起来，做一些前期的熟悉工作，诸如阅读单位的相关资料，请教相关的工作流程，让人感觉到你的工作热情。

5.严守秘密，待人真诚

大学生应当注意严守单位的专利技术等商业机密，不要随便向外人透露单位内部情况。在与同事的相处中，要以诚相见，平等待人。

良好的第一印象有助于大学生初到工作单位站稳脚跟，有助于大学生与职员融为一体，有助于大学生工作的起步与发展。建立良好的第一印象，只是第一步，若想取得成功与他人的认可，还需要走好同样良好的第二步、第三步，通过不懈的努力、良好的个人品质、正直的为人、出色的工作业绩去建立更深层次的长期印象——良好的个人形象。

第二节 职业发展目标的确立

大学生走上工作岗位，便开始了职业发展的旅程，所以，应尽早明确自己的职业发展目标，不断提升自己的工作能力，以期能取得更好的职业发展成就。

一、职业发展目标的制定

大凡事业有成的人都有两个共同特点：一是明确地知道自己事业的目标；二是不断地朝着目标前进。目标的意义不仅仅是目标本身，它更是我们行动的依据、信念的基础、力量的源泉、专注的核心和追求的境界。在工作中，往往有些人失去目标，而使工作变得乏味，使生活失去意义。有目标的人在工作中总是能够创造更大的价值，获得更长足的发展。

大学生参加工作后，首先应立足本职，结合自身的实际情况，拟定一个经过一段时间努力可以实现的职业发展目标，争取立足岗位成才。

（一）目标的重要性

曾经有研究机构做过一个实验：组织了三组人，让他们分别向三个方向10公里以外的三个村子步行。第一组的人不知道村庄的名字，也不知道路程有多远，只告诉他们跟着向导走。第二组的人知道村庄的名字和路程，但路边没有里程碑，他们只能凭经验估计行程时间和距离。第三组的人不仅知道村庄的名字、路程，而且公路上每一公里就有一块里程碑。

结果是第一组刚走了两三公里就有人叫苦，走了一半时有人几乎愤怒了，越往后走他们的情绪越低落。第二组走到一半的时候，大多数人就想知道他们已经走了多远，比较有经验的人说："大概走了一半的路程"。于是大家又簇拥着向前走，当走到全程的四分之三时，大家情绪低落，觉得疲惫不堪，而路程似乎还很长，当有人说"快到了!"大家又振作起来加快了步伐。第三组所走的道路很泥泞，路很不好走，但人们边走边看里程碑，每缩短一公里大家便有一小阵儿的快乐。行程中他们情绪一直很高涨，克服了困难，很快就到达了目的地。

通过以上实验我们可以看出，当人们的行动有明确的目标，并且把自己的行动与目标不断加以对照，清楚地知道自己的行进速度与目标的距离时，行动的动机就会得到维持和加强，就会自觉地克服一切困难，努力达到目标。

（二）目标制定的SMART原则

为了使目标切实可行，目标制定应遵循SMART原则，SMART是5个英文单词首字母的缩写：

（1）目标必须是具体的（specific）；

（2）目标必须是可以衡量的（measurable）；

（3）目标必须是可以达到的（attainable）；

（4）目标必须和其他目标具有相关性（relevant）；

（5）目标必须具有明确的截止期限（time-based）。

二、职业成功的基本要素

毕业生走上工作岗位，开始了人生旅途新的征程。然而，通往成功的路并不平坦，要想获得职业生涯的成功，除了环境因素的影响之外，个人因素是决定性因素之一。个人必备的职业成功基本要素是：信心、目标、能力、意志力和创造力。

（一）信心

信心代表着一个人在事业中的精神状态和把握工作的热忱以及对自己能力的正确认知。有了这样一份信心，工作起来就有热情有冲劲，可以勇往直前。当然，有时候我们也会面对失败和挫折，但这些并不可怕，每当你经历一次打击，就学到一份知识，积累一次力量和勇气。所以，在任何困难和挑战的面前首先要相信自己。

（二）目标

麦当劳的创始人临终前对后人说的一句话就是："一个人如果想要成功，只需要具备两个优秀的品质，那就是一要有明确的目标，二要有坚强的意志。"没有明确的目标，犹如在黑夜里行走，容易盲目。无论你在想什么还是在做什么都没有方向，也就没有成功可言。李时珍花了27年的时间写成了《本草纲目》；曹雪芹也用了一生的时间写成了《红楼梦》。这些人除了有非凡的才能之外，就是具有明确的目标。

（三）能力

能力是与自己所学的知识、工作的经验、人生的阅历和长者的传授相结合的。专业并不决定未来的职业，人格特质才是决定人生方向的关键。能力的培养是和吸收新知识、新经验密不可分的。因此，大学生要不断地充实自己，提高自身的能力，只有这样才能赢在每条起跑线上。

（四）意志力

许多事没有成功，不是由于构想不好，也不是由于没有努力，而是没有坚强的意志力，在遇到某些挫折时就开始放弃。要想取得职业成功，就必须培养自己坚强的意志力，把挫折当作前进的阶梯，不断追求。

（五）创造力

在这个不断进步的时代，大学生应培养创造性的思维，要紧跟市场和现代社会发展的节奏，不要一味地在传统的理念里停滞不前。在工作中要不断注入新的想法，提出有创造性的建议。

三、工作力规划与工作力提升

工作力是决定劳动者职业生涯成败的关键因素之一，是每一位劳动者职业发展中面临的首要问题，是当今世界构成个人职场竞争力的重要环节所在。它能够使劳动者形成自己独特的竞争优势。不管你是进入职场多年的“白领”“金领”，还是即将步入社会的新人，面对竞争的时代，发展自我工作力、提高职场竞争力是成功的关键所在。

（一）工作目标的制定

工作目标包括职务目标、工作内容目标、经济目标、工作地点目标和工作环境目标、工作能力目标、工作成果目标。因此，工作目标的制定应从以下几个方面入手：

（1）职务目标。清晰的职务目标应该是“专业”加职务。

（2）工作内容目标。工作内容目标对于选择了专业技术型发展路线的人格外重要。因为这些人的发展体现在本专业技术领域取得的成果及相应的职称晋升，所以具体可行的工作内容目标才是规划的重点。

（3）经济目标。获得经济收入是工作的目的之一。毕竟每个人离不开生存的物质基础。在工作规划中列出收入期望无可非议，但要结合自己的能力素质和实际，大胆规划。具体明确的经济目标将成为前进的推动力。

（4）工作地点目标和工作环境目标。如果对工作地点或工作环境有特殊要求，就应该在规划中考虑这两项内容。总之，尽可能根据个人喜好来规划，但切勿太过细琐，以免影响选择面。

（5）工作能力目标。工作能力是对处理职业生涯中各种工作问题的能力的统称。如组织领导能力、策划能力、管理能力、研究创新能力、人际关系沟通能力、与同事协调合作能力等。衡量一个人的事业成功与否，不在于他是否当上高官、赚到很多钱这些外在表征，而在于他工作的过程中是否创造了富有实际意义的成果。工作生涯的发展是个横向伸展的过程，可能是工作内容范围的扩大，也可能是专业领域的深入，这都需要我们不断提高个人的工作能力，否则，就会停滞不前。同时，必要的工作能力积累是达到职务目标和收入目标的前提。所以，在制定个人工作规划时，工作能力目标应当优于职务目标。当然，工作能力目标应当切合实际，具有挑战性，并与该阶段的职务职称目标所要求的条件相匹配。

（6）工作成果目标。工作成果是进行绩效考核的重要指标，优异的工作成果不仅带给我们荣誉感和成就感，也铺砌了通往晋升之途的阶梯。因此，要结合工作实际，分阶段地制定工作成果目标并逐步实现。

（二）提升社会适应能力

适者生存是生物界的普遍规律，人的生命过程就是对外部环境不断适应的过程，工作的过程也是一个不断适应环境变化的过程。适应是指个体调整自己的动机和心理状态，使之与环境条件的要求相符合。适应性是指个体在社会组织系统、群体或文化经济因素的变化中，其生存功能、发展目标和实现相应变化的能力。

1.社会适应能力

社会适应能力就是善于根据客观情况的变化及时反馈、随机应变地进行调节的能力，是个体素质、能力的综合反映，其强弱与思想品德、文化知识、活动能力、创造能力、处理人际关系能力及其健康状况密切相关。

如今社会复杂多变、社会信息急剧膨胀、人际交往日趋频繁，要适应这种情况，保证自己从学校到社会的顺利过渡，就必须提高自己的社会适应能力。职业能力与毕业生的知识能力结构会存在一定的差距，这就需要根据工作的需要去调整自己的知识结构、能力结构以及行为方式，尽快地培养自己适应社会的应变能力。一般来说，素质能力强、身心健康的学生走向社会后，能很快适应社会环境、适应工作，即使在困难和较差的环境下，也能努力工作并取得较好的成绩。

2.社会适应能力的提升

提高社会适应能力应注重培养适应职业需要的实践能力。就业竞争说到底是知识与能力的竞争。知识与能力是一种辩证关系，从一定意义上说，能力往往比知识更重要。提升适应能力应注意增强以下几方面的能力：

（1）表达能力

表达能力是指应用语言或文字阐明自己的观点、意见或抒发自己情感的能力，包括口头表达能力、书面表达能力、数字表达能力、图示表达能力等几种形式。例如，求职自荐信的撰写、个人材料准备、回答招聘人员的问题、接受用人单位的面试等，哪个环节都需要较强的表达能力。一个表达能力很差的人难以在工作中处理好各种各样的关系，适应能力自然较差。

（2）动手能力

动手能力也是实际操作能力，它是人的智力转化为物质力量的关键，是专业工作者必须具备的基本实践能力。毕业生实践能力的高低主要是体现在其操作的速度、准确和灵活三个方面。大学生要多看、多练，提高动手操作能力和技巧。实践证明，实际操作能力强的毕业生一直受到用人单位的青睐。

（3）人际交往能力

人际交往能力实际上就是与他人相处的能力。人际交往是一种普遍的社会现象，是人与人之间心灵沟通的一种方式。正确、有效地处理、协调好职业生涯中人与人的各种关系，不仅影响一个人对环境的适应状况，而且也影响着他的工作效能、心理健康、生活质量和事业的成败。培养良好的人际关系能力要做到三条：一是要积极大胆地竞争；二是诚实守信；三是平等待人。

（4）组织管理能力

尽管不是每个毕业生都会从事管理工作，但是每个人在将来工作中都会不同程度地需要组织管理才能，这是现代社会对人才的要求。毕业生要积极主动，抓住机遇，争取锻炼的机会，善于观察，善于取人之长、补己之短，要善于学习组织管理的相关知识，提升自己的管理能力。

（5）创新能力

创新能力是各种智力因素和能力品质在新的层面上融为一体，相互制约形成的一种合力。它是在多种能力发展的基础上，利用已知信息，创造新颖、独特、具有社会价值的新思维、新产品的能力。用人单位欣赏和需要具有开拓创新能力的人才。因此，毕业生要培养自己的好奇心、想象力和观察力，大胆设想、勇于探索，创造性地解决工作中遇到的问题。

（三）工作生涯规划的制定与实施

人们的职业生涯并非是一条平坦的直线，而是周期性的、曲线型的、呈一种螺旋式上升的轨迹，就像正弦曲线一样，从波峰到波谷，又从波谷到波峰。工作生涯发展的关键在五个阶段。这五个阶段的主要任务是：职业探索、职业适应、职业锁定、事业开拓和事业平稳阶段。

1.“职业探索”阶段

工作1~3年是职业生涯“探索”的阶段。毕业生逐渐变得成熟，但还不能“独当一面”，正处于职业探索的状态。这个阶段还仍然处于迷茫状态，主要任务还是明确“我是谁?”“我能做什么?”，迷茫的主要原因是缺乏自信和社会经验。这段时间也是跳槽的多发期，但这段时间也是积累知识和工作技能的关键期。

2.“职业适应”阶段

工作3~5年后，毕业生逐渐步入“职业适应”阶段，逐渐熟悉组织文化，了解组织内情，建立初步的人际关系网。职业性格特点逐渐凸现出来，对自己的优势和不足逐渐清晰，于是开始进入“职业适应”阶段，对职业方向进行合理调整和适应。可以尝试单位内不同的岗位工作，既能开阔视野、增加新鲜感，还能了解自己究竟最适合做什么工种。

3.“职业锁定”阶段

工作5~10年后，随着对自身优劣势及性格特点的日渐清晰和不断的实践锻炼，毕业生渐渐由职业适应阶段走向了职业锁定阶段，基本确定自己的职业发展领域，并结合自己的经验和阅历，开始承担重要的工作，发挥并发展自己的能力。而有的人仍然处于迷茫状态，没有职业认同感，不知道如何锁定自己的职业生涯。这时候如果你依然愿意尝试这份工作，就应该首先端正态度，决不能整天愤世嫉俗、怨天尤人，而应该投入工作，在工作中快速磨炼和积极探索，不断修正下一步的工作流程和发展方向。即便已经暂时“锁定”了你的职业种类，也千万不要每天得过且过地混日子，相反还要更加勤奋地不断寻求自我突破，逼迫自己不断跨越新的高度。

4.“事业开拓”阶段

工作10~15年后，“职业”将成为终身的“事业”，开始从前期“职业阶段”中的技能、经验及资金积累走向人生事业的开拓历程。在这个阶段大学生仍然保持着原来的“职业”状态，仍然是每天在为“老板的事业”而奔波，但年龄和阅历已经将你推向了事业发展的起跑线。并且你跑也得跑，不跑也得跑，你要为自己而跑，你的家庭开始逼迫你为他们着想，你的事业心和成就感都决定了你要开始考虑自我。

这个阶段可能你会遇到的主要疑问是：“接下去的岁月，应该做些什么?”人到中年，很多人在机会面前不敢贸然决定，因为从心理上理解了人生的有限，而自己也开始重新衡量事业和家庭生活的价值。在大约35岁到45岁之间，会发生职业生涯危机。

5.“事业平稳”阶段

工作15年以后，你已经步入“不惑之年”，前期“职业锁定”阶段和“事业开拓”阶段已经为你留下了许多积淀。在这个阶段，你所需要的是如何使你的事业能够在平稳的过程中持续上升。这期间你还要不断地去观察市场、了解市场，不能有丝毫的松懈，所以你可能会感觉很累、很辛苦，不过你见多了，承受压力的能力也增强了，于是你也就能游刃有余了。

你曾经的一切豪言壮语和海誓山盟在这个阶段变为现实，你被推上了事业的巅峰，不过这一切美妙结果的前提就是你先要在前面的几个阶段表现都很努力，也很用心，这就是“世间自有公道，付出定有回报”的道理。

（四）工作力的提升

工作力，是一个人进入职业的先决条件，也是能否胜任职业工作的主要条件，主要是指职业工作能力。具体表述为五大能力要素：体能、智力、知识、技能、人际交往。

1.体能

体能是职业者从事一定职业工作必备的生理和心理条件。职业者进行劳动的体力，特别是劳动负荷承载能力及其恢复体力的能力，一向为人们所重视，这是能否从事职业工作的物质基础条件。但是，长期以来，很多人对体能却有所忽视。

2.智力

智力高低，主要通过观察力、注意力、记忆力、思维力、想象力、创造力诸方面体现出来。

观察力，是一种有预定目的、有计划、主动的知觉过程，它是人类认识世界和改造世界的初始条件和门户。

注意力，即人的心理活动对外界一定事物的集中和指向能力。它往往是影响职业活动效率和保证劳动安全的重要因素。

记忆力，是人们对已经历过的事物进行识别、保持、再认和回忆的能力。这是总结经验，开拓、创新事业的必要因素。

思维力，是指对事物的判断、分析、综合、抽象、概括的能力，乃智力结构的核心。

想象力，是人对自己头脑中已有的表象进行加工改造新形象的能力。爱因斯坦称其为“科学研究中的实在因素”。

创造力，是人们改造客观世界，创造新事物的能力。这是高质量完成职业工作任务，推进社会经济不断发展的关键要素。

3.知识

知识是人们通过学习和社会实践所掌握的有关职业活动的理论和经验。它分为一般知识、专业知识和操作知识。

一般知识，如物理、化学、生物、数学、语文、历史、地理等自然科学、社会科学方面的基础理论知识和基本实践经验知识。

专业知识，是某一业务或学科领域专门化、系统化、深入化、精细化、先进化的理论和经验。

操作知识是具体劳动或直接操作职业工作运行的经验。

一个好的职业工作者，三方面的知识皆应有之。

4.技能

技能是人们通过训练所获取的熟练化、规范化的动作系列或思维系列，是劳动者实际操作、动手，作用于生产资料、生产预期产品的能力。一般技能是职业者一般都具有的、最基本的、通用的技能。

5.人际交往

所谓人际交往，是指社会上个人与个人、个人与集体以及个人与群体之间，运用语言和非语言符号交换意见、交流消息、传达思想、表达情感和需要，从而在心理和行为上产生相互影响的动态过程。心理学家研究表明，在正常情况下，一个人除了几个小时的睡眠外，其余时间的70%以上花在人际的直接或间接的交往上。当今社会进入信息时代，交往活动也越来越多。人际交往还维持着人的心理健康，而健康的心理对于我们每个人来说又是很重要的。如果人的需要不能获得或是得不到满足，就会产生各种各样的不良情绪，影响心理健康。

【案例10-1】 **胜任自己的工作，不断提升自己的工作力**

某服装公司里新聘用了一名叫郭建的设计人员。上班没几天，郭建便告诉设计部的主管，希望主管给他时间到市场上去调查一下今年夏季将会流行哪些女式服装，以便提前做好准备。“不行，”主管说，“这不符合我们公司的制度，我们公司一贯是在夏天开始时，再根据市场上的反应来决定设计、制作什么类型和风格的服装。现在春天刚到，你能做什么样的调查呢？你不觉得有点早吗？”郭建不认同主管的观点，因为他觉得到夏天，临时再做决定，肯定就会失去先机，而失去了先机，就等于失去了市场，失去了竞争力。于是，他在做好自己工作的同时，还是抽出了部分时间到批发市场、大型商场里与商家们交流信息，甚至在网上做过一次问卷调查，在掌握了大量的第一手来自最前沿的信息后，郭建动手设计了几款具有古典风格的女性夏装，上报给公司后，得到了总经理的肯定。于是，公司迅速组织生产，在夏季来临之前就开始有计划地投放到市场上。果然，该夏刮起了“古典旋风”，郭建所在公司生产的一系列古典风格的夏装，由于抢占了市场先机，顺利地占领了大部分市场。等其他公司反应过来时，夏天已“悄悄过去”。

资料来源　彭林. 优秀员工需要后天的培养［EB/OL］.（2016-02-11）［2016-08-30］. http：//www.wxphp.com/wxd_9oxfv4qp9r76vac3m07d_6.html.

评析：

在这里，郭建并没有机械地执行工作指令，而是修正了指令中不正确的部分，再去执行。因此，他避免了因延误时机而给公司带来的潜在损失。由此可见，运用正确的策略做事永远比机械地执行指令要有益得多。而一个能根据实际情况，迅速、大胆地做出正确决策与行动的员工，也正是时下公司急需的人才。我们可以想象，假如郭建机械地执行了主管的命令，等夏季来临时再做市场调查，然后再根据反馈的情况去设计服装，等服装上市时，恐怕也会像其他公司一样，慨叹夏天已过，眼看着竞争对手们占领市场，自己公司则丝毫没有任何回旋余地。任何一位睿智的管理者都知道，正确的决策不但能使工作效率得到很大提高，还能避免风险和潜在的危机。因此，那些能正确地运用策略做事的员工，无疑会成为公司培养的骨干力量。

第三节　就业与再择业

随着社会的发展，高校毕业生的就业形势越来越严峻，在众多用人单位的招聘条件中，“具备工作经验”成了大学生求职的拦路虎。面对这样的局面，为了更好地发挥自己的才能，许多毕业生逐渐开始调整自己的择业观念，转变了“择业”的传统心理。毕业后“先就业”是大多数毕业生的积极心态，找个比较适合自己的工作单位，在干中学、在学中干，边干边学。干上几年积累一定的工作经验，为日后抓住机遇、提高工作能力奠定基础，谋求长远发展。他们把自己放在一般社会就业者的层面上，在实践中寻求发展，为自己创造了非常广阔的就业机会。

一、职业流动与再择业观

由于就业难，现在很多毕业生开始走“先就业再择业”的道路。毕业生应把自身的职业发展与社会发展的需要紧密结合起来，充分认识职业流动的现实意义，认真处理好就业与择业的关系，系统地树立正确的再择业观。

（一）树立自主择业的观念

每一位毕业生应该把择业看作是自己非常严肃的社会责任，通过学校、人才市场、报刊、网络、亲友等多种途径，主动了解国家的大学生就业政策与就业形势，搜集各个方面的就业信息，积极主动地联系单位，加强与社会的沟通与联系，学会并做好自荐。要把自己的专业、兴趣、特长与社会的需求结合起来，在满足社会需求的同时实现自我价值。切忌盲目攀比、随大流，要注重追求个人长远的职业发展。

（二）树立现代职业流动的择业观

人才流动再就业是一种普遍的社会现象。职业是可以变化的，在任何地方，任何职业都是可以有所作为的。职业流动（occupational mobility）是社会的普遍现象，是社会流动的一个重要方面。职业流动的方式很多，在同一声望等级的职业系列中，从一种职业流动到另一种职业，称为水平流动。劳动者在不同声望等级的职业系列中，从一种职业流动到另一种职业，称为垂直流动或上下流动。在劳动者的职业生涯中，职业水平与垂直流动的总和，称为一生中的职业流动。记录劳动者一生职业流动的轨迹，便可得知劳动者职业生涯模型。两代人之间的职业流动，称为代际流动。科学技术进步与生产力的变革引起社会职业结构的变化，称为结构性流动。由劳动者个人自身因素引起、不影响社会职业变化的流动，称为个别性流动。引发职业流动的原因有社会原因，也有个人原因。自然环境的某些变化，有时也会影响职业的流动。我们大学生要改变“一次就业定终身”的传统观念，克服由此造成的思想压力与心理负担，树立职业流动的观念，以“慎重的态度”，对待第一次就业。

（三）树立科学的“先就业、后择业”的就业观

随着毕业生就业体制的改革，“双向选择，自主择业”的就业政策给大学毕业生提供了不少施展才华的机会，大学生先到基层或偏远的地区锻炼几年，等具备了一定的工作经验和技能条件，积累了一定的实践经验以后，必然会寻求到更有利于自己发展的职业，这必然是一条更好地实现个人价值和社会价值的好途径。

二、职业再选择的基本原则

（一）择业的愿望与效果相统一的原则

在很多情况下，大学生再择业的愿望和最终得到的实际效果总有一段距离，这段距离也就是理想与现实的差距。人们总是从职业理想开始设计理想职业目标，然后按照其理想职业去进行职业选择。事实上，不少人从少年时代就开始在各种社会因素的影响下形成自己的职业理想。但是，在他们就业之后，多数人从事的实际职业却与原来的理想职业有着一定的差距，或者大相径庭。职业期望值的测算，为择业者确定自己的职业提供了一个比较直观的测算依据，可供择业者参考。

其公式：a+b+c+d+e=职业期望值

a：职业能力=25分

b：就业门路=20分

c：计划、策略=20分

d：竞争制度=15分

e：毅力、信念=20分

将有关这五项因素的具体情况认真地进行调查判断，以确定各项的把握程度，再将各项得分加以累计，即得到总分，择业者就可以知道你所追求的职业能否争取到手。同时，择业者可以运用这个公式，对若干个候选职业目标逐个进行“职业期望值”的测算，通过比较把那个总得分最高的职业目标作为自己择业的主攻目标。通过测算，人们可以从对职业的幻想中解脱出来，对于那些很有诱惑力的职业，如果发现“职业期望值”并不高，就应主动放弃。但是，如果你有能力创造条件，增加该公式的某个项目的得分，使“职业期望值”升值，也不要轻易放弃对这些职业的争取。

有了正确的愿望，我们还要考虑良好的效果，我们是正确愿望与良好效果的统一论者。不讲方法，不顾效果，我们的良好动机就是空洞的。我们有了为人民服务的愿望，却不能真正地、很好地为人民服务，拿不出成效，这对我们的良好愿望本身就是一个沉重的打击。因此，要考虑主客观条件，考虑愿望与效果两者的统一，使自己的潜能得到充分发挥，这一点对大学生的再择业是非常重要的。

（二）个人素质应适应社会需要的原则

大学毕业生虽然选择了某项比较理想的职业，可是社会不一定会使我们的选择变成现实。因此，只有将个人素质和社会需要统一起来，努力提高自身的综合素质，向通才方向发展，才有达到目的的可能。这其中包含：个人所选择的职业，既是个人所长，又是社会所需；个人所具有的个性特点，同社会所需要的职业个性特点是基本一致的；个人所处的环境和条件，同从事该职业所需要的客观条件相统一，才可能达到。因此，必须要深入、认真地了解社会需要，充分认识自己的素质特点，全面分析个人与社会最佳的结合点。

职业对于择业者往往有一定的要求和条件。正因为如此，企业在招用职工或者机关事业单位招聘干部时都要进行素质测验，特别是对聘用公务员更是要进行考试和考核，即进行职业考核。从某种程度上说，素质决定着生存，素质决定发展，素质决定选择，素质就是前途。就目前来说，人才的竞争就是素质的竞争。高素质的人与社会需要相适应，就可能有份理想的职业。所以，对于那些因素质不适合或素质稍低而暂时难以选择到理想职业的人来说，只要能积极参加劳动就业训练，补充或提高自己就业所需要的身体素质、文化素质、技能素质、思想素质，就能较快地选择到理想的职业。

（三）职业稳定与职业调节相统一的原则

一些教育界人士认为，假如学生带着盲目性和短期的打算走向社会，在临时“婆家”是难以安心工作的。第一，不利于大学生专业的成长；第二，找不准自己的社会定位，也不利于他们社会心理的成熟；第三，如果过早地跳槽，在他们最需要积累的阶段没有打下厚实的事业基础，那么短暂的工作经历也难帮助他们得到更好岗位的青睐。此外，仓促就业造成的专业不对口往往带来人才浪费，对社会也是损失。

对于职业的选择，是人生的重大抉择之一，它对人生的影响是长远的、经常的。因此，严肃、认真、谨慎地考虑这种选择十分必要。这就要做到对社会需要、对职业要求、对自己素质有一个清晰的、具体的认识，做到心中有数，择业也就有了根据，也就不会造成重大的失误。

目标专一、职业稳定，这是相对的，变化是绝对的。随着社会需要的变化，随着社会环境和客观条件的变化，随着自身素质的变化，需要调整自己的职业，以达到个人与社会发展新要求的统一。

职业稳定与职业调节相统一，实现人与职业总体和谐，这是社会稳定和发展的基础。从国家来说，敢于和善于充分利用各种再择业渠道，去选择自己最喜爱并最有能力做好的职业，既是择业者的权利，也是择业者对社会所承担的一份责任。就国家和劳动就业部门而言，创造就业机会、提供职业岗位、造就宽松的就业环境是其责无旁贷的任务和使命。但就其一个历史时期来讲，就业机会、职业岗位大体上是一个“定数”，职业的稳定性和劳动者在择业时的自身素质则是一个“变数”，需要随时调节。所以，要实现职业稳定与职业调节相统一，最主要的还是大学生应提高自身的综合素质。

三、职业再选择应注意的问题

已经就业的毕业生在考虑再择业问题时，首先应该对自己有一个审慎的内省，需要仔细考察自己的个性特点、兴趣爱好、价值取向、知识和技能储备，分析自身优劣势、个人理想、对职业发展的预期和愿望是什么……通过多方面的分析，对自己有了一个清晰、完整的了解之后，才可以下决定：自己是否喜欢目前的职业？到底适合什么样的工作？如果已经决定了要“跳槽”，就一定要注意到以下两个方面的问题：

（一）摆正心态，正确认识职业选择的目的和意义

通常意义上的职业选择，并非否定大学毕业生自身的价值，而是让毕业生正确地定位自己。在具备了一定工作经验的基础上，以科学的态度为自己以后的发展谋取更好的职业机会，为实现自己的职业理想打下良好的实践基础，克服盲目转行的行为。

（1）认真思考自己的价值所在。不能准确地为自己定位，不能搞清楚自己的各

项工作能力孰强孰弱，只是盲目地跟风或跟着感觉转行是绝对行不通的。在考虑转行的时候，必须冷静分析自己的具体情况，因为性格和自身能力往往可以决定一个人适合做什么样的工作。此外，企业的核心竞争力、客户群、个人兴趣、特长、气质、性格样样都要考虑到，当然还要做好足够的心理准备。

（2）必须努力全方位地了解“目标行业”。首先应该了解该行业的发展前景。就目前来说，毕竟“朝阳产业”更有前途，能给你这位新人创造更多的成功机会。其次还要主动去了解“目标行业”的信息，在了解情况时，仅仅依靠报纸和杂志的介绍或网络上的信息是远远不够的。俗话说得好，隔行如隔山。最理想的状况是在该行业中有几个内线，随时可以为你提供最可靠信息，其内容包括升迁制度、薪资状况等各个方面，总之多多益善。

（3）要分析自己与新行业是否匹配。在了解完“目标行业”的情况后，就要将其与现在的工作进行比较，寻找两个行业的共同点。一般来说，知识技能、面对客户群、工作模式三方面中有一方面具有共同点，那么转行就比较容易进行。比如，都是做销售的，原来是做房地产销售，如果改做汽车销售了，虽然行业变动了，但是面对的客户群却没有发生变化，工作起来就比较容易进入角色。

（二）再择业时应注意的问题

（1）再择业应该采取“两面都要抓”的原则，即在寻求新的工作机会的同时，仍然要集中精力做好现在的工作。不要认为既然要离开，就可以在目前的岗位上混日子，“打一天渔，晒三天网”，这样不但会恶化自己的工作态度，破坏自己的“第一印象”和工作积极性及增长工作经验的机会，同时也会对公司造成不良的影响。具备高度责任感的员工的一个重要行为表现就是对工作善始善终，无论在哪里工作，都能留下较好的职业口碑，更有利于在新的环境中发展。除此之外，由于现在社会的就业压力很大，换一份理想的工作并不是一件容易的事，所以只有在做好现在工作的基础上，才能赢得一份更好的工作。

（2）转行时行动要坚决果断。据调查，往往在原有领域走得越远、造诣越深的人，转做其他行的难度越大。但只要认为转换行业方向是正确的，对自己未来的发展更有好处，就不要再犹豫。因为等待、观望的时间越长，需要付出的代价也就越大。如果我们将这些都看作是一种投资的话，那么整个事情就变得相对简单，你并不是在换工作，而是在对一个新领域进行投资，而且它将给你带来巨大的收获。

（3）对于刚进入职业社会的人而言，工作经验和经历是最大的弱势。因此，如果不是工作非常不合适，就业前两年最好保持工作稳定，但也可以选择“换岗位不换单位”的策略。现在很多大型企业采用内部招聘的形式——企业在留住人才的同时，也给人才职业调整的机会，可以通过内部应聘选择公司中更加适合的其他岗位，以实现资源优化配置的目的。同时也要注意，内部招聘的企业对经常跳槽的人一般是不欢迎的，所以要慎重设计自己的职业道路，不要在转行中让自己走弯路。

（4）要做到失业不失志、不失德。毕业生在再择业的过程中，可能会出现暂时的失业问题，因此，大学生要做好充分的思想准备，做到重振精神，“失业不失志”。首先，要对自身素质进行反思，勇于自我“解剖”，针对自身素质缺陷，主动学习。其次，要对再择业环境进行反思。如果发现择业并非是自身素质、社会不良风气所致，更应树立自立自强的上进精神，顽强进取，寻找重新就业的机遇。要懂得：“卓越的人的两大优点是：在不利与艰难的遭遇里百折不挠。”不少大学生在第一次的就业中，就已积累和取得了一定的职业经验，要敢于发挥自己的职业潜能，向那些与原有职业相通或相近的职业大胆进攻，争取更大的发展，争取最后的成功！

机遇总是青睐那些有准备的人，最好的职业并非总是由最佳的人选取得，但总是由准备得最充分的人获得。大学毕业生们要在变革迅猛、竞争激烈的当代社会中找到合适的位置，充分发挥自己的聪明才智，最重要的是要做好充分的思想准备，转变择业观念，树立有较强适应性的就业观。大学生应不断优化知识结构，提高能力素质，唯有如此，在走向社会时，面对的无论是社会巨变的惊涛骇浪，还是优胜劣汰的急流险滩，都能够搏击自如、游刃有余。

四、努力实践、创业成才

人生在世，事业为本。大学生要认识到职业岗位才是成才的舞台，是一个人施展才华、取得成就的场所。只有立足岗位、艰苦创业、勇于探索，才能尽快成才。

实践是成才的基石，是知识的源泉，是大学生锻炼成才的有效途径。一个人的知识和能力只有在实践中才能发挥其作用，才能得到丰富、完善和发展。实践过程中的坎坷和磨难虽然给事业成功带来阻力，但能激发人的进取心，磨炼人的意志。历史上许多名士都经过无数的实践，历经磨难、饱经风霜才获得成功。大学毕业生要勇于实践，理论和实践相结合，在实践中继续学习、不断总结、逐步完善、有所创新。只有不断调整和提高自己，才能在充满竞争的社会中到达成功的彼岸。

职业是自己生活的新起点，全身心地投入其中，才能使自己不断成长、发展，并感到充实、满足，从而实现人生的目的，实现服务于社会的目标。有理想、有抱负的大学毕业生，应该怀着一腔热血，到祖国最需要的地方去建功立业、奉献青春。首次择业未成功或未能如愿，还可以有第二次、第三次甚至更多的择业机会。越来越开放的人事流动制度，将为毕业生提供更为广阔的就业前景。因此，走向社会的大学毕业生要在社会认知的基础上，在职业生涯发展过程中把握时机，适时调整自己，不断提升就业力，以满足社会的要求与适应社会的变化，并从长远的角度来考虑个人的职业生涯发展，勇于竞争进取，顽强拼搏，实现自己的职业理想和人生价值。

【案例10-2】　　三思而后行

张天志是一家知名IT公司的程序员，2002毕业于某高校通信工程专业。当年正是IT业风起云涌的时候，一个班的同学很快被全国各大知名IT公司瓜分完毕，起薪都是在7 000元以上。进入公司半年，他被派到西班牙交流工作三个月。这三个月，他趁机游览了大半个欧洲，着实开了眼界。公司平时福利待遇也极佳，年假双休一点都不克扣，他和同事们动不动相约出国自助游，挂在嘴边的是“品位、格调”之类的字眼。

舒服日子过了两年，2004年年底，编程工作已经做到了极度的职业疲劳和职业厌烦，行业发展没前几年红火，工资还是刚进来时的价位，说实话没降已经不错了。这点钱生活还可以，可随着时间增长，他也有买房买车的想法和压力。受个人能力所限，眼看在公司内自己又没有升职做管理工作的可能，他迫不及待地想要转行或跳槽。

恰在这时，有猎头公司找上门，请他到一家小的软件公司做，薪水可观，另有升职做经理的机会。他没来得及多想，一纸辞职报告交上去，简单收拾了一下自己的东西就投奔了新东家。让他没想到的是，新公司的品牌知名度低，市场开拓不够，自己不但要做技术工作，还要做销售工作，而他的性格特质并不适合做销售工作。销售情况不好，小公司的业绩一下子就落了下来，他感觉自己的薪水难保，更要命的是在新公司每天都要拼命加班，还没有加班费，本来做着跳槽加创业美梦的他，甚至开始为以后的生存担心、焦虑、迷茫，他不知道自己接下来该怎么办，继续在现在这家公司做下去？等待好的转机？还是再找机会回到以前的公司？他开始看不清自己的发展方向。处在无知和盲目状态，自我感觉良好，殊不知职业市场早已风云变幻。要想保证自己在以后几十年的职场上不断充实、提高，保持好的“钱”景，需要有较高的“职商”支撑。

职场人士若只在职业的“象牙塔”内，没有科学理性的职业定位和职业规划，等待他们的将只有末路穷途。职场如战场，稳定的高薪工作来自稳定的职业竞争力，而不是曾经风光的职业经历。跳槽既是机会，也有可能引来危机。

资料来源　小伍跳槽失败原因——职商不足［EB/OL］.（2009-07-31）［2016-08-30］. http：//www.yxlady.com/work/2009-07-31/258705.shtml.

思考题：

1.大学毕业生应怎样适应社会角色？

2.如何制定职业发展目标？

3.如何提升自己的工作力？

4.大学毕业生再择业的基本原则是什么？应注意的问题有哪些？

主要参考文献

[1] 沙莲香. 社会心理学 [M]. 北京：中国人民大学出版社，1987.

[2] 崔丽娟. 心理学是什么 [M]. 北京：北京大学出版社，2002.

[3] 张智勇. 应用心理学 [M]. 北京：北京大学出版社，2001.

[4] 万志全，史济纯. 论人与人生 [M]. 大连：大连海事大学出版社，2010.

[5] 马莹. 大学生心理卫生与咨询 [M]. 2版.北京：人民卫生出版社，2008.

[6] 张成山. 新编大学生心理健康教育 [M]. 北京：清华大学出版社，2010.

附　录

心理测量

1.说明：本测试共25个题目，请对每一个题目做出判断。如果该项题目反映的内容符合你的情况，请回答“是”，否则回答“否”。

——1.你说话时会刻意加重关键字的语气吗？

——2.你吃饭和走路时都很急促吗？

——3.你认为孩子自幼就该养成与人竞争的习惯吗？

——4.当别人慢条斯理做事时你会感到不耐烦吗？

——5.当别人向你解说事情时你会催他赶快说完吗？

——6.在路上挤车或餐馆排队时你会被激怒吗？

——7.聆听别人谈话时你会一直想你自己的问题吗？

——8.你会一边吃饭一边写笔记或一边开车一边刮胡子吗？

——9.你会在休假之前赶完预定的一切工作吗？

——10.与别人闲谈时你总是提到自己关心的事吗？

——11.让你停下工作休息一会儿时你会觉得浪费了时间吗？

——12.你是否觉得全心投入工作而无暇欣赏周围的美景？

——13.你是否觉得宁可务实而不愿从事创新或改革的事？

——14.你是否尝试在有限的时间内做出更多的事？

——15.与别人有约时你是否绝对守时？

——16.表达意见时你是否握紧拳头以加强语气？

——17.你是否有信心再提升你的工作绩效？

——18.你是否觉得有些事等着你立刻去完成？

——19.你是否觉得对自己的工作效率一直不满意？

——20.你是否觉得与人竞争时非赢不可？

——21.你是否经常打断别人的话？

——22.看见别人迟到时你是否会生气？

——23.用餐时你是否一吃完就立刻离席？

——24.你是否经常有匆匆忙忙的感觉？

——25.你是否对自己近来的表现不满意？

记分说明：如果你有一半以上的题目回答“是”，那么你就有A型倾向了，题目越多，倾向越明显。反之则是B型倾向。

A型性格的特点是：性格急躁，没有耐心；争强好胜，求胜心切，追求成就，有很强的事业心；动作敏捷；时间观念强；情绪容易波动；对人有戒心；缺少运动。

B型性格的特点是：性情随和，不喜欢与人争斗；生活方式悠闲自在，不争名利，对成败得失看得较淡，不太在意成就的大小，对工作生活较容易满足；工作生活从容不迫，有条不紊；时间观念不是特别强。